融合背景下传统媒体人转型的实证研究
—— 基于 J 广电集团的微观考察

张 静 著

东南大学出版社
SOUTHEAST UNIVERSITY PRESS

·南京·

图书在版编目（CIP）数据

融合背景下传统媒体人转型的实证研究：基于 J 广电集团的微观考察 / 张静著 . -- 南京：东南大学出版社，2023.12
ISBN 978-7-5766-0926-4

Ⅰ.①融… Ⅱ.①张… Ⅲ.①新闻工作者－研究 Ⅳ.① G214

中国国家版本馆 CIP 数据核字（2023）第 206307 号

责任编辑：石凌波　　责任校对：张万莹　　封面设计：毕　真　　责任印制：周荣虎

融合背景下传统媒体人转型的实证研究：基于 J 广电集团的微观考察
Ronghe Beijing xia Chuantong Meitiren Zhuanxing de Shizheng Yanjiu：Jiyu J Guangdian Jituan de Weiguan Kaocha

著　　者	张　静
出版发行	东南大学出版社
出版人	白云飞
社　　址	南京四牌楼 2 号　邮编：210096
网　　址	http://www.seupress.com
经　　销	全国各地新华书店
排　　版	南京私书坊文化传播有限公司
印　　刷	广东虎彩云印刷有限公司
开　　本	700 毫米 ×1000 毫米　1/16
印　　张	18
字　　数	435 千
版　　次	2023 年 12 月第 1 版
印　　次	2023 年 12 月第 1 次印刷
书　　号	ISBN 978-7-5766-0926-4
定　　价	78.00 元

本社图书若有印装质量问题，请直接与营销部联系调换。电话（传真）：025-83791830

前　言

2020年9月，中共中央办公厅、国务院办公厅印发了《关于加快推进媒体深度融合发展的意见》。当前，传统媒体在媒体深度融合发展上所面临的挑战是数字化复合型人才密度过低，内部现有人才作为存量人才在媒体融合转型方面存在意愿不强、能力不足和技能过时的问题。如何有效提升传统媒体人的转型意愿和行为、推动其成功转型，从而提高传统媒体高素质人才密度，促进媒体深度融合发展，是摆在媒体行业管理者面前的重要任务，也是本研究关注的核心问题。

本书透过媒介管理学的视角，借助实证主义方法对这一主题进行研究。在综合国内外现有研究文献的基础上，以组织行为学SOR理论为研究框架，提炼了传统媒体人转型的外在刺激因素、内在心理因素的若干构念，提出了外在因素促成媒体人转型行为的若干假设，建立了一个外部环境—内在状态—个体行为三个层次的传统媒体人转型的SOR模型。通过问卷调查、统计分析，证实了外在因素对传统媒体人转型意愿与行为的影响及作用路径，阐释了传统媒体人内在因素对转型行为的影响。同时，本书还在深度访谈的基础上就问卷研究发现的一些问题进行了进一步讨论。

主要研究结论包括如下方面：

1. 授权赋能无需经过中介变量就能够对转型行为产生直接作用，是传统媒体人转型最重要的外部刺激因素。对于传统媒体而言，媒体深度融合和转型没有现成的先例可循，管理者和普通媒体人一样没有任何经验。所以需要充分发挥每位媒体人的自主性，激发媒体人自我成长的内在动机，让他们自主学习，提高他们的自我效能感和工作绩效。

2. 外部刺激中的组织学习通过传统媒体人的变革承诺与融合能力对转型行为产生显著而积极的影响。组织学习在内部形成了积极的转型氛围，推动媒体人产生积极主动的变革承诺，提升了其转型能力，进而推动其产生积极的转型行为。

社会支持同样通过提升媒体人的变革承诺和融合能力对其转型行为有正面影响。媒体融合转型是传统媒体人面临的一次重大变革，社会支持降低了媒体人面临变革的焦虑感和不确定性，对媒体人变革承诺、融合能力的提升都有正面的影响。

3. 作为一种重要的环境刺激变量，组织激励对转型行为的正面影响没有得到定量分析的证实。不过，这并不能推翻组织激励对转型行为发挥正面影响作用的结论。进一步分析表明，本研究中，个案存在激励不足的问题，"逆向激励"导致人才流失，这可能是组织激励促进媒体人转型行为这一假设在本实证研究中未得到证实的原因。

4. 组织认同对转型行为产生正面影响的假设没有得到证实。进一步分析认为，组织认同可以分为生存性组织认同、归属性组织认同和成功性组织认同三种类型。其中，生存性组织认同更容易导致消极转型甚至抵制转型的行为，归属性组织认同更容易导致被动转型，而成功性组织认同更容易推动传统媒体人的主动积极转型。

以组织认同—变革承诺为维度，可以将传统媒体人的转型行为划分为五种类型：积极转型（含主动型、被动型两种）、消极转型、转型逸出和转型倦怠。积极转型和消极转型都属于内部转型，转型逸出是体制外转型，而转型倦怠（或避离）则是对转型采取逃避策略。

5. 变革承诺和融合能力是推动媒体人转型的两大直接内在因素。变革承诺可分为"想"（情感承诺）、"应该"（规范承诺）和"不得不"（持续承诺）三个层次，其中前两种与媒体人转型有着密切的正向关系，而"不得不"所代表的持续承诺与转型意愿和行为可能存在一定的负向关系。

6. 相对于电台、报业来说，电视媒体的转型难度更大。第一是方向难点，在探索的过程中难免发生摇摆、动摇；第二是机制问题，电视媒体管理体制具有金字塔管理的集中控制特点，与市场化管理体制相距较远；第三是产能问题，新媒体板块产能很难填补电视媒体关停传统冗余产能留下的空缺;第四是人才问题,电视媒体人单兵作战能力弱于报业和电台媒体人,某种程度上抬高了媒体人转型的门槛。

本书是针对媒体融合背景下传统媒体人转型的实证研究,构建了推动传统媒体人转型的外在刺激模型,深化了传统媒体人具体转型行为的研究,同时拓展了组织行为学方面的 SOR 模型研究,丰富了组织变革转型的应对研究。本研究对传统媒体人力资源管理实践也有一定的启示:要充分发挥领导授权赋能的作用;引入宽带薪酬设计,探索差异化长效激励机制;突破传统用人制度;等等。

目 录

前 言 / 001

第一章 导 论

第一节 研究缘起与意义 / 003
一、研究背景 / 003
二、问题的提出 / 006
三、研究意义 / 009

第二节 文献综述 / 011
一、媒体人转型研究 / 012
二、组织变革及其员工应对研究 / 017

第三节 研究内容、框架与方法 / 024
一、研究内容 / 024
二、研究框架——SOR 理论模型 / 030
三、研究方法 / 038

第四节 研究对象与过程 / 041
一、作为个案的 J 广电集团 / 041
二、个案选择的考量 / 046
三、研究过程 / 048

第五节 技术路线与结构安排　　　　　　　　　　/ 050
 一、技术路线　　　　　　　　　　　　　　　/ 050
 二、结构安排　　　　　　　　　　　　　　　/ 051

第二章
研究模型建构与假设提出

第一节 传统媒体人转型的环境因素　　　　　　　/ 055
 一、组织学习　　　　　　　　　　　　　　　/ 055
 二、组织激励　　　　　　　　　　　　　　　/ 058
 三、授权赋能　　　　　　　　　　　　　　　/ 062
 四、社会支持　　　　　　　　　　　　　　　/ 064

第二节 传统媒体人转型的内在因素及转型意愿与行为　/ 067
 一、组织认同　　　　　　　　　　　　　　　/ 068
 二、变革承诺　　　　　　　　　　　　　　　/ 072
 三、融合能力　　　　　　　　　　　　　　　/ 074
 四、转型行为　　　　　　　　　　　　　　　/ 077

第三节 研究假设与模型　　　　　　　　　　　　/ 080
 一、外在环境变量的假设　　　　　　　　　　/ 080
 二、内在因素的假设　　　　　　　　　　　　/ 089
 三、研究模型　　　　　　　　　　　　　　　/ 092

第三章
研究设计

第一节 问卷设计原则与步骤　　　　　　　　　　/ 097

一、问卷设计原则 / 097
二、问卷初步设计 / 098
三、问卷构成 / 100
四、问卷确定 / 102

第二节 构念的度量 / 102
一、环境构念测量 / 102
二、机体变量（O）的测量 / 109
三、反应构念（R）的测量 / 113

第三节 样本描述 / 116

第四章
数据分析与假设检验

第一节 变量的信度与效度检验 / 121
一、信度检验 / 121
二、效度检验 / 125

第二节 统计分析 / 131
一、组织学习 / 131
二、组织激励 / 132
三、授权赋能 / 133
四、社会支持 / 134
五、组织认同 / 135
六、变革承诺 / 136
七、融合能力 / 137
八、转型行为 / 138
九、转型倦怠 / 139

第三节 结构方程模型　　　　　　　　　　/ 139
一、基本模型与假设检验　　　　　　　　/ 140
二、S-R 模型估计　　　　　　　　　　　/ 141
三、S-O 模型估计　　　　　　　　　　　/ 142
四、O-R 模型估计　　　　　　　　　　　/ 143
五、整体模型估计　　　　　　　　　　　/ 144

第五章
进一步讨论与分析

第一节 授权赋能与转型行为　　　　　　　　/ 149
一、授权赋能推动转型行为的内在逻辑　　/ 149
二、"层层审核"对授权赋能的制约　　　/ 153

第二节 组织激励与转型行为　　　　　　　　/ 156
一、利益驱动促进转型意愿和行为　　　　/ 156
二、激励不足制约积极转型　　　　　　　/ 159
三、"逆向激励"造成人才流失　　　　　/ 163

第三节 组织认同与转型行为　　　　　　　　/ 166
一、组织认同与积极转型无直接关系　　　/ 166
二、成功性组织认同促进积极转型　　　　/ 168

第四节 传统媒体人转型行为的类型划分　　　/ 171
一、积极转型　　　　　　　　　　　　　/ 173
二、消极转型　　　　　　　　　　　　　/ 177
三、转型逸出　　　　　　　　　　　　　/ 180
四、转型倦怠　　　　　　　　　　　　　/ 183

第五节　广电媒体转型：现实与困境　　/ 186
一、电视媒体转型滞后　　/ 186
二、广播媒体转型的优势　　/ 188
三、电视媒体转型面临的难点　　/ 193

第六章
研究结论与展望

第一节　主要研究结论　　/ 205

第二节　研究贡献与实践启示　　/ 211
一、研究贡献　　/ 211
二、实践启示　　/ 213

第三节　研究不足与展望　　/ 215
一、实证主义研究方法的不足　　/ 215
二、共同方法偏差问题　　/ 216
三、研究样本及数据的限制及展望　　/ 216
四、研究工具的限制及展望　　/ 217
五、研究构念等方面的不足及下一步展望　　/ 217

主要参考文献　　/ 219
附录　　/ 242
后记　　/ 288

第一章 导论

本章重点阐述研究的总体框架,从选题背景、具体问题、研究意义到文献综述、研究内容和研究方法,再到具体研究对象的选择和研究过程,最后提出研究的技术路线和本书的结构安排。

第一节 研究缘起与意义

一、研究背景

互联网的发展在为人类创造一个崭新世界的同时,也在深刻改变着一个个传统产业,传媒产业就是被其影响至深的产业之一。互联网走出实验室开始应用于商业领域的20多年前,那些目光敏锐的媒体人都在为一个全新技术的诞生而鼓掌与欢呼;而20多年后的今天,这种新技术及其衍生品——新媒体对媒体人所立足的传统报业、电视的冲击是如此巨大,几乎可以用"颠覆"二字来形容。

首先面临互联网冲击的媒体产业是传统报业。早在2005年,全国报业广告的整体收入下降已初见端倪,当年北京、上海、广州等几大报业集团的广告收入下跌10%到30%不等,平均跌幅超过15%。而真正的急转直下是在2014年后。据《传媒蓝皮书》(清华大学新闻与传播学院)披露,2015年中国报纸发行量下降了25%左右,另一份2016年出版的《新媒体蓝皮书》(中国社科院新闻所)则显示,2015年中国报纸广告市场规模为324.98亿元,不到互联网广告规模的六分之一,同比下跌了35.4%。当年七成报业集团出现了亏损[1]。2021年《传媒蓝皮书》显示,2019年报纸发行数量持续下跌,比2018年下降1.07%[2]。

接着受到互联网强烈冲击的则是作为传统媒体市场老大的电视产业。央视—索福瑞媒介研究公司的城市电视收视调查数据显示,从2010年开始,全国电视广告收入增长乏力,增幅连年下降,观众的人均收看时长不断缩短,

---

[1] 王巍.转型发展的报纸竞争战略[D].武汉:武汉大学,2017:2.
[2] 魏玉山.2020年中国图书及报刊产业发展报告[M]//崔保国,徐立军,丁迈.传媒蓝皮书:中国传媒产业发展报告(2021).北京:社会科学文献出版社,2021.

显然电视观众的流失趋势已难以逆转。2014年被认为是中国电视发展历史上标志性的一年，该年广播电视广告收入增长率首次低于GDP的增幅，并于次年第一次出现负增长。从后期的电视广告收入年度数据折线图看，这一年中国电视发展到达顶峰，正处于抛物线由上往下的拐点上。中国互联网络信息中心的统计也显示，2015年上半年全国有线广播电视网络用户减少了515万户，人均每日收看电视的时长比2011年下降了12分钟，观众的平均达到率相比2011年显著降低了7.9个百分点。2016年的《新媒体蓝皮书》显示，2015年中国电视广告收入同比下跌了4.6%，仅达到互联网广告市场规模的一半多。2016年，央视广告收入从280亿元下跌到200亿元，这是一种"断崖式"的跌幅。除了央视和几个一线卫视外，二三线卫视、几乎所有地面频道都面临着生存危机①。而与之形成鲜明对照的是，2019年中国网络视听产业的市场规模达到4541.3亿元，2020年更是超过6000亿元②。此消彼长，优酷土豆、爱奇艺、腾讯视频等视频网站的广告收入已逐步超过处于第一方阵的传统地方广电媒体。

2015年之后传统媒体面临的冲击愈演愈烈。根据中国社科院新闻所2020年7月发布的《新媒体蓝皮书》，一场基于3万人的有关2019年中国网民新闻阅读习惯变化的问卷调查显示：新媒体已经完全取代传统媒体成为我国公众获取新闻信息的主要渠道，其中，手机媒体是最重要的新闻信息来源，以微信、抖音、今日头条和微博为代表的社交媒体是获取新闻信息最重要的新媒体类型，分别达到77.25%、39.02%、24.61%和24.03%。而仅通过传统媒体获取新闻信息者极少，整个电视行业只有6.06%，纸媒更是只有0.68%，几乎可以忽略不计③。此外，华经产业研究院发布的研究报告显示：2019年全国报刊广告收入315亿元，2020年下降为258亿元，同比下降18%；广播电视广告总收入为1469.9亿元，2020年下降为1263.2亿元，同比下降14%；而网络广告继续增长，2019年为6182亿元，2020年增长到7359.6亿元，同比增

---

① 吴俊.互联网背景下的电视变革研究[D].武汉：武汉大学，2017.
② 周逵.2020年中国网络视频产业发展报告[M]//崔保国，徐立军，丁迈.传媒蓝皮书：中国传媒产业发展报告（2021）.北京：社会科学文献出版社，2021.
③ 唐绪军，黄楚新.中国新媒体发展报告（2020）[M].北京：社会科学文献出版社，2020.

长 19%，网络广告的规模已经是报业的 30 倍、广播电视的 6 倍。

互联网新媒体给传统媒体带来的危机，远远不止是抢占广告份额和分流受众人群这么简单。报纸、电视、网络等大众媒体尽管各自特点、性质完全不同，但其萌芽、成长、发展和衰落都遵循着同样的产业发展逻辑：每当一个全新的媒体技术萌芽时，旧的媒体产业往往不屑一顾；不久这种全新技术就会撼动现有的媒体产业，迫使它们大规模重组；最终，建立在旧技术基础之上的传媒大公司往往经历急剧的滑坡，而一小部分代表新技术的媒体业新贵则会收获巨额利润[1]。当前，随时随地，无处不在，互动共享，集合文、音、视的新媒体传播，正在颠覆人们的媒介使用习惯，这给传统媒体带来了极大的生存危机。据报道，2004 年以来的 15 年时间里，已有 2000 多家美国报纸停刊。中国也不例外，各地都市报大规模停刊，2020 年的报纸总印量连续第 9 年下降，目前已与 21 年前的 1999 年总印量持平[2]。最近几年，地方电视频道也纷纷出现了关停并转的现象。

基于我国"党管媒体"的特殊性，中央针对互联网与新媒体的蓬勃发展及由此引起的传统媒体发展困境进行了顶层设计：2014 年 8 月，中央全面深化改革领导小组对外公布了《关于推动传统媒体和新兴媒体融合发展的指导意见》，将媒体融合发展提升到国家战略的高度；2015 年，国务院发布了《关于积极推进"互联网+"行动的指导意见》；2016 年，国家新闻出版广电总局发布了《关于进一步加快广播电视媒体与新兴媒体融合发展的意见》，提出要树立深度融合发展理念，把握媒体融合发展大趋势，增强广电媒体与新兴媒体深度融合的紧迫感[3]。

2016 年底，"两微一端"已是传统媒体向新媒体转型发展的标配；2017 年，移动直播平台建设成为传统媒体转型的亮点；2018 年以来，广电媒体机构明确了媒体融合战略布局——融媒体转型。"大多数电视将通过互联网传播的日

---

[1] 巴兰,戴维斯.大众传播理论：基础、争鸣与未来[M].5 版.曹书乐,译.北京：清华大学出版社,2014:49.
[2] 2020 年报纸印刷总量下降近 13%,已经连续 9 年下降[EB/OL].（2021-04-09）[2023-10-10].http://www.paper.com.cn/news/daynews/2021/210409094858616888.htm.
[3] 李弋,欧阳宏生.中国电视融合发展理念的四次浪潮述评[J].当代电视,2020(6):98-101.

子正在到来,我们将不再把这两者看作不同的媒体"[①]。2019年始,短视频行业重新洗牌,为广电媒体创造了巨大的市场机会。在自上而下的政策推动下,同时也是为了顺应市场发展要求、不被受众所抛弃,与互联网融为一体、彻底实现媒体融合,是传统媒体未来生存与发展的必由之路。

二、问题的提出

概括而言,传统媒体向新媒体转型的过程可以分为三个阶段:

第一个阶段是从1996年到2005年的"拥抱互联网"阶段。这个阶段的"新媒体"只是指搜狐、新浪这样的一些门户网站,对传统媒体构不成任何威胁,报纸、电视仍占绝对优势。传统媒体的主要战略是将互联网作为工具,视之为除报纸、电视之外的另一个新的载体。报纸在纸面印刷的同时也在同步或延迟搬到网上发布,电视节目通过正常频道播放的同时也在互联网上建立网站进行实时转播。

第二个阶段是从2005年到2013年与新媒体"合作加竞争"阶段。这个阶段报纸的市场份额逐步被门户网站挤占但仍有较大的生存空间,电视尽管初现发展颓势,但仍旧占据巨大优势。在这期间,以社交、互动为本质的"新媒体"——微博于2010年出现,微信、今日头条等于2012年上线,快手等进军短视频领域,这些即将在几年后改写中国媒体产业规则的媒体新秀们纷纷登场。

第三个阶段则是从2014年开始至今的"融合转型"阶段。2014年4G通信技术的运用彻底打破了新旧媒体之间的竞争均势,相对3G通信技术而言,4G通信技术是一个质的飞跃,它直接导致手机、电脑、电视三屏合一,推动了智能手机及以微信、今日头条、抖音为代表的社交媒体的勃兴。如今,智能手机取代传统电脑成为人们沟通、办公、理财、购物、休闲娱乐、阅读新闻的主要工具。现在是智能手机统治一切的时代。2019年5G通信技术进入商用期,更丰富的互动性、更多高清细节展示和多屏设备互联互通为行业成

[①] 埃杰顿. 美国电视史[M]. 李银波,译. 北京:中国人民大学出版社,2012:269.

长打开了新的空间。

传统媒体的融合转型本是一场由信息技术推动的、自下而上的产业革命，国家政策自上而下的引领和支持进一步为这一潮流推波助澜[①]。面对新媒体碾压式竞争的传统媒体，在党委、政府的强力推动下，以融合为旗帜的媒体转型实践步伐明显加快，而且不断向纵深推进，从传播渠道、内容产品的改造很快扩展到生产机制、管理体制、经营模式等核心领域的转型上。

但是，媒体融合作为媒体单位的一项重大变革在发展中遇到了重重阻碍，前进的道路并不顺畅。传统媒体在媒体融合具体实践中只有"组合"没有"融合"[②]，电视媒体"内容变现能力急剧萎缩","上有任务,外有压力,内有包袱,处境十分艰难"[③]。从结果上看，目前大部分电视媒体的融合尝试都不能称得上成功，其开展的新媒体业务成功的不多。传统媒体的经济实力和影响力的增长相对于新媒体而言仍旧十分乏力，很难与真正的新媒体一争高下。向新媒体转型不仅不能像当初设想的那样将传统媒体存在的"用户流失、营利困难"等问题解决好，而且在产品定位、生产理念、运作流程、组织文化等方面会与传统媒体产生一些排斥反应。从任何标准来看，媒体融合"这一进程都没有实现，甚至连成功的个案都没有"[④]。准确地说,媒体融合已经真正步入了深水区，面向媒体融合的未来，很多传统媒体的管理者和从业人员都有一种"拔剑四顾心茫然"的无助感[⑤]。

早在 2013 年，党的十八届三中全会就提出要整合新闻媒体资源，推动传统媒体和新兴媒体融合发展。2014年又从国家战略层面上正式提出"媒体融合"概念，并提出推动媒体融合发展要"以中央主要媒体为龙头，以重点项目为抓手，坚持传统媒体和新兴媒体优势互补、一体发展，坚持先进技术为支撑、内容建设为根本"。2020 年 9 月，中共中央办公厅、国务院办公厅联合发布

---

① 刘珊，黄升民.解读中国式媒体融合[J].现代传播，2015,37(7):1-5.
② 丁和根，宋婉宁.我国报业集团的融合转型：路径选择与瓶颈制约[J].传媒观察，2018(8):10-18.
③ 欧阳常林.价值重构，取长补短：关于媒体融合发展的应变思考[J].当代电视，2020(12):7-10.
④ 胡翼青，李璟."第四堵墙"：媒介化视角下的传统媒体媒介融合进程[J].新闻界，2020(4):57-64.
⑤ 胡翼青，谌知翼.媒体融合再出发：解读《关于加快推进媒体深度融合发展的意见》[J].中国编辑，2021(1):67-71.

了《关于加快推进媒体深度融合发展的意见》，明确了媒体深度融合发展的重要意义、目标任务和工作原则等总体要求和战略规划。当年11月3日,《中共中央关于制定国民经济和社会发展第十四个五年规划和二〇三五年远景目标的建议》再次强调，"推进媒体深度融合，实施全媒体传播工程，做强新型主流媒体，建强用好县级融媒体中心"。从2014年首次提出"媒体融合"到2020年提出"媒体深度融合"概念，两个提法只有两字之差，说明了党中央对媒体融合发展的期许，这也是在总结六年媒体融合转型经验基础上对政策和方向的微调。

从媒体深度融合的理念上看，传统媒体成立一个新媒体部门，与传统媒体共存于一个体系，传统媒体人和新媒体人各自相对独立，"老人老办法、新人新办法"是远远不够的。媒体深度融合要求传统媒体和新媒体应该达到"我中有你、你中有我"的状态，媒体人的转型也是媒体转型的重要内容之一。"报业人力资源是报业组织中最核心、最有价值的资源，对报业能否成功实现转型起到了决定性的作用"[①]。

习近平在2016年2月19日的一次讲话中曾经指出："媒体竞争关键是人才竞争，媒体优势核心是人才优势。"媒体融合的发展需要全媒体人才主导，要突破传统媒体的组织劣势和战略困境，必须从媒体"员工"的层面入手，打造、培养一批完全适应新媒体环境的新型主流媒体人。传统媒体应该以人力资源为核心，制定新的转型策略，推动记者、编辑、摄影（像）、主持人、评论员等传统媒体人逐步转移到新媒体平台，参与新媒体产品创作，增加互动，并以此巩固和提升新媒体平台的影响力。

不过，媒体人转型是艰难的，道路并不一帆风顺。近年来，由于传统媒体在与新媒体竞争中节节退缩，媒体人力资源建设也面临重大挑战。互联网媒体取得成功的核心和关键是其"高人才密度"，而传统媒体中的人才队伍则严重老化，适应新媒体转型所需要的高素质人才"密度过低"。一方面，媒体人队伍人才流动率逐渐升高，不仅资深媒体人的离职或转行大幅增加，新入

---

① 林颖. 媒介融合背景下报业人力资源管理变革[D]. 上海：复旦大学, 2014:1.

职的新闻专业大学生由于不适应传统媒体环境也频频"跳槽"①。另一方面,传统媒体人转型更是遇到种种困难,很多媒体人转型意愿不强,有一种观望、等待的态度,甚至有"不关我事"的"看客"心理,只愿意站在一边为转型者"鼓掌"加油②。多数人在转型中遇到种种挫折,"有的黯然神伤,有的悄然离去,有的苦苦挣扎"③。

一次面向广州、北京传统媒体人的调查显示,34.8%的被调查对象的转型意愿"中等",19.6%的被调查对象的职业转型意愿"一般",不够强烈④。转型意愿不够强烈的原因是什么?调查发现:受访者中44.2%的人认为因为自身转型资本不足,个人能力与转型要求不符;42.3%的人认为目前工作稳定,外部压力不够,因而没有职业转型的考虑;25%的人对转型信心不足,对未来前景较为担心⑤。

可见,在转型背景下,传统媒体在人力资源管理上所面临的难题往往是自身内部现有的存量人才在应对新媒体业务上外部压力不够,自身意愿不强、能力不足、技能过时等问题。如何有效提升传统媒体人(即存量人才)的转型意愿、推动其成功转型,从而提升传统媒体的人才密度,是摆在媒体产业管理者面前的关键任务,也是本研究关注的核心问题。

三、研究意义

开展本项研究无论是对正在转型的报业、广电等传媒企业来说,还是对更广义的市场经济主体——企业来说,都具有重要的理论和现实意义。

从理论意义上看,以媒体人为研究对象,丰富了媒体转型的研究视角。

---

① 王军,韩晓宁.坚定与动摇:新闻从业者的职业承诺及其影响因素研究[J].国际新闻界,2020(8):66-87.
② 季颖.媒体深度融合整体转型中的热点与痛点[J].新闻记者,2017(11):20-26.
③ 江飞.转型媒体人的生命体验及其迁徙式生存[D].南京:南京大学,2020:4.
④ 李彪,赵睿.传统媒体从业者职业转型意愿研究:以北京、广州两地新闻从业者调查为例[J].编辑之友,2017(6):35-40.
⑤ 李彪,赵睿.传统媒体从业者职业转型意愿研究:以北京、广州两地新闻从业者调查为例[J].编辑之友,2017(6):35-40.

事实上，尽管自互联网出现以来，传统媒体就开始展开应对性变革，从2005年开始，互联网对报业的竞争压力与日俱增，2014年，新媒体对传统媒体已经从整体影响力和市场份额上占据优势；但2010—2020年，有关媒体转型、融合的相关有分量的研究并不丰富，而有关传统媒体人转型的论文更是少之又少。在当前媒体融合加剧的大背景下，传统媒体转型工作任重道远，推动传统媒体人转型更是面临诸多困难。这不仅需要我们在实践中继续努力前行，也需要将如何推动媒体人转型这一类课题导入学术领域进行深入研究。通过理论研究，可以将媒体转型实践中出现的现象及问题加以概括总结，对现实累积的经验加以分析提炼，上升到理论层面，与已有的其他相关理论相结合、相碰撞，进而用来指导媒体转型的具体实践工作。

本研究所涉及的问题也属于媒介经营管理学等学科的研究范畴。从这些学科角度来看，本研究具有以下几点意义：第一，数字时代的到来加速了传统媒体的衰退，在市场和上级领导的双重推动下传统媒体正在经历艰难的转型，迫切需要研究者对这一现象做出回应；第二，数字技术的发展促进了媒体产业的突破性发展，网络新媒体取代传统媒体成为人们接受信息的主流渠道，三网融合进程加快极大地丰富和拓展了媒体产业的内涵和外延，涌现出越来越多的传媒经济学问题需要研究者回答；第三，媒介变革与媒体人转型是媒介经营管理学中的重要组成部分，当前更具有重大现实意义。本书试图开展对这些问题的研究，展现自己的思考结果，希望为促进媒体经济与媒体管理的理论体系建设、拓展新媒体时代的相关研究领域贡献一份微薄之力。

同时，本研究在验证组织变革理论在中国媒体情境适用性的同时，也可以丰富管理学中组织变革及员工应对的相关研究，增加一些新颖的理论诠释。媒体融合是传媒组织面临的一次重大变革，有关媒介组织如何应对这一变革的研究对其他行业组织如何处理变革遭遇的阻力在理论和实践上有一定的启发。由于现代技术的飞速发展、市场竞争的不断加剧、客户需求的持续变化，所有企业都需要通过不断变革来应对市场环境变化的挑战。组织变革是企业不断提升核心竞争力达成长期生存发展目标所必须采取的战略举措。只有进行主动的变革，企业才能拥有更强的市场竞争力，赢得更广阔的生存发展空间。不过，组织变革将会遇到各种阻力，实现成功的组织变革是当前大部分企业所追求的目标,也是其共同面临的难题。从知网上我们可以看到已有大量研究论文涉及组织变革,而媒体转型是组织变革这个庞大课题中的一项子课题,对媒体这个特殊组织的专有变革——融合转型展开研究有助于丰富组织变革的相关研究。

从实践上看,如何选择针对性策略促进媒体人转型,如何掌握媒体人转型期的心理状态,如何推动媒体人更好地适应媒体融合形势、选择更适合自身特点的转型道路,等等,都是媒体经营管理者在实践中遇到的难题。在我国,报业、广电等传统媒体是国家参与社会治理的重要工具,肩负意识形态建设、宣传动员、文化道德传承等重要职责,在今后相当长一段时间内还将继续发挥其职能作用。近些年,随着我国文化产业大发展的国家战略规划的实施,传统媒体的产业结构优化和增长方式转变已成为紧迫任务。报业、广电传媒必须顺应历史潮流,积极引入新媒体技术和适应市场经济的运营理念来进行转型升级,提升整体实力和竞争力。对融合背景下传统媒体人转型的外在因素、内在心理状态及转型意愿和行为的系统性研究有助于报业、广电等媒体单位更好地推动本单位的融合转型工作,更加符合新经济时代的传媒业发展要求,能够更好地为中国社会营造健康良好的信息和舆论传播环境,在我国文化、信息产业发展进程中能够承担更多的职责和使命。

第二节　文献综述

鉴于本研究主题是"融合背景下传统媒体人转型",本节将系统梳理前人的相关研究成果,在对文献内容充分把握的基础上发现以往研究存在的空白和局限。需要综述的文献主要集中在两个方面:一是媒体人转型研究,包括转型类别、方式与特点,转型原因及其影响因素;二是组织变革中员工的应对研究,媒体融合本质上是一种组织变革,通过对组织变革中员工应对的文献进行梳理可以给本研究带来启发。

一、媒体人转型研究

本节主要对媒体人转型的类别与方式、转型的特点、转型原因及其影响因素等方面的文献进行梳理。

1. 媒体人转型类别与方式

媒体融合时代,新闻场域在技术与经济层面产生双重变迁,中国新闻业面临整体转型的阵痛,这也促使身处其中的新闻人做出个体层面的职业转型选择。一项关于149名调查记者职业流动的研究显示:45%的流动者选择行业内转型,约25%的流动者选择自主创业,另有约25%的流动者选择跨行转型[①]。这种转型既包括留在传统媒体内部的新闻从业者适应媒体融合的互联网转型,也包括离开既有媒体这种更为决绝的方式。

互联网的发展为传统媒体人提供了新的创业阵地。赵新宁总结了媒体人离职的三种方式:创业新媒体、加入电商与传媒合作、彻底改行[②]。谭云明、王俊概括了离职转型的种类:出走互联网、加盟实体经济、自主创业、经营自媒体[③]。曾娅洁研究指出,从"单位人"转变为"创业者",这些传媒离职转型人员在为互联网经济发展创造多元产品的同时受到身份认同、盈利、自主性等问题的困扰[④]。江珑指出,最近几年被动离职的记者由于圈层压力权益受损[⑤]。

除了离职转型这种选择之外,新闻从业者还存在着其他形式的选择。丁方舟和韦路的调查研究表明,2010—2013年这四年间,16.8%的中国新闻人选择了职业转型,转型后绝大多数人依然在传媒行业或相关的岗位上,而非真正转型。转型首选是新媒体相关职位,很少人转向纯粹的商业领域。不同

---

① 曹艳辉."双重推力"与"单维拉力":中国调查记者的职业流动研究[J].新闻大学,2019(7):53-67.
② 赵新宁.用互联网思维留住传统媒体人才[J].青年记者,2014(19):60.
③ 谭云明,王俊.其实不想走,其实我想留?关于传统媒体人才流动的思考[J].青年记者,2015(33):16-17.
④ 曾娅洁.从"单位人"到"创业者":离职媒体人的数字化转型与现实隐忧[J].编辑之友,2019(12):57-61.
⑤ 江珑.别闹,后路未知[J].青年记者,2020(4):26-27.

种类媒体中以平面媒体和电视媒体从业者职业转型居多，电视媒体人又比平面媒体人的态度更积极，新闻人使用微博程度越高越有可能选择职业转型①。丁方舟参照默顿的失范类型对新闻领域的职业流动类型进行分析，提出职业转型意即"在变动的结构中重新寻找文化目标与制度化手段之间的平衡点"，除此之外他还提出了不同的失范反应类型②。由于种种原因，留在传统媒体内部的从业者对媒体融合则存在抵触情绪和抗拒行为。如尹连根、刘晓燕基于对广东省某报业集团一线记者的深度访谈，提出不同层级的员工对报业融合的理解有明显差异，如管理层通常将其理解为"姿态性融合"，而普通记者由于种种原因表现为不合作或不认同的态度③。从时间序列来看，继"报网融合""两微一端"之后，"中央厨房"作为进一步的媒体融合战略，是传统媒体应对技术冲击并自救的重要设计。然而"中央厨房"理念的推广和实践远非易事，除了需要技术支撑外，更重要的问题在文化和心态层面。何瑛、胡翼青通过实地考察及深度访谈发现，"中央厨房"理念在实践层面存在巨大障碍，记者群体对"中央厨房"的运行持不配合态度，有新闻理想的媒体人甚至会选择离开媒体行业。究其缘由，"中央厨房"内在的生产逻辑改变的绝不仅是新闻产品的呈现方式，它的成功推行更应建立在编辑室中"采—编"均衡被打破的基础上，建立在阻断记者职业认同路径的基础上。记者对"中央厨房"的抵抗是专业记者群体面对自身社会功能和社会角色可能被消解的命运的反抗④。

2. 媒体人转型的特点

通过文献搜索发现，对单纯媒体人转型特点的研究较少，相关问题的分

---

① 丁方舟，韦路. 社会化媒体时代中国新闻从业者的认知转变与职业转型 [J]. 国际新闻界，2015,37(10): 92-106.
② 丁方舟. 创新、仪式、退却与反抗：中国新闻从业者的职业流动类型研究 [J]. 新闻记者，2016(4): 27-33.
③ 尹连根，刘晓燕. "姿态性融合"：中国报业转型的实证研究 [J]. 新闻与传播研究，2013,20(2):99-112.
④ 何瑛，胡翼青. 从"编辑部生产"到"中央厨房"：当代新闻生产的再思考 [J]. 新闻记者，2017(8):28-35.

析和论述在其他研究当中有所涉及。如吴湘韩、张红光在研究当下我国传统媒体人才流失时提出，当下传媒人才流失正在持续加剧，传统媒体人才有断层现象，流失人才层级在提高，人才流失动因和趋向具有多元化的特点[①]。也有研究在对42位转型新闻人分析的基础上提出了转型的四个特点：一是转型由"跳槽"到"离职潮"；二是财经类新闻人及传媒高层管理者人数比例走高；三是转型的去向由单一到多元；四是青壮年业务骨干是转型主力[②]。江飞从媒体人类学的视角切入，采用民族志的研究方法，关注媒体人在转型情境中生存状态和价值世界的变迁。他提出，主动性是转型媒体人最鲜明的特征，媒体在转型过程中应该从人文主义出发摒弃工具理性的逻辑，采用人性化的理念和举措推动媒体人转型[③]。

国外研究者对转型过程中媒体人的状态比较关注。一项对于长期上夜班人员的调查指出，转型过程中已婚员工要比未婚员工的心理健康水平高。由于新闻工作的特殊性，新闻工作者长期需要上夜班，所以这一结论在该群体中可以使用[④]。一项针对瑞士科学记者转型的调查发现，专业目标、工作条件和记者工作转型有一定的相关性[⑤]。

值得关注的是，通过"传统媒体人转型""记者转型"等关键词搜索发现，大多数研究属于媒体人转型的对策性研究，如管倩和张可[⑥]、陈国强[⑦]、董卿[⑧]等，他们对于如何成功转型提出了意见和建议，都强调转型过程中新技能的训练与培养。

---

① 吴湘韩,张红光.当前我国传统媒体人才流失观察[J].青年记者,2020(15):9-12.
② 张彤.新世纪以来我国传统新闻人转型研究[D].沈阳：沈阳师范大学,2017.
③ 江飞.转型媒体人的生命体验及其迁徙式生存[D].南京：南京大学,2020:4.
④ Brewin C R, Andrews B, Valentine J D.Meta-analysis of risk factors for posttraumatic stress disorder in trauma-exposed adults[J].Journal of Consulting and Clinical Psychology, 2000, 68(5):748-766.
⑤ Kristiansen S, Schäfer M S, Lorencez S. Science journalists in Switzerland: Results from a survey on professional goals, working conditions, and current changes[J]. Studies in Communication Sciences, 2016,16(2):132-140.
⑥ 管倩,张可.跨入全媒体：基于新闻制作实验的记者转型研究[J].电影评价,2019(10):74-77.
⑦ 陈国强.一名电视体育记者转型新闻教育的观察和思考：从业界到学界的转型中,我看到了什么?[J].中国记者,2016(9):57-58.
⑧ 董卿.融媒时代纸媒记者转型两大关键点[J].青年记者,2019(26):49-50.

3. 媒体人转型原因及其影响因素

自 2010 年开始，新闻行业出现了较为集中的由行业内向行业外流动的现象，不少资深新闻人离开原岗位，投身不同的市场与行业，新闻人才流动趋势逐步增强。关于人员流动的原因，学者们采用不同的研究方法，从不同角度进行了多层面的研究。刘耿认为记者"青春饭"的标签、弹性雇佣制、新媒体的压力是媒体人转型的原因[①]。陈敏、张晓纯经过对多位媒体人离职告白文本的内容分析，总结出媒体人离职的四个原因：新技术冲击、体制禁锢、传媒经营压力和个人职业规划[②]。周人杰通过对新闻从业者职业流动现状的调研，提出传统媒体进入发展瓶颈期、体制内外收入差距不断增大、复杂的工作环境导致巨大的工作压力等是直接影响从业者职业流动的主要因素[③]。薪水待遇是一部分原因，更重要的是行业的发展空间和社会价值的不断"缩水"，这是媒体人离职转型的主要原因[④]。丁汉青等研究发现，传统媒体员工离职的真正原因是一种"相对不满意"，是与新媒体工作相比较而言的不满意。可以预料的是，随着新媒体不断壮大，这种"相对不满意"程度会日渐加剧，未来将有更多的传统媒体员工选择离职[⑤]。常江和杨奇光两位学者通过对话的形式邀请 4 位专家学者共同关注媒体离职潮，并围绕离职原因、离职去向、媒体人职业规划等具体问题展开热烈讨论。结果显示，薪酬问题、行业压力、个人选择是离职的主要原因[⑥]。萨其尔、陆地在分析传媒人转型的社会意义时提出，传媒生态环境变化、体制困境、新媒体冲击、自身职业发展是他们转型的原因[⑦]。

根据以上对于转型原因的分析，我们可以推断影响传统媒体人转型的各

---

① 刘耿.媒体人转型原因谈[J].中国记者,2011(12):57-58.
② 陈敏,张晓纯.告别"黄金时代"：对52位传统媒体人离职告白的内容分析[J].新闻记者,2016(2):16-28.
③ 周人杰.新闻从业者的职业流动类型及影响因素研究[J].电视研究,2018(6):50-52.
④ 万小广.新传播生态下传统媒体人的转型[J].青年记者,2015(33):21-22.
⑤ 丁汉青,王军,刘影.传媒业转型员工转型前后工作满意度对比研究[J].现代传播,2016(2):36-43.
⑥ 常江,杨奇光.断、舍、离：聚焦传统媒体人的"离职潮"[J].新闻界,2015(20):13-20.
⑦ 萨其尔,陆地.传媒人转型的社会意义[J].新闻与写作,2013(6):36-38.

因素。宏观上的政策、组织的转型与变革，微观上个人的性格特点、家庭、经历、选择等都多多少少影响着传媒人的转型。苏林森指出，影响从业者职业流动的因素主要有性别、身份、职务和媒体性质等，这也正好印证了之前的说法[1]。虽然适度流动有利于媒体从业者和整个行业的发展，但应该出台相关的规范和管理政策对其进行控制和平衡。同时，应当对传统媒体内部新闻从业者的"姿态性融合"保持警惕，增强从业者对组织文化的认同以推进媒体融合的有序开展。

综上，通过文献检索可以看到，对媒体人（新闻从业人员）转型的研究非常广泛，对一些专题的研究也较为深入细致。主要存在如下两方面问题：其一，缺乏深层次的、系统性的研究。大部分研究停留在现象的描述、特点总结、原因分析上，有的研究侧重于转型的类型划分，有的研究侧重于研究转型的外部因素，有的研究侧重于对存在问题的批评，等等；同时，大部分研究显得细碎零落，不够系统深入，缺少对媒体融合的建设性指导意义。其二，缺少有关媒体人转型的实证研究。当前有关媒体人转型的研究出现了不少采取深度访谈、话语分析、民族志等定性方法撰写的论文，其中以江飞的论文《转型媒体人的生命体验及其迁徙式生存》为代表，这些论文通过个案的深入剖析，深刻地展现了媒体人转型中的前因后果、酸甜苦辣的生动细节、千姿百态的生命体验，充分体现了人文关怀。不过，对媒体管理者而言，从传播社会学的视角观照媒体人转型的社会文化背景及其痛点、难点固然重要，但更为现实的问题是如何采用更科学的、经过实践验证的管理方法促进媒体人转型，从而提升媒体转型的效率。从这一意义上讲，增加以媒介管理学为视角、以实证研究为主的媒体人转型研究是有必要的。实证主义研究方法讲求的是先有理论假设，然后用数据来检验它，即通过定性研究提炼概念、了解潜在的原因并提出假设，再通过定量研究的搜集数据、分析数据来阐明事实、明确因果联系。定性研究作为探索性、描述性研究，是定量研究的基础；定量研究则是对因果关系的研究，也是管理学研究的主流[2]。二者相互补充，相互促进，

---

[1] 苏林森.新闻从业者职业流动状况及其影响因素[J].新闻界,2012(2):53-58.
[2] 杨学儒,董保宝,叶文平.管理学研究方法与论文写作[M].北京：机械工业出版社,2019:3.

可以提升课题的研究深度。

二、组织变革及其员工应对研究

当今世界，不管是政治、经济还是科技、文化，都处于飞速发展之中。变化是当今世界的主题，身处其中的组织，也被这变化的时代所裹挟。在管理体系中，早期学者们认为外部环境客观存在，所有的因素都是理所当然并可以预见的，管理思想也因此较为封闭。随着时代的变迁，现代管理理念发生了深刻的变化，大家纷纷意识到组织所处环境的动态特点，因此探讨组织生存和发展的问题也必须基于这一前提。此后，组织变革理论研究逐步深入，不论是组织变革过程、变革内容还是变革的动力与阻力方面的研究，均成果丰硕。

1. 组织变革理论演进

作者试图通过变革理论演进来梳理组织变革研究聚焦的问题，内容既涉及变革的发生、步骤等过程性问题，也涉及过程中的管理、评价等。

参考计划变革理论创始人库尔特·勒温（Lewin）的组织变革三步骤，他解释变革是一种将组织平衡状态打破的行为，当"解冻"完成，接着便可执行具体变革措施，但单纯的变革措施还不能确保持久性，因此需要将革新后的状态再冻结，这样才能将组织稳定在革新之后的平衡状态。从过程来看，这一理论虽然较简单，却有着开创性的意义，为我们研究传媒组织变革提供了整体的框架及视角。美国麻省理工学院教授埃德加·沙因（Edgar H.Schein）在勒温理论的基础上提出模型扩充，将组织变革过程分为六步骤；接着以管理学学者小詹姆斯·唐纳为代表的学者提出了组织变革模式的八步骤，该理论详细阐述了组织变革中各因素之间的关系及其产生作用的过程；美国系统管理学派的代表人物弗里蒙特·E.卡斯特在系统理论与管理学理论结合的基础上与詹姆斯·E.罗森茨韦克合作专著[①]，明确提出组织变革六步骤，即深入分析

---

① 卡斯特，罗森茨韦克.组织与管理：系统方法与权变方法[M].北京：中国社会科学出版社，1985.

组织内外部条件环境、充分认识组织变革的必要性、寻找现存状态与所希望状态之间的差距、评估可供选择的多种方法并最终落实、根据确定的方案实施变革、针对变革的效果进行反馈。纵观以上各理论，勒温的三阶段模型是基础，此后的理论模型都是在这个基础上发展并完善的。虽然他们各有特点，但都能让我们了解组织变革的一般步骤。

2.组织变革的内容

从内容角度看，研究者主要关注组织中变革的影响因素，包括哪些层面在发生变革，影响因素是什么，因素之间关系如何等。通过文献检索发现，从这一视角出发的组织变革研究问题聚焦最多，成果最为丰富。研究之初，在组织变革内容界定方面大约经历了三个阶段：第一阶段，结构变革；第二阶段，文化变革；第三阶段，流程变革。这三个阶段是根据变革实践的发展和研究的不断深入而产生的。早期研究者认为组织变革是单一主题的，但随着变革实践的发展和研究的深入，研究者们发现，实践中的组织变革并非组织中的某个部分发生改变，而是涉及组织各个层面的方方面面。据此，学者们提出了各种不同的内容界定，详细内容如表 1.1 所示[①]。

表 1.1 不同学者对组织变革概念的不同界定

学者	对组织变革内容的界定
Leavitt	组织变革分为四种：组织结构的变革、人员的变革、技术变革、组织任务变革
Kimberly & Quinn	组织变革分为三种：组织结构重组、战略重新定位和改造重生
Tushman	组织变革分为四种：重新定义组织使命和核心价值、转变内部地位和权力、企业重组、修正革命
Harvey & Brdwn	组织变革包括：技术性变革、结构性变革、行为性变革
McCann & Daft	组织变革分为四种：科技变革、产品与服务变革、战略与结构变革、人员与文化变革

---

① 黄馨. 媒体融合背景下的电视媒体组织变革：基于江苏广播电视（总台）的个案研究[D]. 南京：南京大学, 2018.

（续表）

学者	对组织变革内容的界定
Robertson & Porras	组织变革包括：组织结构变革、人员变革、技术变革、组织任务变革、物质设备变革和职位行为的变革
Robbins	组织变革包括：结构变革、技术变革和人员变革
Stoddar & Jarvenppa	组织变革包括：企业管理、企业文化、组织结构的改变和规划策略的更新
Cao & Clarke	组织变革包括：组织流程子系统变革、组织结构子系统变革、组织文化子系统变革和组织行政子系统变革
Michael Hitt, et al.	组织变革包括：技术变革、文化变革、战略变革、结构变革、体系变革和员工变革
Charlie W.L.Hill & Garent R. Jones	组织变革主要包括改造、流程重组和创新三种活动
Kotter	组织变革是采用新技术、重要策略改变，流程再造、并购、重整为不同部门、提升创新能力和组织文化的改变
Henderson & Venkatraman	组织战略、信息技术战略、组织基础和过程、信息技术基础和过程
Fried & Brown	组织变革是结构和过程、人员和技术的变革
Burke	组织变革应该从个体层面(人员的工作任务、岗位调动)、团队层面(团队的拆分合并、重组或职能调动)和组织层面(结构变化、业务流程及业务领域变化)这三个不同的层面去分析
Morton	应该主要关注组织战略、管理流程、技术作用、个人作用、组织文化五个方面

尽管学者们对变革内容的分类标准各不相同，但总体上都无外乎技术和业务流程，大到组织战略、组织结构、组织管理与创新、组织文化，小到组织人员等。本书作者根据传统电视媒体组织的具体特征，以 Robbins 的结构、技术和人员变革为理论基础，结合 Kotter 和 Daft 的理论，从战略结构变革、技术变革、文化与人员变革三个方面进行内容分析。战略结构变革是指改变组织的结构、战略、管理与管控机制、协调机制等；技术变革是指引入新技术、工具或革新工作流程；人员与文化变革则是指微观层面员工个体的态度、认知、能力、思维等变化。国内研究者张钢、张灿泉从认知视角出发，分析了影响组织变革的外部环境，提出外部情境下组织认知形成的机理，建立新的组织

变革模型，指出未来的研究趋势①。张晓东等通过明确规则管理与组织变革的关系，提出了组织变革的系统整合模型，以此指导开展规则管理，以确保组织变革的顺利进行②。

3. 组织变革的动力与阻力

关于变革动力的研究，学者们最早将变革的起因作为研究的主要问题。多数研究者将变革的动力因素作为研究内容，这是理解组织变革的前提和基础，有助于全面了解变革的原因、目标、趋势与方向，从而准确分析推动变革的关键因素。不同的研究阶段，学者们观点各异。有人认为动力因素包括内力与外力（内外因观），例如学者 Szilagvi 从内力与外力两方面论述组织变革的动力，首先提出构成内部力量的有成员个体行为、组织业务流程、组织架构，而外力则由国际环境、政府政策、企业竞争、技术升级、产业改造、人口变化等构成③。Kanter 等则更进一步，提出组织变革动力三因素④。学者 Trice 等持同一观点，认为组织内部与外部均存在促进组织变革的动力因素⑤。持不同观点的学者则认为组织变革动力由外部因素主导（外因观），如学者 Goodstein 等提出外部环境的压力是一个组织发生变革的根本原因，包括技术革新、竞争对手出现、客户喜好改变等，而来自内部的主动变革则很少⑥。Robbins 与 Burke 观点一致，他认为一切外力因素如经济、文化、技术、人口、竞争甚至国际局势的剧变才是组织变革的关键动力⑦。除了以上观点，还有学

---

① 张钢, 张灿泉.基于组织认知的组织变革模型[J].情报杂志,2010,29(5):6-11.
② 张晓东, 朱占峰, 朱敏.规则管理与组织变革综述[J].工业技术经济,2012,31(9):152-160.
③ Szilagvi A D, Wallace M J.Organizational behavior and performance[M].3rd ed.U.S.A: Scott, Forman and Company,1983:168-213.
④ Kanter R S, Stein B A, Jick T D. The challenge of organizational change: How companies experience it and leaders guide it[M].New York: Free Press,1992:234-237.
⑤ Trice H M, Mowday R T, Porter L W,et al.Employee-organization linkages: The psychology of commitment absenteeism and turnover[M]. New York:Academic Press,1993:233-238
⑥ Goodstein L D, Burke W W. Creating successful organization chang [J]. Organizational Dynamics, 1991,19(4):5-17.
⑦ Robbins S P. Organizational behavior [M].9th ed. New Jersey: Prentice Hall,2001:341-348.

者提出不同观点，Tushman 持进化论观点，他认为变革动力是组织不断进化的结果（进化观），指出组织变革是组织成长的必然过程，变革的主要影响因素来自企业和产品的生命周期在不同阶段的主导环境[①]。国内也有学者认同外因观，如徐联恩、陈宏吉、汪大海等。马作宽将该观点描述为"组织变革是外部环境的变化呼唤组织向前发展的结果，外部环境变化是最大的动因"。

关于组织变革阻力的研究一直备受学界关注，组织管理者与管理学家一致认为阻力既是一种容易引起组织混乱的因素，也可以是影响组织的各因素之间的一场激战，它具有强大的破坏力。组织阻力来源于组织中的个体及组织本身。Shephard 在他的文章中提出，"高级管理人员是一切组织中创新和变革的阻力的主要来源"。组织行为学专家斯蒂芬·罗宾斯和蒂莫西·贾奇提出个体阻力的 5 个方面，即个人长期形成的习惯、个人对安全感的需求、个人对报酬下降的担忧、个人对变革的不确定性感到恐慌、个人对信息选择性加工带来的不确定性感到焦虑；来自组织的阻力则包括了与组织结构、管理系统、群体规范、权力关系、资源分配等各个层面相关的问题[②]。无论是业界还是学界，组织变革阻力的存在实属不争的事实。实践证明，阻力存在于组织的各层级，不论个体还是群体，都会在态度或行为上对变革产生抵触。通过现有文献可以发现关于克服组织变革阻力的研究成果颇为丰厚，其中最著名的就是哈佛商学院教授 Kotter 和 Schlesinger 提出的六变革法。他们认为利己主义、信息沟通问题造成的误解、个体承受能力差、个体认识的差异是形成变革阻力的原因，因此需要通过六种策略去预防、减少、弱化变革阻力：一是教育和沟通；二是参与和融合；三是引导和支持；四是协商和谈判；五是操控和合作；六是正面施压。

国内学者马作宽等提出组织中的个体是变革阻力的重要来源，他们对未来的不确定性、对中层管理者的抵制，以及基层员工对变革效果的质疑都是阻力形成的原因。王伟浩、陶爱萍、马兰燕认为有效的教育和沟通、鼓励员

[①] Tushman M L, O'Reilly C A. Ambidextrous organizations: Managing evolutionary and revolutionary change[J]. California Management Review, 1996, 38 (4):8-29.

[②] 罗宾斯，贾奇. 组织行为学 [M]. 14 版. 孙健敏，李原，黄小勇，译. 北京：中国人民大学出版社，2012.

工参与变革决策与过程、加强员工培训、建立良好的薪酬体系、适当的授权等是化解变革阻力的方法[1]。张军果、杨维霞通过对变革过程中的个体阻力和组织阻力细致分析后提出应对策略[2]。

4. 员工应对研究

应对是一个涉及多学科、多角度、多层次的研究范畴，众多学科如社会学、心理学、管理学、政治学等都有相关研究，形成了非常丰富的应对理论。关于应对的概念，研究者们的定义各不相同，最有影响力的定义是由美国心理学家拉扎勒斯（Richard·S.Lazarus）界定的，他认为"应对是个体的一种行为或认知上的努力，目的是处理足以对自身拥有的资源构成威胁的任何环境的内在要求或冲突"[3]。也有研究提出所谓变革的应对，指的是组织中的个体在变革压力的情境下，为避免压力所造成的生理、心理不适或伤害，而选择在认知、情绪及行为等方面采取的所有调适与努力，以期维持现有工作状态，提升个体或组织的绩效[4]。在本研究中，应对则指传媒组织员工在变革的压力情景下所做的一系列行为反应。除了概念的界定之外，学者们还大量聚焦于策略研究。Pearlin 和 Schooler 提出三种应对策略，分别是行为上的应对、认知上的应对及情绪上的应对[5]。Billings 和 Moos 认为存在三种应对形式：主动性认知应对、主动性行为应对、逃避性应对，其中逃避性应对是一种消极应对方式[6]。Lazarus 和 Folkman 则将应对策略分为两类，分别是以问题为焦点的应对和以情绪为焦点的应对[7]。Latack 在前者观点的基础上提出控制导向的应

---

[1] 王伟浩,陶爱萍,马兰燕.高技术企业组织变革的阻力及化解[J].商业时代,2013(15):110-111.

[2] 张军果,杨维霞.企业变革的阻力及对策分析[J].商业研究,2006(9):78-81.

[3] Lazarus R S. Patterns of adjustment[M]. 3rd ed. New York: McGraw-Hill, 1976.

[4] 王玉峰,蒋枫,刘爱军.企业组织变革压力下员工的应对策略研究[J].工业技术经济,2014(6):102-110.

[5] Pearlin L I,Schooler C.The structure of coping [J].Journal of Health and Social Behavior,1978,19(1):2-21.

[6] Billings A G,Moos R H. The role of coping responses and social resources in attenuating the stress of life events[J].Journal of Behavioral Medicine，1981,4(2):139-157.

[7] Lazarus R S, Folkman S.Stress, appraisal, and coping[M].New York:Springer,1984.

对（Control-oriented）和逃避导向的应对（Escape-oriented）[1]。上述研究都是建立在认知与应对理论的基础之上，以个体与环境互动理论为依据，尽管划分并不完全相同，但总体而言较类似。

在国外应对理论研究的基础之上，国内学者结合本土特点，以个体为对象进行研究。王玉峰、金叶欣认为认识个体行为反应是组织变革研究的根本[2]。王玉峰等研究发现影响员工变革应对策略选择的因素既包括个体因素如人口统计变量、认知评价、人的性格特征等，也包括外部因素如社会支持、组织层面因素、变革本身的特点等[3]。费爱华提出应对变革的阻力应采用动员式传播，所谓动员式传播，是组织沟通的一种特殊形式，强调受众的参与性、"对话化"、传播过程具有情感性等[4]。唐杰借鉴社会心理学的相关理论，尝试建立员工应对组织变革的精细加工可能性模型，探讨变革情境因素、组织稳定因素和变革态度对员工应对变革的影响及在不同变革属性影响下的作用机制[5]。除了学界的研究外，业界也有一些管理者站在自身管理的角度为了解决实践中的某些具体问题而进行的研究，如李斌、周亚波面对员工个体阻力问题提出应对策略等[6]。

综上所述，组织变革研究是管理学研究的一大课题，已有几十年的研究历史，成果丰富，几乎涵盖了组织管理的方方面面。进入新世纪以来，研究突破过去长期停留的宏观系统导向及组织结构、制度的层面，对组织中最重要的人的因素关注越来越多。另外，由于改革开放40年来中国经济发展在全球范围内独领风骚，国内组织变革相关研究的数量也大大超过国外。

组织变革及其员工应对研究对本研究的启发主要有三个方面。第一，外

---

[1] Latack J C.Coping with job stress:Measures and future directions for scale development[J]. The Journal of Applied Psychology,1986,71(3):377-385.
[2] 王玉峰,金叶欣.组织变革情境下的应对研究：一个新的议题[J].贵州社会科学,2013(11):50-55.
[3] 王玉峰,蒋枫,刘爱军.企业组织变革压力下员工的应对策略研究[J].工业技术经济,2014(6):102-110.
[4] 费爱华.企业变革阻力的应对策略研究[J].技术经济与管理研究,2019(3):67-70.
[5] 唐杰.基于精细加工可能性模型的员工应对组织变革研究[J].经济管理,2010(8):178-185.
[6] 李斌,周亚波.如何应对企业变革中的员工个体阻力[J].企业管理,2015(5):94-97.

部环境是促使组织变革及其发展的基本因素。本研究所关注的传媒组织是社会、政治、经济、技术环境中的一个微小节点，宏观外部环境变化对以融合为特征的媒体变革发挥了主导作用。第二，组织制度和结构应当顺应内外环境的变化，符合变革的要求。本研究关注的传媒组织，其结构、制度、战略都应该紧随媒体融合转型而改革。第三，"人"是组织变革的核心因素，既包括人心理层面的变化也包括其行为的改变。本研究所涉及的传统媒体人转型是传统媒体转型变革的关键内容。

有关组织变革及其员工应对的研究还需要进一步在广度和深度上提升。不同类型的组织变革有不同的表现，其员工应对有各自不同的特征，推动员工跟上变革的步伐也需要采取不同措施。一种类型的组织变革及其员工应对对其他行业、类型的组织来说只具有一定的参考意义，因此需要对不同行业不同类型的组织变革及其员工应对开展研究，发现其中的共性和个性。同时，随着时代的发展，新一代员工也有与上一代员工完全不同的心理行为特征，他们所面对的变革也各自不同，所以相关研究也需要与时俱进，不断发现新问题、做出新分析、提出新思路。

第三节　研究内容、框架与方法

一、研究内容

本书以 J 省广电集团（以下简称"J 广电"）为研究个案，对媒体融合背景下传统媒体人的转型展开研究。具体涉及的内容包括如下方面：

第一，融合过程中推动传统媒体人转型的外在环境刺激因素有哪些？

第二，这些外在环境因素对有机体（传统媒体人）的哪些内在状态产生了影响？

第三，传统媒体人内在状态是如何影响他们的转型意愿和行为的？

第四，传统媒体人有哪几种类型的转型行为？各有什么特点？

第五，广电集团内不同媒体（电台和电视）的媒体人，其转型各有什么特点？

……

这项研究主要涉及媒体融合、媒体人和转型三个概念，下面对这三个概念分别做一个解释和界定。

1. 媒体融合

1977 年，美国学者法悖（Farber）和巴冉（Baran）首次使用了"convergence"一词，翻译成中文就是"融合"或"聚合"，表示"几种不同的事物合成一体"的意思①。1978 年，尼葛洛庞帝在《数字化生存》一书中用三个相互交叉的圆环分别代表电脑业、印刷出版业和广播电影业，以三环趋于重叠来表现这三个行业逐步融合的构想，这被视为"媒体融合"设想的最初起源。

美国新闻研究所媒体研究中心主任安德鲁·纳奇森（Andrew Natchson）将"媒体融合"定义为"印刷、音频、视频和交互式数字媒体组织之间的战略、运营和文化联盟"。他强调"融合媒体最值得关注的不是集中各媒体的运营平台，而是媒体间的合作模式"②。美国西北大学教授 Rich Gordon 在 *The Meaning and Connotation of the Convergence* 一书中，将媒体组织中的"融合（convergence）"概括为六个层面，即媒体技术的融合、媒体所有权的合并、媒体策略的整合、整合媒体组织结构、整合新闻采访技巧、整合新闻叙事形式③。美国密苏里新闻学院教授伦·布鲁克斯认为，融合是一个必然的趋势，随着媒体技术的发展和一些障碍的打破，以及电视、互联网和移动技术的不断完善，各种新闻媒体将不断融合。

由于本研究关注的主体是以传统媒体为代表的传媒组织，研究的主要问题是传统媒体人如何为适应新媒体发展要求而开展自我转型的，因此，本研究所指的媒体融合是传统媒体在内容、渠道、平台、经营与管理五个方面与

---

① 卢铮. 媒介融合背景下的报业组织变革：以两家证券报为例[D]. 上海：复旦大学，2012.
② 蔡雯. 从"超级记者"到"超级团队"：西方媒体"融合新闻"的实践和理论[J]. 中国记者，2007(1)：80-82.
③ 蔡雯. 新闻传播的变化融合了什么：从美国新闻传播的变化谈起[J]. 中国记者，2005(9)：70-72.

新媒体的融合。第一是内容融合，指传统媒体运用新的技术生产适合不同传播方式和渠道的内容，为此，内容生产的流程要按照互联网传播的需要重新安排，内容生产的技术也要根据不同的传播需求来进行重新配置。第二是渠道融合，就是在传统的传播渠道基础上，增加互联网的信息传播渠道，并通过传统及互联网渠道之间的配合，获得内容传播的最大化效果。第三是平台融合，指将由不同用户入口形成的用户数据库有效地打通，形成一个更大的普遍联系的平台。第四是经营融合，指传统媒体为适应新的商业模式要求在运营过程中对内部组织架构、产品推广、用人机制等进行改革和探索。第五是管理融合，是指党和政府对传媒行业进行的自上而下的管理，通过政策、法律、法规等途径着力解决当前我国传统媒体中存在的功能重复、内容同质、力量分散、新旧媒体之间政策不对等、竞争无序等问题，优化资源配置，提高媒体管理的科学化水平，使传播秩序更为规范。

有必要指出的是，国内学者有的将 media convergence 翻译成媒介融合，有的则将其翻译成媒体融合。媒体融合和媒介融合两大概念内涵基本一致，其细微区别主要有两点。一是媒介融合概念外延更大，媒体融合的概念囊括于媒介融合之中，是媒介融合的一个具体方面。媒介这一概念的外延比媒体这一概念的外延更大[1]，媒介指向的是信息传播的渠道、介质，而媒体则更多指的是拥有信息传播载体的机构。二是媒介融合是一个学术研究的概念，而媒体融合是一个更偏向实务、具象的概念。媒介融合包含技术、经济、组织、文化等不同层面的趋势和发展动向，其主体既可以是具体的媒介机构，也可以是更为抽象的传播介质和渠道，或者是媒介文化。而媒体融合概念是由国家战略层面提出，它的主体清晰地指向传统主流媒体，关注的是主流媒体如何在未来传播格局中保持原来的主导角色和中心地位问题。

本研究视"媒介融合"和"媒体融合"为同一概念，为了行文的方便，统一使用"媒体融合"一词。媒体融合包含产业和政治两个层面的含义。首先，它是一种行业发展的趋势和过程，其主体是传统媒体，在遭受新媒体冲击影响力下降的情况下，传统媒体在传播内容、渠道、平台、经营、管理等层面

---

[1] 丁柏铨.试析媒体融合中的三个关键性话题[J].新闻与写作，2015(1):55-57.

学习借鉴并采纳新媒体机构的种种做法，以期在未来传播格局中继续占有主流地位。其次，它也是一种政策背景，是具有中国特色的发展策略。媒体融合确实在世界传媒发展中具有共性，这也是学者蔡雯引进该概念并使其成为热点的前提，但与西方高度私有化的媒介市场不同，我国的媒体融合不仅是传媒行业自发发展的趋势，更是由党和政府发动和引导的传统媒体发展的方向。简而言之，本研究所涉及的"媒体融合"既是指不同媒介相互交融与互动的行业发展趋势，也是指国内传媒业发展的政策背景。

2. 传统媒体与传统媒体人

传统媒体一般指通过某种机械、电子装置，以文字、声音、图像等为主要介质，定期向社会公众传递信息、发布新闻、提供娱乐等的媒体，包括报刊、广播、电视等等。传统媒体是与新媒体相对应的概念，以是否具有互联网特征作为划分标准，互联网化的媒体是新媒体，反之则是传统媒体。从具体传播特征上看，传统媒体是单向传播，交互性弱，时效性差；而新媒体则完全相反，是多维传播、实时传播和互动传播。总之，传统媒体是对在互联网出现之前就已长期存在的各类媒体的一个统称，是一个集合概念。

传统媒体人则是传统媒体组织内的雇员，他们长期从事文字、音像等新闻、娱乐、文化工作。传统媒体人往往和"新闻人"联系在一起，他们是一个"社会事件的回收场"，或者是"社会的数据库"，新闻工作本质上就是将各种社会问题加以收集，然后依据不同需求通过不同的新闻报道方式提供给读者、观众[①]。不过，媒体人并不能完全等同于新闻人，后者是指从事新闻工作的人，往往指记者、编辑等；而前者范围则广得多，既包括从事新闻工作的人员和以艺术、娱乐、科普等文化工作为中心内容的人员，也包括在后台从事技术后勤服务的工作人员。

由于新媒体环境是一个不断变化与发展的环境，而传统媒体正在这种环境下积极转型，并大力推动媒体融合发展，因此传统媒体人的内涵和外延也

---

① 区柏权. 传媒人转型大学教师的社会学研究：以香港推行通识教育需急切补充老师为例[D]. 武汉：华中师范大学,2011:7.

在不断变化，究竟哪一类人是传统媒体人这一问题目前在业界和学界尚无定论。考虑到研究对象所具备的代表性，本研究将曾经在党和政府直属管理的传统媒体（电视台、报纸、杂志、广播电台等）工作过的，从事采编、经营、管理、技术、后勤等相关工作的所有工作人员称为"传统媒体人"。

3. 媒体转型与媒体人转型

"转型"一词和英文中的 transformation 相对应，指行为或状态方面的显著改变，《辞海》中的解释是"指事物的结构形态、运转模型和人们观念的根本性转变过程"。在我国，转型一词被广泛运用，既有宏观方面的经济转型、政治转型、社会转型等，也有微观方面的组织转型、企业转型、战略转型、人才转型等。不少学者视转型与变革为相同的概念，其本质内涵就是改革、创新，转型过程就是主动求新求变的过程、一个创新的过程。

组织转型是组织为了获得更强的竞争力或更好的绩效而开展的一种变革行为。某种情况下，组织转型与组织变革两个概念有一定的区别，组织变革是在原有框架不动的情况下进行的渐进性、局部性的调整和修正，而组织转型则要打破原有框架对组织要素进行重新排列组合[①]，是一种多维度、大规模、系统性的非线性变革。由于涉及发展战略、组织结构、企业文化和运行机制的范式转换，所以组织转型是一种根本性的改变[②]。

媒体转型就是媒介组织在企业理念、发展战略、组织结构、管理体系、运行模式和操作理念等方面的系统性、全局性变革。新中国成立后我国媒体曾经历过两次大的转型：第一次是改革开放后的转型，媒体的身份和属性发生变化，商业广告开始出现，媒体推行商业化管理；第二次是20世纪90年代，媒体的市场化转型，都市报得以快速发展。目前媒体经历的是第三次大的转型，现阶段媒体转型的本质含义就是媒体深度融合，传统媒体从原来单一的媒介

---

① Ertmer P A. Addressing first-and second-order barriers to change: Strategies for technology integration[J]. Educational Technology Research and Development, 1999, 47(4):47-61.

② Levy A, Merry U. Organizational transformation: Approaches, strategies, theories[M]. New York: Praeger, 1988.

形态向拥有多种新旧媒介形态包括纸媒、电视、广播、网络、手机等在内的全介质传播形态转变。

媒体人转型即传统媒体人转型，是媒体转型的关键组成部分。媒体人转型实际上是一种特殊的职业转换，也是应对媒体转型的一种职业适应。职业转换是员工个体通过认知、学习和期望等方面的调整，放弃旧的职业角色，不断适应新职业角色的过程[①]。现阶段的媒体人转型就是媒体人为了适应媒体转型（媒体深度融合）而在观念、能力、行为等方面做出一定改变、调整的行为。

本书之所以使用媒体人转型这一概念而不用管理学中常用的概念——职业适应或职业转换，主要基于以下三点考虑：一是更强调其特殊性。职业适应和职业转换概念较大，涵盖范围较广，包含员工重新入职、岗位变化、组织社会化、应对组织变革、跳槽等方方面面的内容，而媒体人转型则专指媒体转型中的媒体人职业适应和职业转换。另外，职业适应和职业转换是一个长期的过程，某个时间段只涉及员工中的一小部分；而媒体人转型则是一个特定的阶段性过程，是当前媒体转型阶段全体传统媒体人都需要共同面对的重大课题。二是更强调其重要性。职业适应和职业转换是员工为适应组织及其变革而采取的行动，相对于组织来说员工是被动的；而媒体人转型在媒体转型中则发挥了主导作用，没有媒体人转型就没有真正的媒体转型。三是符合学术研究及实践工作中的约定俗成。目前在研究和管理实践中，涉及相关内容时绝大部分学者和管理者都使用媒体人转型这一概念，而使用职业适应、职业转换概念的则很少。

媒体人转型内涵有两个方面：其一是能力，就是在掌握新闻媒体专业知识和技能的同时，要掌握相关的软件、技术来应对传播技术的快速发展，接受新的传播方式[②]。其二是观念，就是要实现从"事业人"向"市场人"的转型。在转型过程中，媒体人的生产标准、工作流程、岗位要求、新闻理念、价值尺度等都会发生或大或小的变化[③]。

媒体人转型既有体制内转型也有体制外转型。体制内转型就是指媒体人

---

① 郑博阳. 组织变革情境下的职业转换力及其效应机制 [D]. 杭州：浙江大学, 2018:28.
② 宋建武. 媒体人的转型方向和角色转换 [J]. 新闻与写作, 2015(6):4-8.
③ 江飞. 转型媒体人的生命体验及其迁徙式生存 [D]. 南京：南京大学, 2020:4.

"坚守"原本所属组织，在体制内完成转型实践的转型活动，媒体人体制内转型对组织转型有一定推动作用。而体制外转型则正好相反，是指媒体人离职转型新媒体、企业等外部实践活动，比如媒体人离开体制，或自主创业成立新媒体公司或加盟互联网公司等。这些年，媒体人有的尝试内部创业，有的积极转场新媒体，有的主动拓展多元业务，虽然岗位定位、业务内容不尽相同，但都是对转型的一种探索。

二、研究框架——SOR 理论模型

作为一个热点问题，媒体人转型这一主题吸引了大量学者的关注，他们分别从传播学、新闻学、社会学等角度对此进行了研究。本书则侧重从管理学的视角通过实证主义研究方法介入这一课题，引入的理论框架是经典的 SOR 模型。

1.SOR 理论概要

著名心理学家波林（Pauline）曾指出，"一种心理学的理论若没有历史趋势的成分，似不配称为理论"[①]。20 世纪初行为主义的出现和 20 世纪 60 年代认知心理学的转向是现代心理学发展史上的两次重大变革，SOR 理论的产生与发展正是两者兴衰更替的产物，两者的交锋与相互补充也是 SOR 范式的历史背景与来源。

1913 年，约翰·华生（John Watson）发表了《在一个行为主义者看来的心理学》一文，标志着行为主义心理学的诞生，刺激—反应（S-R）是华生提出的行为公式。在受到生物学知识和实用主义思想深刻影响的华生看来，行为是个体适应环境刺激的反应系统，至于说这些刺激在头脑中引起了什么变化，人的意识、他的内部表象、表征和概念怎样调节人们的行为，人过去的知识经验在当前反应活动中的作用等通通被他排除在心理学研究范畴之外[②]。应当指出，行为主义在反对传统心理学的斗争中产生，他们的有些主张对推

[①] 转引自：陈安娜，陈巍.杜威反射弧概念中的具身认知思想 [J].心理科学，2013,36(1):251-255.

[②] 彭聃龄.行为主义的兴起、演变和没落 [J].北京师范大学学报，1984(1):15-23.

动心理学摆脱宗教束缚，继而走上客观的研究道路起了积极的作用。但另一方面，行为主义者片面强调研究行为，把行为与意识绝对对立起来，这种极端机械论与还原论的立场极大地限制了心理学的研究范围。

面对华生的主张，社会学芝加哥学派的成员率先竖起了质疑的大旗，其中又以他的老师杜威（Dewey）为首。杜威和华生一样，也主张对行为展开研究，但他反对割裂感觉、思想与行动来研究行为。在《心理学中的反射弧概念》一文中，杜威在关系性哲学的基础上重新定义了反射弧概念，他认为自我是行动的有序统一体，这个有序统一体则是由各个子活动间的关系构成，有机体绝不是直接被外部事件刺激而行动，而是借助自身的运动来创造自己的感觉，感觉、思想与行动形成连续的、协调的、不可分割的有机回路[1]。即使最简单的神经行为也不会仅仅对刺激进行机械反应，其中总会涉及心理因素，依据不同情况做出选择，或抑制或回应。杜威的反射弧理论超越了狭义层面上的生理"反射"，是对传统意义上二元论反射弧的有力驳斥，使得心理学研究真正从纯粹的刺激反应转向对心理和身体双重内在性的关注，转向对心理学意义上的有机体的探讨。

20世纪30年代以后，新行为主义者托尔曼（Thorman）、赫尔（Hull）等人开始强调"整体行动"和"中间变量"等概念，试图帮助行为主义走出困境。为了克服华生行为主义的种种弊端，托尔曼修订了华生的刺激—反应行为公式，在其中加入中间变量的概念：机体行为不再是环境刺激的直接函数，而是和一系列包括目的性和认知在内的中间变量有关；这些中间变量是把之前的外部刺激情境和观察到的机体反应行为连接起来的内部过程，是反应行为的实际决定因素[2]。托尔曼的主张使得那些曾被华生痛斥过的、与意识现象相联系的某些概念又以较为客观的形式纳入行为主义的体系中来，他对于中间变量的阐释在某种程度上已经形成SOR理论的雏形，可以视其为SOR范式的先导。但托尔曼毕竟还是一个行为主义者，他对意识问题的基本立场使他在正确解决意识与行为、主观与客观的辩证关系方面存在局限，因而在对人类复杂认

---

[1] 杜威.杜威全集·早期著作[M].吴新文，邵强进，译.上海：华东师范大学出版社，2010:175.
[2] 彭聃龄.行为主义的兴起、演变和没落[J].北京师范大学学报，1984(1):15-23.

知活动的研究方面难以发挥指导作用。

第二次世界大战后,特别是 20 世纪 50 年代中期以后,美国心理学研究中涌现出认知心理学、人文主义心理学等一些新的思潮,这对行为主义的传统理念产生了猛烈的冲击[1]。正是在不同学派不断的批判、吸收与融合的过程中,SOR 理论正式成型。1974 年,认知主义学派的环境心理学家梅拉比安和罗素(Mehrabian & Russell)正式提出 SOR 理论模型,即"刺激—有机体—反应"(stimulus-organism-response)模型[2][3]。该模型由三部分组成:一是刺激(stimulus),表示外部环境的前因变量;二是有机体(organism),表示个体情感和认知反应的中间变量;三是反应(response),表示个体态度或行为上的反应的结果变量。SOR 理论的核心内涵是,在面对各种外部环境刺激时,个体会形成有机体在认知和情感上的心理状态,经过一系列内在过程进而驱使个体最终执行趋近或规避等行为反应。从这里可以看到,SOR 理论模型强调了个体行为不是线性式的、被动性的机械活动,而是有机体主动获取刺激、积极进行加工所形成的非线性的认知与认同活动[4],这是对传统行为主义"刺激—反应"模式的有效修正,能够帮助我们更好地揭示环境因素对个体行为的影响机制。具体理论模型见图 1.1。

图 1.1　SOR 理论模型

SOR 理论模型强调,外在环境因素会借助刺激个体的心理状态,同时经

---

[1] 杜威.杜威全集·早期著作[M].吴新文,邵强进,译.上海:华东师范大学出版社,2010:152.

[2] Mehrabian A, Russell J A. An approach to environmental psychology[M]. Cambridge, MA: The MIT Press, 1974: 62-65.

[3] Vieira V A. Stimuli-organism-response framework: A meta-analytic review in the store environment[J]. Journal of Business Research, 2013,66(9):1420-1426.

[4] 梁阜,李树文,孙锐.SOR 视角下组织学习对组织创新绩效的影响[J].管理科学,2017,30(3):63-74.

过一系列心理反应来影响个体的行为[①]。这一理论成果首先在1975年被Belk引入市场营销学的研究中[②]，1992年Bitner将其运用于服务环境中的消费行为研究[③]。由于SOR理论有效解释了环境因素对个体消费行为的影响机制，目前这一理论模型被广泛运用于市场营销领域中研究众多情境中消费行为的预测上面[④]，包括信息系统、广告、电子商务等，涉及诸如用户使用、参与、购物、评论[⑤]等等行为。现代营销学之父菲利普·科特勒（Philip Kotler）在分析SOR理论模型的基础之上，提出了包括刺激（营销刺激、其他刺激）—消费者黑箱（消费者心理、消费者特征）—行为决策（购买决策）的科特勒模式[⑥]。多诺万和罗西特（Donovan & Rossiter）将SOR理论模型引入零售行业的研究中，发现良好的店铺环境会使消费者心理愉悦，能够唤起喜好、冲动等情感反应，进而引发实际购买行为[⑦]。在我国国内，有大量研究者运用SOR理论模型进行了消费者行为学的研究，比如有人研究口碑作用的机理，设立了正向（负向）口碑（S）作用于信任度和情绪两大变量（O）导致放弃、购买和口碑的行为反应（R）的模型，提出了若干假设，最后通过定量研究进行验证[⑧]。

随着网络社会的崛起，消费行为由现实转向虚拟，国内外学者们也很快将SOR理论模型运用到研究中，研究路径日益成熟。Eroglu等学者第一次将

[①] Namkung Y, Jang S C. Effects of perceived service fairness on emotions, and behavioral intentions in restaurants[J]. European Journal of Marketing, 2010,44(9):1233-1259.

[②] Belk R W. Situational variables and consumer behavior[J]. Journal of Consumer Research, 1975,2(3):157-164.

[③] Bitner M J. Servicescapes: The impact of physical surroundings on customers and employees[J]. Journal of Marketing, 1992. 56(2):69-82.

[④] Hu X, Huang Q, Zhong X, et al. The influence of peer characteristics and technical features of a social shopping website on a consumer's purchase intention[J]. International Journal of Information Management, 2016, 36(6) : 1218-1230.

[⑤] 邓卫华,易明. 基于SOR模型的在线用户追加评论信息采纳机制研究[J]. 图书馆理论与实践, 2018(8): 33-39.

[⑥] 科特勒,凯勒,卢泰宏. 营销管理[M].13版. 北京：中国人民大学出版社, 2009.

[⑦] 转引自：储坛明. 基于SOR理论的消费者网购渠道选择意愿研究[D]. 北京：北京邮电大学,2018.

[⑧] 赖胜强. 基于SOR模式的口碑效应研究[D]. 成都：西南财经大学, 2010.

SOR 理论模型引入网络购物研究中，他们将网络购物环境特征分为高任务相关因素和低任务相关因素两类，探讨了网络店铺环境因素是如何影响消费者的愉悦感、兴奋感和满意度，从而影响网络消费者的购买决策[①]。此后，国内外众多学者致力于以 SOR 理论模型为框架来研究分析网络销售环境中对购买意愿产生重大影响的因素[②]，尤其是对网站平台的视觉环境设计因素以及产品外在形象及自身特性的分析[③]。有学者结合认知神经科学研究方法，将刺激（网络输赢效应）—有机体（短时情绪诱发）—反应（购买行为）的动态过程中消费者的大脑反应情况记录下来，证实了情绪在购买行为中的中介作用，从神经科学层面为企业和营销人员打开购买决策过程"黑箱"提供了依据[④]。还有学者基于 SOR 理论模型和承诺信任理论，建立了 S（社区特性和团购特性）—O（信任、关系承诺和满意度）—R（社区团购意愿和行为）模型，通过定量调研证实了信任、关系承诺和满意度在社区团购行为中发挥的中介作用[⑤]。还有研究信息消费行为的，比如借助 SOR 模式研究微博用户在舆情信息影响下参与行为的形成机理，构建了一个微博舆情信息受众参与行为的拟合模型[⑥]，等等。

2.SOR 理论模型在组织行为学研究中的运用

正如前文所述，SOR 理论模型是心理学行为主义学派学者在刺激—反应（S-R）范式的基础上提出的，不仅适用于广告、消费行为学领域，在涉及外

---

① Eroglu S A, Machleit K A, Davis L M. Empirical testing of a model of online store atmospherics and shopper responses[J]. Psychology and Marketing, 2003,20(2): 139-150.
② 范静，万岩，黄柳佳.基于刺激—机体—响应(SOR)理论的推荐者社交网站效果研究[J]. 上海管理科学，2014, 36(1): 51-54.
③ 张蓓佳.基于SOR理论的网络退货政策宽松度对消费者购买意愿影响机理研究[J].消费经济，2017,33(1): 83-89.
④ 章莉南子.基于SOR理论的短时情绪诱发对个体购买行为影响的神经及预测机制研究[D]. 杭州：浙江大学，2019.
⑤ 李琪，李欣，魏修建.整合 SOR 和承诺信任理论的消费者社区团购研究[J]. 西安交通大学学报（社科版），2020,40(2):23-35.
⑥ 刘熠.微博舆情信息受众的参与行为拟合与靶向引导研究[D]. 长春：吉林大学，2020.

部刺激导致个体、群体行为反应的任何领域，比如管理学、组织行为学、社会学等都具有较强的解释力。著名心理学家拉扎勒斯（Richard·S. Larazus）就SOR理论模型提出了跨学科理论分析框架，为其广泛运用提供了有力的理论支撑[1]。

进入21世纪以来，我国企业组织因环境的急剧变化而开展了大规模的创新、变革运动，这也催生了国内学者对这一主题的研究。相关研究总体来说，有两种思路：一种是外生视角，侧重从外部环境入手，如群生态理论、制度理论、资源依赖理论等等；另一种是内生视角，侧重研究组织变革过程中的战略、结构、制度变化[2]。近10年来，内生视角的研究日益重视组织中"不可见"的"软件"部分，比如员工价值观、工作态度、职业行为等，因为组织变革的关键是人的变革。组织中的个体面对外部环境的变化（变革、创新）如何反应、行动成为组织变革研究的着力点，而与此密切相关的SOR理论模型便开始得到学者们的青睐。

通过在知网上的检索发现，大量人力资源、组织行为学研究中都运用了SOR理论模型。比如，有人在研究企业知识型领导与员工知识行为间的关系时引入了SOR理论模型，认为知识型领导行为环境能够影响员工对组织的认同，并进而影响员工的组织知识管理行为活动[3]。另有学者将SOR理论模型运用到一线员工服务沉默行为，指出一线员工面临的服务情景和组织情景可以影响员工的情感体验和心理安全感，并进而影响其服务沉默行为[4]，等等。

附录1、附录2分别列出了近10年来运用SOR理论模型对组织行为学、管理学进行研究的部分C刊论文和知名高校的博士论文。从中可以看出，目前SOR理论模型已被广泛应用于同样探讨外部环境刺激、个体内心状态和个体行为反应之间的人力资源管理、组织行为学研究之中。环境刺激因素（S）

---

[1] 拉扎勒斯，福尔克曼. 压力：评价与应对[M]. 曲晓艳，译. 北京：中国人民大学出版社，2020.
[2] 王玉峰，金叶欣. 变革的积极应对、工作投入对员工绩效的影响：技能的调节作用[J]. 科学学与科学技术管理，2016，37(4):158-171.
[3] 阳毅. 中国企业知识领导与员工知识行为间关系的理论与实证研究[D]. 长沙：中南大学，2013.
[4] 欧阳叶根. 一线员工服务沉默行为影响因素研究：基于服务接触情景视角[D]. 南昌：江西财经大学，2014.

主要涉及组织变革、领导风格、人力资源管理策略等，有机体（O）主要包括组织认知评价、变革认知评价等内容，个体反应（R）主要包括员工创新行为、应对变革态度、工作绩效等。

3. 运用 SOR 理论模型研究媒体人转型的优势

本书需要研究的内容是媒体融合大形势下，作为传统媒体人的众多个体是如何在外部环境的刺激下经过一定的心理变化而开展自我转型的。显然，运用 SOR 理论模型研究这一主题是合适的。

其一，中国传媒单位（广电、报业等）有所谓"事业单位企业化管理"的"二元体制"[①]说法，尽管广电和报业仍然有浓厚的事业单位基因，但在现实人力资源内部管理制度上广电和报业与正常企业已经没有什么太大区别。如前文所述，SOR 理论模型已经大量运用于企业管理的研究中，将其扩展到特殊的企业——传媒单位的研究也是可行的。

其二，在以往的组织行为学研究中，SOR 理论模型在"企业变革环境下员工如何应对"这一主题的研究中具有较强的解释力。当前，媒体融合是传媒单位最大的变革主题，而转型则成为传统媒体人的主要应对方式。从媒介管理学视角来看，"媒体融合背景下传统媒体人的转型"就是"变革情境下员工的应对"在媒介行业的具体体现，所以 SOR 理论模型与本研究的研究主题和内容是契合的。

本书将 SOR 理论模型运用到媒体人转型的研究中，构建并检验外部环境刺激—传统媒体人内在状态—传统媒体人行为反应这一理论机制，在国内类似研究中尚属首次。这既拓展了 SOR 理论模型的应用范围，同时也是对经典 SOR 理论框架的一次检验和有益补充。

媒体融合是 2005 年由国外学者及行业人士提出的，2007 年这一概念被引入中国。2008 年，南方报业提出了"媒体聚合战略"，对平面媒体、网络媒体实行流程再造，这是国内最早提出"融合"的媒体单位；2011 年，南方报业

---

① 史松明. 二元体制下电视媒体人力资源管理研究 [D]. 南京：南京师范大学，2015.

传媒集团宣布进行全媒体转型①。2013年，广州日报报业集团提出了全媒体发展规划②。2014年8月18日，习近平总书记提出要推动传统媒体和新兴媒体融合发展，从此媒体融合上升为国家战略。可见，大规模媒体融合变革及因之而引起的传统媒体人转型问题是最近几年才发生的事情，因此相关研究并不充分。借助SOR理论模型这一有力工具，我们能够更系统深入地探讨传统媒体人转型的内在机理。

运用SOR理论模型研究传统媒体人转型有如下几点优势：

首先，有利于我们深入思考并梳理出推动传统媒体人转型的外部刺激因素。以往的相关研究较多地将媒体融合这一变革背景本身当作环境刺激因素，这样未免大而化之。事实上，媒体融合只是推动传统媒体人转型的背景或根源，真正与媒体人转型直接相关的外部因素应该是所在媒体单位的相关政策、激励措施乃至机构的变动和朋友、同事、家人的影响等等。

其次，SOR理论模型关注中介因素O的变量。这意味着我们在具体的研究中既能探究外部环境刺激对传统媒体人内在状态阶段的影响作用，又能研究传统媒体人内在状态对传统媒体人行为反应阶段的影响作用，这有助于我们深入考察传统媒体人的内在状态是否在刺激与反应过程中起作用，如果是，这种中介作用是完全中介作用还是部分中介作用。SOR理论模型关注从刺激到反应过程中有机体的中介作用，在廓清传统媒体人行为表现前置条件的基础上，极大地拓展了以往从现象到现象的媒体人描述性研究的边界，对于我们全面探索集团媒体融合进程中传统媒体人的转型机制大有裨益。

在我们的研究中，对于O的界定是非常广泛且丰富的。从职业角度，我们考察心理授权、组织承诺等"职业能动性"因素可能产生的中介作用；从专业角度，我们考察媒体角色认知、媒体功能认知等"价值契合性"因素可能产生的中介作用；同时，我们还关注传统媒体人面对媒体融合这一具体实践时的"融合能动性"可能产生的中介作用。对O的维度细分能够帮助我们更加

---

① 张东明.南方报业：全媒体转型的思考与实践[J].传媒，2011(2)：20-22.
② 文远竹.传统媒体人才转型的困境及出路：基于广州日报报业集团的案例分析[J].传媒，2017(23)：27-29.

深刻地揭示个体心理黑箱的作用机制，探明同时作为集团员工和新闻工作者的传统媒体人在面对媒体融合这一战略时可能产生的行为及其原因，寻求解决之道，从而更好地推进媒体融合战略的具体实践。

再次，对传统媒体人内在状态的重视意味着我们的研究不再把传统媒体人还原成一个个均质的容器，从同质性向异质性的转变是对人的价值与意义的回归与观照。这种人文主义的立场使得我们将眼光聚焦于真实存在的个人，帮助我们从不同向度了解传统媒体人在集团转型期的内在状态，对他们在不同心理动因驱使下的行为选择报以最大程度的理解。

最后，SOR 理论模型的运用还推动我们思考传统媒体人的反应（R）——转型意愿与行为的具体类型。我们通过文献检索和预调研可以发现，媒体人转型大部分是在内部完成的，他们中少部分是积极主动完成转型的，而大部分是被动地、随大流完成了转型任务。也有一部分优秀媒体人感觉传统媒体单位"媒体融合"的步伐较慢，或者其管理体制难以适应新媒体的竞争环境，他们在外部实现了成功转型。还有一些媒体人因为种种原因不太适应"媒体融合"的转型需求，离开了媒体行业。

三、研究方法

卡尔·波普尔（Karl R. Popper, 1902—1994）在《科学发现的逻辑》一书中曾经指出，科学研究应该是针对特定问题提出假设和猜想，再根据事实对假设进行检验，并在检验的过程中不断推翻或修改原有的假设和猜想。基于这一思路，本研究以定量研究为主干，提出假设并通过数据进行验证，在此基础上辅以质性研究，对假设验证中发现的问题进行进一步讨论。

经验研究主要有质性研究和定量研究两种研究方法，两种方法各有优劣。"如果不是因为受到特别的研究限制，那么有效的研究通常是质性和量化两种研究方法不同程度的组合"[1]。本研究试图将质性和量化两种研究方法结合起

---

[1] Strauss A, Corbin J. Basics of qualitative research: Grounded theory procedures and techniques[M]. Newbury Park, CA: Sage Publications, 1990.

来使用，通过这两种方法的交互运用来进行理论思考。

1. 个案研究法

个案研究法（case study）是社会科学领域的经典研究方法，其源头可以追溯到19世纪中期法国社会学家深入工人家庭的研究。19世纪末20世纪初，芝加哥学派社会学者将这一方法运用到工业化和都市移民相关问题的探讨中，使个案研究法发扬光大并确定了其在社会科学研究中的经典地位。个案研究法强调研究者应该深入研究问题的现场领域，针对一个个人、一件事件、一个社会组织或者一个社区等，对相关研究问题进行客观和全面的搜集和理解。个案研究法的特点是焦点集中，对某一社会现象的了解深入而细致。由于对个人、事物和事件进行了深入的接触、观察和访谈，能够获取比较丰富、生动而翔实、具体的资料，能够较完整地反映出个人成长、事物发展、事件发生及变化的过程，也能够为后期更加广泛的总体研究提供理论假设和研究基础。

根据个案数目的多寡，个案研究可以划分为单一个案研究和多个个案研究。本研究采用单一个案研究，将研究关注点聚焦在J广电集团。在具体的个案研究中，则将同时采用问卷访谈法、深度访谈法等研究方法。

2. 问卷调查法

不同方法的研究取向可以避免单一方法造成的研究误差，不同方法的交叉和相互论证可以提高研究结论的可信度。本研究首先在文献研究的基础上，归纳提炼研究构念、提出假设并加以推导和论证、建构理论模型，然后运用定量研究的问卷调查采集数据，运用统计软件进行数据分析并加以验证。

问卷调查可以针对特定的对象以结构化的方式收集信息，它是管理学研究中获取大量信息的重要手段之一，也是最常用的社会调查工具之一。本研究在参考现有研究量表的基础上，根据相关研究问题和假设，通过与人力资源与媒体融合领域专家的讨论，设计了相关构念的测量量表，并在探索性调查和深度访谈的基础上，最终形成正式问卷。

问卷收集完成后，先手工核对数据，录入计算机并编码，然后使用SPSS

17.0 统计软件对原始数据进行分析。分析方法包括效度分析、信度分析、描述性统计、相关分析和结构方程建模等等。

3. 深度访谈法

深度访谈法是针对个人的直接提问，包括结构式访谈、半结构式访谈和无结构式访谈三种。本研究使用的深度访谈法主要是半结构式深度访谈。所谓结构式访谈，就是事前对研究问题有一个明确的设想，访谈人依据一个完整的、明确的访谈提纲对被访人进行提问，无结构式访谈则完全相反。半结构式访谈则介于两者之间，事前设立一定的提问框架和粗线条的访谈提纲及提问范围，在这个框架内由访谈员对被访者提问，双方进行较为自由的访谈。在访谈过程中，访谈员可以依据情境对提问有所发挥和延展，以便发现新的问题线索及时跟踪。

本研究多次进行了深度访谈。首先通过对个别媒体人的深度访谈在全局上"俯瞰"J 广电集团从业者的整体状况，在此基础上修订了访谈提纲；接着在参与式观察后，对筛选出来的一部分媒体人进行深度访谈；最后在进行资料汇总和分析的基础上，通过对个别调查对象的补充深度访谈，进行进一步的资料完善。在本研究中，研究者对 J 广电集团人员进行了共计 57 人次的深度访谈，每次访谈时间为 60~90 分钟。

为了能够深刻理解目前传统媒体集团在媒体融合中所面临的困境与选择，本研究将综合应用经济学与管理学的相关理论，揭示传媒产业发展及其当前媒体融合的现实状况与问题。之所以综合经济学与管理学的知识，是因为传统传媒产业极其特殊，从一个纵向层级的事业单位经历集团化转型之后，仍然有着计划经济色彩，并不完全能够用产业经济学的理论解释。特别是笔者关注到一个省市的传媒产业变革之时，难免会走进一个集团战略管理与变革的领域。在这种情况下，应用管理学去分析与解决更加恰当。同样因为传媒产业的特殊性，依据经济学与管理学常用的问卷调研与数据分析的方式可能隐含着"不说真话"的问题，所以本研究选择以参与式观察与深度访谈的方法去了解事实。

第四节　研究对象与过程

一、作为个案的 J 广电集团

J 广电集团（以下简称"J 广电"）成立于 2001 年，由 J 人民广播电台、J 电视台、J 有线电视台、J 广播电视发射传输集团以及科技馆、电影制片厂、音像资料馆、广播电视学校、广播电视报社等 24 个单位合并组建而成。经过几轮机构改革，J 广电目前设置了 60 个机构，其中管理机构 8 个，纪检监察机构 1 个，党群机构 2 个，业务机构 43 个，直属事业单位 5 个，上市公司 1 个。J 广电现有在职员工 6803 人，离休人员 24 人，退休人员 1099 人。

J 广电很早就开始直面互联网对传统媒体的冲击，2004 年"数字化和网络化的发展"出现在 J 广电制定的整体战略和五年规划中。2007 年，在新建广电大楼之际，J 广电初步搭建了一个以内容产业为主体的数字化、网络化的媒资管理系统。这个系统对外进行采集资料出入库服务、内容发布服务和内容管理及检索服务，对内则进行资料收集整理、内容管理、存储管理和运行管理。

2014 年 9 月 J 广电提出"云·组团·多终端"的新型传播体系行动计划。"云"：打造"LZ 云"平台，作为全台媒体融合的基础性平台，统筹全台范围内各个传播平台的内容生产、集成和传播，并向省内外媒体机构提供相关服务[①]。"组团"：以人文资讯类互联网主站为龙头，以纪实频道（申请上星纪实频道）为依托，整合人文资讯类平面媒体、各频道人文资讯类栏目、客户端等，打造一个业态多样、相互协同、高度融合的全媒体组团，在信息传播、舆论引导等方面发挥积极作用[②]。"多终端"：在强化自制内容优势的基础上加大内容集成力度，构建版权内容资源库，面向频道、频率、平面媒体、互联网、移动互联网、IPTV、移动电视、户外大屏等多终端发布，形成立体化传播格局，

---

① 李声. 媒体融合中的广电传媒组织转型与人才创新 [J]. 电视研究, 2015(2): 4-6.
② 李声. 媒体融合中的广电传媒组织转型与人才创新 [J]. 电视研究, 2015(2): 4-6.

随时随地将内容有效传播给用户，更好地传播党和政府的声音，更好地满足人民群众的信息需求①。

2016年，LZ云平台正式启用。LZ云是以云计算、大数据等现代信息技术为基础打造的云平台，通过私有云、公有云和专属云的融合发展架构，提供内容支撑、技术服务、数据分析等等，具备内容汇聚、智能分析、策划组织、融合生产、多元发布、拓展合作六大基本功能，形成了"多来源素材汇聚、多媒体制作生产、多渠道内容发布"②的全新生产模式。在具体的应用中，来自全台、地方台和互联网的内容都汇聚于"全媒体内容库"中，并进行了规范的整理和管理。在外的记者可以通过"现场新闻"快速上传拍摄内容，后方的编辑团队可以快速制作或发布，制作者也可以使用"数据分析"来快速寻找新闻热点资讯与新闻线索脉络，制作好的融合媒体新闻文稿可以通过"融合新闻"面向传统电视、网络、手机客户端等多终端进行推送。在节目制作过程中还可以通过"演播互动"来接入微信摇等互动服务，将观众的互动数据实时呈现在节目中。

经中广联合会技术委员会鉴定，LZ云技术水平达到国际领先水平。其荣获2018年度广播影视科技创新奖最高奖——"突出贡献奖"，已成功申报12项发明专利，2项实用新型专利，21项计算机软件著作权登记证书。2018年10月，省委宣传部确定LZ云为J省县级融媒体中心建设的唯一省级技术支撑平台，为全省63个县级融媒体中心提供技术支撑（另有2个城区、2个开发区、1家市级报社使用LZ云平台技术服务）。在总局"智慧广电示范案例"评选中，LZ云平台荣获生产直播类优秀奖第一名。

除自主研发LZ云平台外，J广电还自主研发用户智能分析平台。基于大数据技术，形成数据化、智能化、平台化的用户服务技术体系，不仅实现了跨平台的用户数据汇聚、分析，还实现了跨平台且跨业务的用户画像，为用户提供精准传播和精准服务，实现从"受众"到"用户"的转变，更好地增强用户黏性。

---

① 李声.媒体融合中的广电传媒组织转型与人才创新[J].电视研究,2015(2):4-6.
② 吴昊,毛敏明,葛家刚.荔枝云在全国"两会"新闻报道中的应用与服务[J].视听界(广播电视技术),2016(2):4-12.

J广电自主研发了"媒体+社交+电商"的"LZ直播"服务平台,支持品牌宣传、电商带货、微博综艺、公益服务、赛事直播等多样态业务,构建全链条直播服务新生态。J广电明确提出,直播平台上的内容产品和销售商品都要坚持高品质,坚持走正道,坚持卖真货、卖好货。发挥好主流媒体的作用,引领引导直播业务规范运营、健康发展。

J广电大力度拓展新兴传播渠道,打造以"LZ""我SU"两网两端为龙头的新媒体矩阵,总粉丝数达2.1亿。2013年,在全国省级广电中率先推出新闻客户端"LZ新闻",截至2020年12月8日,累计下载用户数达3047.5126万。为了增强LZ新闻在全国的影响力,深入实施全国化战略,成立北京工作部、上海工作部、广州工作部、成都工作部、西安工作部五大工作部,让新闻报道更及时、更到位,LZ新闻荣获全国广播电视媒体融合典型案例、中国新闻奖网页设计一等奖。中宣部领导在中国新媒体大会上表扬LZ新闻,称LZ新闻为"有影响力的新媒体平台"。在中宣部牵头组织的全面建成小康社会"百城千县万村"调研活动中,LZ新闻成为参与报道的四家地方新媒体机构之一,也是唯一一家受到中宣部领导表扬的省级广电媒体。2017年,"我SU"网、"我SU"客户端全新上线,截至2020年12月8日,累计下载用户数达436.5161万。2020年6月,"LZ新闻"和"我SU"学习强国号上线,进一步增强了传播力和品牌影响力。集团拥有电视、广播、报刊、新媒体等多元平台,包括10个电视频道、3个数字付费频道、10套广播频率、5本杂志、1份报纸、5个网站、5个移动客户端、822个官方账号,以及IPTV、LZTV、OTT等平台,构建了全媒体、立体化传播体系。

"L直播""LZ视频"全年推出网络直播200余场,短视频1.2万余条,总点击量超200亿,在移动直播和移动视频领域影响越来越大,位居省级广电前列。L星传媒已签约节目号及达人号459个,在内容生产者整合运营机构(MCN)抖音平台排行榜中排名行业第二。2019年上线的"LZ特报"和"我SU特稿"聚焦重大事件,发出独家声音,迅速打响了品牌。近年来集团"爆款"产品数量逐年大幅提升,2020年以来发布融合新闻稿件44582条,其中"10万+"稿件6510条,"100万+"稿件364条,"500万+"稿件88条,"1000万+"稿件43条,中央网信办全网推送279条,省委网信办推送779条,

309 次登上微博热搜。

J 广电在媒体融合上着手早、行动快、力度大，围绕提升整体传播力和复合影响力重点突破，推动媒体融合向纵深发展。J 广电始终保持对新技术的敏感性，近年来在技术上投入 10 多亿元，着眼于互联网应用技术，以技术平台为龙头，采取引进、消化、吸收与自主研发、创新相结合的方式，将先进技术应用于媒体融合的产品开发和传播上，为精准传播、精准营销提供了有力支撑。此外，J 广电还牵头创建了中国（J）广播电视媒体融合发展创新中心。该中心于 2020 年 10 月 16 日顺利通过了总局组织的专家组评估验收，随后正式挂牌。

为了积极开展媒体融合战略，J 广电按照媒体融合理念深化内部机构改革，大刀阔斧重构组织、再造流程。2003 年 J 广电进行了组织架构的调整，从原来的职能式的 U 型结构调整为事业部制的 M 型结构。组织架构调整后，总部设立八个职能部门，下属各项业务按照业态和功能划分为九大事业部，并进一步划分为事业性、综合性、产业性和支持服务性四大类事业部。这种架构模式将职能部门和日常经营部门分开，各事业部独立作战，同时减少层级制，在过去十多年大大提高了 J 广电的发展效率。

此后，J 广电一直处在一个动态的结构调整中。2009 年 J 广电单独成立了新媒体事业部，是国内较早开辟新媒体业务的传媒集团。新媒体事业部由台内一些新媒体相关部门整合而来，包括 IPTV、网络电视台和户外广告三大块，其中网络电视台与新媒体和目前的媒体融合战略直接相关。在规模上，新媒体事业部已经形成了相当的规模，整个事业部有 400 多名员工，核心的网络电视台则有 170 多人，其中还包括了一支 20 多人组成的技术团队，为 LZ 新闻客户端这些新媒体产品提供技术支持。

为了重构新闻采编流程，配合 LZ 云平台的使用，建立全媒体采编平台，对新闻信息进行集中采集、多样加工、定制化分发、多渠道传播，2013 年，J 广电在全台招募组建了一支全媒体记者队伍，到目前为止有 600 多人。除了一些线上的报料人之外，大部分全媒体记者来自新闻部门。成为全媒体记者后，他们向新媒体平台和自己所属的平台供稿。同时，J 广电也采取了一些措施进行激励。从 2013 年开始，因为政策与市场多方面的原因，J 广电逐年加大了

第一章 | 导 论

对新媒体事业部的资源投入，在资金、人力资源上都有了明显的倾斜，新媒体事业部的地位直线上升。

2016年底，J广电将原有的电视新闻中心更名为融媒体新闻中心，实现电视新闻、广播新闻、新媒体新闻一体化运营，并对新闻采编队伍进行了整合，将教育频道、城市频道的一部分记者和编辑也并入融媒体新闻中心管理，向流程一体化更进了一步。整合之后的融媒体新闻中心能统筹完成选题策划、采访部署、资源调度、素材采集、编辑制作、传输发布等工作，能实现多屏分发，实现新闻传播价值的最大化。融媒体新闻中心获"全国广播电视媒体融合先导单位"称号。J广电组织结构见图1.2。

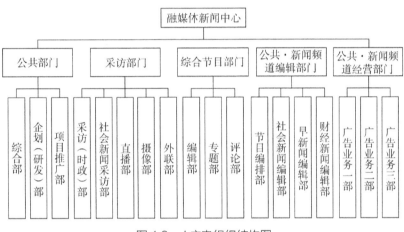

图1.2　J广电组织结构图

2017年，融媒体新闻中心经历了大半年的磨合之后，又在新闻生产流程的整合上更进一步。原先在新闻生产时，只有对重大新闻比如"两会"等时政进行报道时会有专门的新闻调度，但在2017年召开十九大之际，借十九大的契机，J广电将新闻调度日常化了，成立了一个融媒体调度中心。每天早晨九点半，来自融媒体新闻中心、城市频道、广播事业部、新媒体事业部网络电视台的代表会在一起参加编前会，对当天的选题进行罗列，选择各平台各自感兴趣的选题并进行选题任务的分配，如果个别部门有特殊要求也可以进行提前预订。到了下午或晚上，各选题材料通过LZ云上传，各平台再对选题材料进行编辑和取用。融媒体调度指挥中心365天常态化运转，有力推动全台新闻报道从"几张皮"转变为"一盘棋",新闻报道融合传播的格局已经形成。

为了推动媒体融合发展进程,J广电积极提升员工综合素养。通过台领导授课、专家讲座、"三好"交流分享会、"LZ周末讲堂"、"LZ大讲堂"、节目观摩会、研讨策划会、部门内训、国内国际知名高校培训等多种形式,对集团员工进行系统培训,不断增强员工的把关能力、业务能力和创新能力,推动员工更好地适应媒体融合转型要求。

J广电通过建立健全"四项机制",在体制上力争与互联网时代企业管理体制接轨。一是提升鼓励激励机制,让能干实干者有平台、受重用;二是建立容错纠错机制,为勇于创新、敢于担当、踏实做事、不谋私利的干部撑腰鼓劲;三是用好能上能下机制,推动形成能者上、庸者下、劣者汰的用人导向;四是优化能进能出机制,腾挪出岗位补充节目制作、产业拓展创新型骨干人才。搭建干事创业舞台,着力为干事创业者打造平台,一方面巩固传统媒体平台,另一方面做强新媒体平台,让人才有更大的施展舞台,有广阔的发展空间。近几年,J广电通过校园招聘、社会招聘、特殊人才引进汇聚了集团所需要的各方面人才千余人,其中包括从华为、中兴、腾讯、头条、小米等科技公司和互联网公司引进的28名骨干人才。

在该台的"十三五"规划中,媒体融合的目标是"做有影响的全媒体运营者"。媒体有没有影响力,直接关系到能不能履行好应有的责任。要巩固壮大广播电视舆论主阵地,增强传播优势,不断提升传播力、公信力和影响力;要加快推进媒体融合,打造"云·组团·多终端"新型传播体系,构建立体化传播格局,更好地传播党和政府的声音,巩固壮大主流舆论。

二、个案选择的考量

选择J广电作为个案研究融合背景下的传统媒体人转型问题有如下几个方面的考量:

第一是行业的考量。相对于报业来说,电视行业受新媒体冲击要晚得多,其融合转型步子要慢得多。报业这类传统媒体的转型命运已经近乎"尘埃落定"

了。早在2006年12月底，世界上历史最悠久的瑞典《国内邮报》就宣布不再发行纸质版。在中国，很多都市报都减少了版面，日刊变周刊甚至停刊了。2012年以来，每年都有几十家都市报纸停刊，而电视从2014年开始才出现拐点，2018年才正式开始融媒体转型[1]。显然选择正在转型的电视媒体机构作为研究个案更有现场感和时代感，能准确把握转型过程中的难点和痛点。

第二是J广电本身的代表性。其经济实力、影响力、雇员人数均在J省内排名第一，在全国范围内实力也排在第一阵营中。作为J省的龙头媒体，J广电受到省委领导的密切关注，担负着传统媒体应该担负的更多政治责任和社会责任。在媒体融合实践方面，J广电率先进行了技术改革，搭建云平台，并将媒体融合作为发展战略，多年来进行了大量探索，既有成功经验也有失败教训。

第三是J广电的转型特点。从上面看，其转型的声势浩大，无论是发展规划、工作汇报，还是大会小会，"融合""转型"都是高频词。但另一方面，在与基层员工的访谈中可以感受到，其转型的力度相比于报业来说还比较小，仅有一小部分人已经感受到压力选择了主动转型，而大部分基层媒体人的转型感受远没有面上的宣传那么强烈，甚至还有一部分人仍旧按部就班享受着国企安稳的福利。可见J广电的媒体融合转型呈现出典型的上下分离的"姿态性融合"[2]特征，这也是大多数传统媒体在转型初期都会出现的特征。所以选择J广电作为研究个案，在当前阶段具有较强的代表性，有丰富的细节可供挖掘。

当然还有一个重要原因是研究的便利性。笔者所在的学院与J广电是共建单位，学院有不少学生毕业后在该单位工作，包括笔者自己教过的学生也在J广电各个不同岗位从事工作，这为笔者进入研究现场提供了方便的条件。

---

[1] 李弋，欧阳宏生.中国电视融合发展理念的四次浪潮述评[J].当代电视，2020(6)：98-101.
[2] 尹连根，刘晓燕."姿态性融合"：中国报业转型的实证研究[J].新闻与传播研究，2013,20(2)：99-112.

三、研究过程

本研究是紧随 J 省重点课题——J 省传媒产业融合发展战略研究之后的一个更加深化的研究。传媒产业融合发展战略是一个更加全面、更加宏观、实践性更强的课题，笔者是该研究项目的骨干成员之一，在参与该课题的深度访谈过程中，已有意识地搜集了与博士论文研究相关的访谈资料，对研究思路和方案有了初步思考。

如前所述，本研究是以质化与量化相结合的方式进行的。整个研究大致分成四个阶段：

第一个阶段是预研究。一方面通过文献检索对组织变革、媒体融合、媒体人转型等相关论文进行系统整理归纳。另一方面通过无结构式访谈方式与多名 J 广电员工进行了初步的交流。无结构式访谈是在一组访谈主题而非标准化问题的基础上进行的一种半控制或无控制的访问。当受访者的回答超出了访谈主题，访谈者通过经验判断进一步深入了解能够拓展研究思路时，会对受访者进行追问，以便了解更多详细的信息。本研究无结构式访谈的主题包括：集团是如何推动员工转型的、转型的相应经历、转型中的挑战和压力、对转型内涵的理解、对转型前景的预期等等。以上访谈完全是由笔者个人独立进行的。

第二阶段则是问卷调查。在系统阅读组织变革、媒体融合等方面的文献后，结合预调查无结构式访谈的发现，本书提出了组织学习、组织激励、授权赋能、社会支持等若干构念，对这些构念进行系统归纳整理，最后形成了有关传统媒体人转型的 SOR 理论模型。这一模型由 4 个环境刺激（S）构念、3 个个体状态（O）构念和 1 个行为反应（R）构念组成，通过理论推导，本研究提出了构念之间的若干假设。上述大部分构念都有成熟的、效度信度较高的量表可供参考，少部分构念是本研究最新提出的，借助德尔菲法，笔者最终确定了这些新构念的量表。问卷调查是在几位研究生同学的帮助下开展的，回收问卷后将数据录入计算机并进行了处理、分析。

第三阶段是深度访谈。问卷调查统计分析初步结果显示，一些依据前人研究成果推导的研究假设没有得到证实，为此决定深入现场进行深度访谈以便找寻其中的缘由：查阅了 J 广电 2014—2020 年初与转型相关的文件、会议记录、考核政策等材料，以及 J 广电与转型相关的部分文件、会议记录；阅读了 J 广电相关课题的调研报告、年度总结；查找了 2012—2019 年初 J 广电及下属部门（公司）的各类宣传册、宣传片；查阅了 J 广电 2012—2019 年初各类荣誉证书以及相关申报资料；参观了 J 广电的文化墙、交流室等空间。通过对这些文本的阅读和空间实物的观看，了解 J 广电转型的背景环境、路径设计、组织调整、政策措施、实际成效和社会评价，感受 J 广电媒体人的精神状态、工作思路和心态变化。

通过系统性观察，进一步完整地搜集 J 广电的相关资料后启动了深度访谈，特别是针对定量调查中假设与结论不吻合的现象进行有针对性的访谈。深度访谈调研提纲是紧扣本研究调查内容和目的，在预研究基础上提出的。为了提高效率，笔者邀请了几位在校硕士研究生作为助手，开始了新一轮访谈。这些访谈根据研究的需要，话题相对集中。此阶段从 2019 年 6 月开始至 2020 年 1 月结束，完成了对 20 多位中层及基层员工的访谈。

同时笔者参与到观察和访谈之中，通过不同的视角收集资料，从而判断和验证观察、访谈的客观程度。最终在选择资料时，尽量舍弃一些不同视角中反差较大的部分，力争保证材料的相对客观。

第四阶段则是资料补充和写作。在深度访谈和定量研究的基础上，根据前面对访谈材料的整理，感觉部分内容还需要补充，后期又对 J 广电其他 10 名员工进行了访谈。2021 年 8 月完成了本书初稿，根据导师意见，继续补充相应的资料并修改。

第五节 技术路线与结构安排

一、技术路线

本研究围绕媒体融合背景下传统媒体人转型这一核心问题展开。首先对基础理论文献进行研究,选择了 SOR 理论这一框架作为研究工具,并确定了定量研究为主、质性研究为辅的研究方法;其次通过对相关论文的梳理、深度访谈和思考,确定了媒体人转型的几大外在刺激变量(S)、内在心理变量(O)和转型意愿与行为(R),提出了若干假设,构建了传统媒体人转型的 SOR 模型;然后运用定量研究方法、数理统计方法对所提假设进行了验证,最后结合质性研究的大量深度访谈,对假设验证中发现的问题进行进一步讨论,并挖掘其理论意义和实践启示。

研究技术路线详见图 1.3。

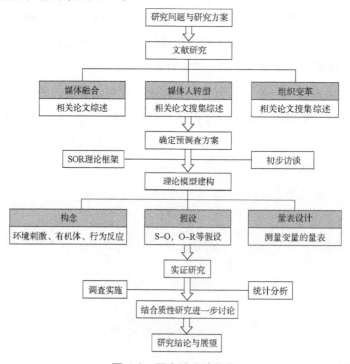

图 1.3 研究技术路线图

二、结构安排

本书由六部分组成,每部分的主要内容如下:

第一章　导论

本章重点阐述本研究的总体框架,从研究背景、研究问题、研究意义到文献综述、研究内容和研究方法的确定,再到具体研究对象的选择和研究过程,最后提出了研究的技术路线和本书的结构安排。

第二章　研究模型建构与假设提出

本章在文献综述和半结构式访谈的基础上分别讨论本研究的环境刺激(S)、有机体(O)和行为反应(R)三个方面的若干"构念"(construct)及其具体内涵。分别详细阐述各自的内涵,然后依据理论推导提出假设,最终形成基于 SOR 范式的传统媒体人转型模型。

第三章　研究设计

就研究方法而言,本章首先阐述问卷设计的原则与步骤,然后对上一章提出的构念选择、确定合适的量表,最后对数据搜集过程及样本特征做了介绍。

第四章　数据分析与假设检验

本章通过对问卷调查搜集的数据进行系统处理对第三章提出的假设进行了检验。首先对各构念量表的效度和信度进行分析,对少量不适合的题项进行了舍弃;其次是对各个构念进行了描述性统计分析;最后是依据数据对假设进行了检验,并对媒体人转型的 SOR 模型进行了修正。

第五章　进一步讨论与分析

本章结合深度访谈材料对量化调研的部分结果进行了深入讨论。讨论的主要内容有授权赋能对转型行为的直接作用、组织激励的缺位说明了什么、内在因素对转型的影响、转型行为的类型及电视媒体人转型的相对滞后等等。

第六章　研究结论与展望

本章总结本研究所得出的主要结论,对本研究的理论创新点和对管理实践的启示进行了归纳。最后阐明了本研究存在的局限性,并提出了下一步研究的方向。

第二章 研究模型建构与假设提出

在文献综述和半结构式访谈的基础上,本研究提炼了传统媒体人转型的外部环境刺激因素(S)、有机体(O)及其行为反应(R)三个方面的具体"构念"(construct)(见表2.1)。所谓"构念",就是用来描述并解释社会现象、贴合本研究主题构想出来的概念,构念是抽象的、简单的、清晰的、不可直接观察的,但又是可以间接测量的。本章将分别详细阐述各个构念的内涵,然后依据理论推导提出构念与构念相互联系的假设,最终形成基于SOR范式的传统媒体人转型模型。

表2.1 传统媒体人转型SOR模型的具体"构念"

S 外部环境刺激	O 有机体	R 传统媒体人的意愿与行为
S1 组织学习 S2 组织激励 S3 授权赋能 S4 社会支持	O1 组织认同 O2 变革承诺 O3 融合能力	R 转型行为

第一节　传统媒体人转型的环境因素

媒体融合背景下促成传统媒体人转型的环境因素有哪些？通过对知网上最近五年的相关研究和媒体人转型的五十多篇论文、几位知名媒体人的"离职告白"、我的同院同学们以媒体融合为主题的论文、J广电内部相关文件以及我们半结构式访谈记录的文本进行分析，本研究发现了"宣传""管理机制""考核""薪资""激励""培训""归属感""创新""内部创业""团队合作""人性化"等等高频词。与此同时，媒体人转型行为本质上是一种职业转换行为，同时也是一种创新行为，所以综合推进员工职业转换、创新行为等方面的理论研究成果，结合激励—保健理论（Motivation-hygiene Theory）[1]、组织变革的情境因素与稳定因素[2]、变革领导力的"关系—任务导向"[3]等的分析框架，本研究将推动传统媒体人转型的环境因素抽象概括为"组织学习""组织激励""授权赋能""社会支持"等构念。

一、组织学习

组织学习（organizational learning）这一概念最早是由Cyert和March[4]于1975年提出的，他们认为为了适应变化的环境，组织需要不断地学习并进行组织再造。到20世纪70年代末，管理学家Argyris和Schön[5]指出，组织学

---

[1] Herzberg F. One More Time: How do you motivate employee?[J]. Harvard Business Review, 1968,65(5): 53-62.

[2] 唐杰. 基于精细加工可能性模型的员工应对组织变革研究[J]. 经济管理, 2010(8):178-185.

[3] 达夫特. 领导学：原理与实践[M]. 杨斌, 译. 北京：机械工业出版社, 2005:29-31.

[4] March J G, Olsen J P. The uncertainty of the past: Organizational learning under ambiguity[J]. European Journal of Political Research, 1975,3(2):147-171.

[5] Argyris C, Schön D A. Organizational learning: A theory of action perspective[M]. Reading,Mass.: Addison-Wesley Pub.Co. 1978:35-40.

习是组织发展过程中不断发现错误并采用新理论对组织进行调整的过程,从此其开始引起学界注意并随之成为研究的一个热点。20世纪末由于彼得·圣吉①的一本著作——《第五项修炼:学习型组织的艺术与实务》在我国的翻译出版,组织学习的概念风靡我国企业界、学界乃至政界,一时间打造学习型组织成为热潮。该著作指出,组织学习是管理者不断推动组织成员通过改变心智、自我修炼、系统思考等方式提高其理解能力、适应组织外部环境能力的过程,在此基础上,管理者得以做出不断提高组织效率的决策。组织学习是众多个体学习的结合体,可以促进并提升组织对环境的适应力以及未来的创造能力。

组织学习是一种获取知识、转变态度、提升价值的过程,"既可以通过自我体验获得,也可以通过人与人之间的教学获得,并能够产生可测量的稳定行为变化"②。组织学习的目标是适应环境变化、获得竞争优势和提高绩效水平。组织学习分利用式和探索式两种③,利用式学习是对现有知识、能力、结构、技术和范式进行完善和扩展,有利于形成渐进式变革的局面;而探索式学习则属于研究式学习,是对新的内容、新的方法进行探究性学习,能对激进式创新产生影响。

在组织为了适应变化的环境、赢得竞争优势而开展变革的过程中,组织学习显得尤为重要。变革通常是由组织上层发起的,由于变革需要广大的中层及基层员工去参与完成,因而让对变革有不同的观点和看法的中层及基层员工理解和接受尤其重要④,这就需要组织上层将"变革"的意图、目标、利益传达到组织的各层级,说服那些具有不同看法的员工。与此同时,变革常

---

① 圣吉. 第五项修炼:学习型组织的艺术与实务[M]. 郭进隆,译. 上海:上海三联书店,1994.

② Robbins S P. Organizational behavior: Concepts, controversies, and applications [M]. Englewood Cliffs, NJ: Prentice Hall, 1998.

③ March J G. Exploration and exploitation in organizational learning[J]. Organizational Science, 1991, 2(1): 71-87.

④ Kanter R M. When a thousand flowers bloom: Structural, collective, and social conditions for innovation in organization[J]. Research in Organizational Behavior,1988(10),169-211.

常涉及员工工作内容的变化，需要新的技能，这就需要对员工开展新知识的学习和新技能的培训。事实上，在大规模的变革中，组织成员将面临难以预知的困难，需要为之准备好细致的计划，只有经过一系列的组织学习过程，让员工在组织学习中对变革的重要性和积极性有充分的认知，组织才能顺利完成这些变革。

21世纪以来新媒体呈爆发式增长，对广电和报业等传统媒体形成了巨大冲击。为重新获得竞争优势，传统媒体必须实施以媒体融合战略为核心的变革行动。媒体人才之间的较量决定了媒体之间的竞争的最终走向。推进传统媒体向媒体融合转型，其根本在于传统媒体人的顺利转型。因此，自上而下的组织学习便是媒体融合背景下媒体单位推动媒体人转型的关键环节，也是传统媒体人转型的主要外在刺激因素。

从组织学习的内容来看，推动媒体人转型的组织学习同样包含探索性学习和利用式学习两类。首先是运用探索式学习。在媒体转型中，报业集团的探索开始得最早，因为它们受到冲击比电视早得多。一些有前瞻性的报业集团很早就开始"触网"，比如《广州日报》1995年就发布了电子版，1999年推出网络数字报纸，2007年开展跨媒体传播，2013年探索制定了创新人才管理体制[1]，通过这一系列的探索性举措，不断搜集反馈、总结经验。其次是开展利用式学习，2015年底，J广电制定了2015—2017年度集团媒体融合发展的实施方案，详细规划了如何进行新型媒体人才队伍的引进和培养。在专业技能培训方面，J广电采取"理论与实践相结合"的方式：第一，组织内部资深专家定期对广电、新媒体等相关新闻采编骨干进行培训，然后进行交流总结；第二，从国内重点高校邀请高级理论研究专家，从新媒体新闻相对成熟的平台邀请一些实战专家来授课；第三，从全台范围内选派一些骨干赴国外参与专业培训[2]；等等。

从组织学习的方式来看，推动媒体人转型的组织学习主要有培训、传播和动员三种方式。有学者曾经指出，组织学习包括实验、信息搜集、信息分

---

[1] 文远竹.传统媒体人才转型的困境及出路：基于广州日报报业集团的案例分析[J].传媒，2017(23):27-29.
[2] 季建南.守正创新 做大做强主流舆论：以江苏广电总台融合实践为例[J].传媒，2020(2):28-31.

析以及教育培训和信息传递等五个要素①，其中前三者是为后两者做准备的。

在媒体转型过程中，员工对转型知识和技术的储备主要依靠培训，整体性的知识传输是组织推动成员知识体系进化的一种方式，常见的还有集体安排出去学习、考察、交流，然后进行内部分享。媒体的转型意味着知识体系的转型，不同类型的知识分工与协作在媒体人的知识转型中扮演着不可替代的角色。组织文化鼓励知识在组织内部流动和共享，这对媒体人的知识接受和进化作用很明显。一些媒体单位的员工会自发形成一个小圈子，经常在一起分享产品的制作和新媒体的思路。这个圈子的成员并不固定，成员可以根据兴趣和需要自由进出。圈子的成员来自各个部门，提倡大胆想象和无边界交流②。

推动员工参与变革更为重要的因素是自上而下的灌输性动员。员工对转型的认知、认可在很大程度上受到组织动员的影响。在组织动员活动中，为实现一定的社会目标，动员主体通过多种传播手段影响、改变组织成员对某件事的态度、价值观和期望，促成某种思想共识的形成，进而引导组织成员积极参与动员主体组织的活动之中③。在外部环境因素中，能真正推动媒体人转型的还是政治力量和组织推动，行政意志始终是中国媒体人转型的主导力量。一项针对都市报媒体人转型的研究发现，媒体通过组织动员让每一个媒体人认识转型的必要、了解转型的方向、清楚自己的岗位职责，最终达成员工跟着单位一起进行转型的目的④。

二、组织激励

组织激励是组织为了实现既定目标，依据所处行业的特征、组织现有管理情境及组织成员的个性特点，运用制度设计、领导、组织沟通等手段，激

---

① Garvin D A, Edmondson A C, Gino F. Is yours a learning organization？[J]. Harvard Business Review, 2008,86(3):109-116.
② 江飞.转型媒体人的生命体验及其迁徙式生存[D].南京：南京大学,2020:150-151.
③ 甘泉，骆郁廷.社会动员的本质探析[J].学术探索,2011(6):24-28.
④ 江飞.转型媒体人的生命体验及其迁徙式生存[D].南京：南京大学,2020:63,73.

励和规范员工行为的一种组织管理活动①。组织激励是由组织主导的、对不同表现的组织员工给予不同物质报酬、精神认可和其他各种激励方式的总和。组织激励本质上是组织和组织内个体的一种交易关系：一方面它明确了组织对个体的要求，包括个体应当遵守的价值观和组织规范，以及个体对组织的贡献；另一方面则是组织对个体付出的回报②。一个组织如果能够通过激励手段促使员工在实现自身目的的同时也推动组织目标的实现，那么其组织激励机制就达到了一个理想的状态③。

制定理想的组织激励政策的第一步是对员工需求进行分析。尽管从大处看，组织员工需求无外乎物质和精神两个方面，但具体细节差别较大。在明确了员工的需求后，就能制定出组织有能力提供又能满足并刺激员工需求的激励方案。合适的激励方案可以将员工的行为与组织的目标协调起来，通过绩效考评对员工的工作进行事后评估，并依据考评成绩及事前制定的规则给予员工奖惩，这样可以有效地吸引员工向着组织既定的目标努力。员工获得正向激励（奖励）或负向激励（惩罚）后，将会对自己的需求进行重新思考，包括绩效结果及其奖惩的激励过程本身构成了对员工的新的刺激。如果员工的原本需求没有得到满足，则该激励将继续发挥作用，激励过程会重复进行；如果原有需求已经得到满足，员工就会得到一定满足，并在已有的需求基础上产生新的需求，组织的激励过程将重新开始。

作为组织为实现自身战略目标而采取的重要策略手段，组织激励是一种有力的组织干预机制④。组织变革是组织重要的战略行为，在变革进程中将会遭遇各种组织阻力和个体方面的阻力，因此需要制定以变革为宗旨的组织激

---

① 罗宾斯，贾奇. 组织行为学 [M]. 14 版. 孙健敏，李原，黄小勇，译. 北京：中国人民大学出版社，2012.
② Kerr J, Slocum J W. Managing corporate culture through reward systems[J]. The Academy of Management Executive, 2005, 19(4): 130-138.
③ 马喜芳，颜世富. 企业集团母子公司监控博弈分析及机制设计研究 [J]. 中国人力资源开发，2014(21): 66-71.
④ Bushardt S, Glascoff D W, Doty D H. Organizational culture, formal reward structure, and effective strategy implementation: A conceptual model[J]. Journal of Organizational Culture, Communications and Conflict, 2011, 15(2): 57-70.

励手段加以干预。组织在变革中会确定新的业务发展方向，这些新的方向对员工的工作能力有新的要求，组织只有通过制定新的激励政策刺激员工才能促使他们向新的方向努力。

媒体的融合转型就是一个由管理层带领的、广大媒体人共同参与的大变革。由于人性是懒惰的，变革、转型是痛苦的，大部分普通媒体人都喜欢活在"舒适区"里，因此，除了组织学习的推动，还需要强有力的组织激励手段，以现实的利益（物质的、人际关系的、成就的等）来吸引大家主动追求组织设定的转型目标，最终激发更多的媒体人带头、支持、参与完成转型工作。

媒体单位的组织激励主要包括物质方面的薪酬福利、精神方面的职务或职阶晋升，以及未来的成长等三方面内容。比如某地的 J 报为了推动转型出台了几项政策："在制造舆论和氛围的同时，报社先后出台了一系列的政策来刺激大家的参与，诱发内在的主动性，保证各项工作能够落到实处。2015 年 11 月，J 报出台了《员工内部创业暂行规定》，规定只要项目具备互联网的基因，就可以申请政策扶持。文件明确了两种类型的内部创业：A 类指利用报社新媒体公众号或其他新媒体资源进行创业，创业员工在创业期间完全放弃原有岗位的各种经济待遇，包括工资、奖金和各种福利待遇，自行消化各类成本；B 类指提出有市场前景的项目，提供较完备的调研报告，并能按股本比例投入项目资金，进行公司化运作。报社发布的政策支持力度比较大，如 A 类创业第 1 年全部利润归创业团队所有，第 2 年盈利的 70% 可以归团队所有，第 3 年以后盈利的 60% 归团队所有。如果成立公司，创业团队和报社协商股比，原则上创业团队占有股权不超过 60%。这一政策在员工中引起了较大的反响，一些年轻的同志包括中层干部纷纷响应，当年报名的项目有 10 多个。"[1]

除了经济效益奖励外，更为重要的组织激励是职务晋升。中国是一个官本位的社会，传统媒体单位属于半个体制，对人才的认可最终都体现在职务的提升上。一些走在前面的媒体单位在人员聘用、职务晋升上打破常规，完全依靠业绩提拔干部。一些新进来的员工由于业绩突出，半年就做到主任编辑了，尽管这只是内部职称聘用，并不被政府人事部门认可，但至少在本单

---

[1] 江飞. 转型媒体人的生命体验及其迁徙式生存 [D]. 南京：南京大学，2020:74.

位体现了能力和职阶，对薪酬有一定的影响，所以能够调动年轻人的积极性。老员工本来心里并不愿意变化，但在组织激励的刺激下，平静的团队一下子就出现了好多条"鲶鱼"，老员工只能积极地跟着指挥棒动。这种新的组织激励政策会使传统媒体内部出现全新的气象。

激励最后要落实到考核工作中。考核是组织激励不可或缺的重要环节，直接关系到组织成员对待组织的态度与行为，对组织效率的提高起着重要作用。激励需要用考核标准来指引、约束和调整，考核则通过激励来促使组织成员提高效率。考核是最好的指挥棒，让员工不由自主地跟着转。在这种情况下，媒体人不得不跟随指挥棒，因为不那样的话，经过各种考核后，或者收入下降，或者直接就被边缘化，或者来个年轻的新人当领导，那样会更压抑。为激发记者参与一次采集、多种生成、多平台传播的积极性，2019年8月，张家港市融媒体中心专门制定了《多平台发稿激励办法》，设立了10万元的奖励资金，通过数量、质量的双重考核，对记者跨平台、多平台发稿给予专项奖励。该办法实施以来，有半数以上的记者获得了奖励，这在一定程度上激发了记者进行主动创新的积极性，激发了他们蕴含的无限潜力，使他们在进行新闻采写时更加有灵感，并且信息也变得比较顺畅了，他们对新闻的感知力也大大增强[①]。继转型以来，媒体单位一般会多次调整考核政策，每次都是向重点确定的转型方向倾斜。最早行动的人尝到甜头后，会更加配合报社的转型。其他人员看到政策兑现了，即使觉得心理不平衡，会有怨言，但时间长了，逐步适应，也会逼着自己向政策指引的方向靠拢。

媒体人受激励的程度是媒体人转型效果和媒体融合转型效率的重要决定因素。通常情况下，组织激励越得当，媒体人被激发的变革动机越强烈，参与转型的积极性也就越高，完成转型目标的努力程度就越强，最终体现在媒体融合方面的成效就越大。

---

① 李燕. 融媒体背景下传统媒体人才的转型路径分析：以张家口港市融媒体中心为例[J]. 传播力研究，2020(6):30-31.

三、授权赋能

"领导授权赋能"(Leadership empowerment)的概念最早由 Konczak[1] 提出,是通过对员工进行授权从而提高员工能力的一种管理手段,其中授权包括向员工分享信息、让员工拥有一定的权威及使其获得一定的资源配置权力。赋能则指帮助员工培养与职业相关的技能、提升其自我管理的能力[2]。授权赋能型领导通常对员工的自主行动、团队合作、自我发展、参与目标设定以及自我奖励等方面给予鼓励[3]。

授权赋能是在传统授权基础上的进阶,传统授权就是通常的权力下放。授权赋能行为不是简单的权力下放,而是通过权力下放培养员工各方面的能力。与传统组织结构相比,授权赋能型组织结构发生了质的变化[4]。传统组织结构的特点是其为金字塔层级结构,信息汇聚到顶端由最高层集中决策,继而自上而下地控制以便于中下层能按照既定策略行动。在这种结构下,高层管理者、中层管理者、基层员工三者的角色分工是清晰的。高层管理者负责确定下属的工作内容、制定决策、提供报酬,中层管理者负责传输信息、上传下达并发挥监督、管理作用,普通员工只需做好管理者安排给他们的工作即可。授权赋能组织结构不是金字塔结构,而是扁平结构,员工和管理者在其中的工作定位与传统组织完全不同。基层员工获得授权赋能后往往有着较大的工作自主性,同时拥有较强的自我决策能力。管理者所发挥的作用往往是鼓励员工设定工作目标,同时通过提供各种信息、贡献经验、对接资源来支持下属。大量研究表明,授权赋能在让雇员在经济和能力上有所收获的同时,

---

[1] Konczak L, Stelly D J, Trusty M L. Defining and measuring empowering leader behaviors: Development of an upward feedback instrument[J]. Educational and Psychological Measurement, 2000, 60(2):301-313.

[2] Barner R. Five steps to leadership competencies[J]. Training and Development, 2000, 54(3): 47-51.

[3] 耿昕. 领导授权赋能行为对员工创新行为的影响研究:基于创新自我效能感、情绪及团队创新气氛的视角[D]. 上海:上海交通大学,2011:16.

[4] 耿昕. 领导授权赋能行为对员工创新行为的影响研究:基于创新自我效能感、情绪及团队创新气氛的视角[D]. 上海:上海交通大学,2011:16-17.

也能使企业从效益中获益①。

授权赋能要求组织以组织成员为关注中心，以其个人成长为根本出发点。在制度设计上，授权赋能型组织要打破传统的、依据金字塔权力结构而配置的责权利对等原则，通过不断扩展自身的资源供应能力，为组织成员提供更大的授权范围，提升成员能力赋予水平，为其自我驱动激励、自我成长创造良好的外部环境。授权赋能的具体手段包括事前的知识共享、参与决策、供给资源，事中的持续互动和事后的收益分享，这些组织行动将会使员工获得归属感和个人成就感，满足组织成员情感归属、被尊重及自我实现等方面的高层次心理需求。

我国传媒是党和人民的喉舌，由党委和政府直接领导，在某种意义上带有强烈的行政事业色彩。改革开放以来，媒体组织结构"经历了职能型、事业部型、矩阵型组织结构的发展，……这些组织结构还保留着官僚科层制结构，……内部管理层仍摆脱不了官僚行政作风……"②显然这种传统的组织机构已经完全不适应媒体融合发展的需求，传媒业知识型员工更倾向于民主的工作气氛与开放的工作氛围③，对工作中的等级制和层级现象看得较淡，平等意识很强，喜欢宽容随性的组织文化氛围。中央电视台记者武卿2016年在离职感言中特别向老东家提出的三点建议都和授权赋能有关：

（1）尊重、信赖、依靠底层员工。以我所见，央视集聚有大量优秀的人才，毋庸置疑，他们是最专业的视频内容生产者，是能在浮躁时代不慌不忙、平心静气干活的人。他们不甘、不该也不会就此退出历史舞台，只需一点制度推动。什么是最好的商业模式？最好的商业模式，就是让人的生产力、创造力释放的模式。尊重群众，相信群众，依靠群众，发动群众。

（2）让局部地区保持失控、不均衡——越失控越动态，越能创新。失控越动态，越有价值。

---

① Thomas K W, Velthouse B A. Cognitive elements of empowerment: An "interpretive" model of intrinsic task motivation [J]. The Academy of Management Review, 1990,15(4): 666-681.
② 林颖. 媒介融合背景下报业人力资源管理变革 [D]. 上海：复旦大学, 2014:132.
③ 石姝莉. 融合与转型背景下的传媒业知识型员工研究 [J]. 中国编辑, 2016(6):92-95.

（3）平等开放，鼓励创新。有人用八个短语形容硅谷文化，也把这几个词送给前东家："繁荣学术，不断创新，鼓励冒险，宽容失败，崇尚竞争，平等开放，讲究合作，以人为本。"

因此，为了推动媒体人的转型，应积极探索新型媒体管理体制和架构，其核心内容就是对媒体人给予充分的信任与放权。J广电在2014年的媒体融合计划中也特别强调"优化内部组织架构。树立扁平化管理理念，根据融合发展的需要，统筹考虑集团相关部门和单位设置，更好地推进传统媒体与新兴媒体一体化发展"。一旦在管理上形成以授权赋能为核心理念的制度文化环境，摆脱传统管理自上而下的指挥与命令的基本逻辑，赋予媒体人更多的自主目标设定、自主决策以及自主管理的权力，媒体人就能够在转型进程中显现更多的主动积极行为，能在自我约束下主动学习，就会更多地以转型为核心建立自驱动机制并不断进行自我调适①，如此，便可推动媒体人和所在媒体组织共同完成媒体融合的战略转型，实现共赢。

四、社会支持

社会支持是指透过个体感受到的，从其家庭、朋友和他人②等社会网络资源中所能获得的各种物质、精神等方面的支持与协助的总和③。人是社会性动物，在长期的社会生活和社会交往中必然会建构出或大或小的社会网络，相应拥有或多或少的社会资源。当个人在生活中碰到困难、面临压力时，就能透过正式、非正式的通道，主动或被动地得到一定的社会支持。社会支持与个体的主观心理感受密切相关④，社会支持形成辅助力量，可以提供物质上或

---

① 王玉博,薛继东,宋瑞卿. 授权赋能、组织学习与战略转型：基于山东振西集团的案例分析[J]. 中国人力资源开发，2019,36(5):116-128.

② Zimet G D, Dahlem N W, Zimet S G, et al.The multidimensional scale of perceived social support[J]. Journal of Personality Assessment，1988,52 (1):30-41.

③ Colvin M, Cullen F T, Vander Ven T M. Coercion, social support, and crime: An emerging theoretical consensus[J]. Criminology, 2002,40(1): 19-42.

④ Siedlecki K L,Salthouse T A,Oishi S,et al. The relationship between social support and subjective well-being across age[J]. Social Indicators Research，2014,117 (2):561-576.

情感上的帮助①，增进被支持者适应问题、解决问题的能力，帮助其渡过某个阶段的难关，提升主观幸福感②。

社会支持由两个概念组合而成：一是"社会"，指的是与个人关联的社会网络；二是"支持"，指物质、精神和信息方面的支持以及支持的方式和互动历程等③。从"社会"角度看，社会支持的来源主要有两类：一类是其生活网络，如家人、亲戚、邻居、朋友、同学等；另一类则是其工作网络，如同事、上级、下级等。从"支持"的角度看，社会支持主要分为情感性支持（emotional support）、工具性或实质性支持（tangible or instrumental support）和讯息性或知识性支持（information or intellectual support）三大类④。情感性支持指对支持对象给予关心、理解和同情等，使其获得情绪上的安慰与鼓励。工具性支持指用金钱、物质去帮助别人或用具体实际行动去支持与协助遭遇困难的人。知识性支持则指向被支持者提供处理问题、解决困难的建议。

组织变革时的员工尤其需要社会支持。因为组织变革会带来种种不确定性，短期会导致员工利益受损，员工自然而然会对变革产生抗拒心理。社会支持可以有效增强员工面对变革时心理的安定感，而且所获得的社会支持程度越高，员工因面对组织变革而产生的心理方面的不确定性或抗拒性等负面影响就会越低。社会支持中的情感性支持、工具性支持和知识性支持各自发挥不同作用：情感性支持主要能抚慰员工变革过程中产生的心理疑虑和不安定感，工具性支持能为成员提供金钱、物质或直接的行动帮助以期更好地应对变革，而知识性支持可通过沟通为员工提供相关信息、经验，帮助员工处理变革中遇到的各种困难。同时，社会支持可以缓冲工作压力的负面效应⑤。作

---

① 郭佩怡. 高科技产业员工社会支持与幸福感关系之研究[D]. 屏东：台湾屏东教育大学，2008.
② Nahum-ShaniI, Bamberger P A, Bacharach S B. Social support and employee well-being: The conditioning effect of perceived patterns of supportive exchange[J]. Journal of Health and Social Behavior, 2011,52 (1):123-139.
③ 许騉洪. 台湾地区在职员工参与职业训练之自我效能、社会支持对学习成效之研究[D]. 苏州：苏州大学，2018:32-42.
④ House J S. Work stress and social support [M]. Reading, Mass.: Addison-Wesley Pub. Co.1981.
⑤ Salami S O. Job stress and burnout among lecturers: Personality and social support as moderators[J].Asian Social Science,2011,7 (5):110-121.

为一个保护性因子,社会支持可以降低变革压力对员工的负面心理冲击及由此产生的偏差行为,增进组织成员适应变革的能力,可以缓解员工面对变革而产生的情绪耗竭的影响[①],提升个体适应变革的成效。

单位里的上级领导和同事是提供社会支持的重要成员之一。领导支持主要表现为心理和资源等方面的支持[②],同事则通过情感关注、实质行动和信息经验提供而给予支持[③]。同事对地位相似的个体提供任务、情感、工具、信息、人际等方面的支持,有利于促进合作,有利于组织目标的实现,有利于避免同事间的恶性竞争,是一种互利互惠的行为。

家人支持则有协助、情感、肯定等三种形式[④]。Medenhall 和 Oddou 经实证研究发现,配偶支持对外派人员跨文化适应有正向影响[⑤]。配偶支持主要包括积极倾听、赞美等方面的情感和自尊支持,帮助解决问题的实际行为支持和拥抱或相互依偎、亲吻、拉手等表达情感行为身体安慰等[⑥]。

将社会支持纳入传统媒体人转型的环境刺激因素是十分必要的。一方面,社会支持可以促进传统媒体人的转型意识和转型技能的发展。"当个体内在资源不足时,会寻找外在的工作资源加以补充,而社会支持是典型的工作资源,可以促使个体内在心理资源和能量的形成"[⑦]。传统媒体的一些员工与外面的交流比较多,特别是与一些新媒体和互联网企业的亲朋好友接触后,能主动感

---

① 许飃洪.台湾地区在职员工参与职业训练之自我效能、社会支持对学习成效之研究[D].苏州:苏州大学,2018:13.
② Mumford M D,Scott G M, Gaddis B, et al. Leading creative people: Orchestrating expertise and relationships [J].The Leadership Quarterly,2002,13(6):705-750.
③ Etzion D. Moderating effect of social support on the stress – burnout relationship[J]. Journal of Applied Psychology,1984,69(4):615 – 622.
④ Kahn R L, Quinn R P. Mental health,social support and metropolitan problems[M]. Michigan:University of Michigan, 1976.
⑤ Medenhall M E, Oddou G. Acculturation profiles of expatriates managers: Implication for cross-cultural training programs[J]. The Columbia Journal of World Business,1986, 21(4):73-79.
⑥ Melby J N, Conger R D, Book R, et al. The Lowa Family Interaction Rating Scales(5th ed) [EB/OL].[2020-12-11].https://www.researchgate.nte/Publication/232572775.
⑦ 廖化化,颜爱民.情绪劳动的效应、影响因素及作用机制[J].心理科学进展,2014,22 (9): 1504-1512.

知到自身的危机[①]。另一方面，当前在遭遇媒体融合转型挑战时，传统媒体人必然面对各种压力产生焦虑和情绪困境，经由与自己关系密切的他人（包含家人、朋友、同事或者主管等）进行各种互动可以获得不同形式的资源，帮助他们克服转型压力，提升融合适应能力和自身职业转型效果。

社交媒体的产生为传统媒体人获得社会支持提供了一个很大的便利，使社会支持的来源范围扩大化。有共同兴趣、爱好或经历的一群人共同加入一个微信群，在这个虚拟空间中既可以进行重要的信息交流，也可以提供很多转型经验以及精神鼓励。这种网络社会互动方式在媒体人的角色学习中起到了良好的助力作用[②]。

在传统媒体人转型过程中，外部力量和个人内在的力量都发挥了作用，但外部力量的作用更为突出。这些外部力量主要包括组织学习、组织激励、授权赋能和社会支持，它们从各个侧面发挥着组合作用。组织学习是一种"推"的策略，借助培训、动员等手段推动整个群体向前；组织激励是一种"拉"的策略，提供导向性激励手段，吸引媒体人向组织确定的目标前进；授权赋能是一种"稳"的策略，创造一个适合媒体人生存的制度环境，让媒体人在转型的过程中更好地创造价值；社会支持则是"扶"的策略，家人、朋友、同事、领导透过各种方式帮助媒体人认识传统媒体所面临的环境，支持他们渡过转型难关。

第二节 传统媒体人转型的内在因素及转型意愿与行为

媒体人的转型动力机制，客观上经历了由外生型动力驱动为主向内生型动力驱动为主的变迁，这样的调整是渐进的，其间伴随着运行逻辑和规则的

[①] 江飞. 转型媒体人的生命体验及其迁徙式生存[D]. 南京：南京大学, 2020:89.
[②] 陈立敏. "跨越山河大海"？媒体人职业转换中的角色冲突与调试[J]. 新闻记者, 2019(7):50-57.

变迁，媒体人在接受和适应不同规则的过程中，自身也在不断地调适和成长，逐渐向新的互联网人转变[1]。在组织学习、组织激励、授权赋能与社会支持这些外生动力的影响下，传统媒体人逐步产生内生型动力推动其转型。在本次预调查的访谈及其他研究者的相关访谈中谈及传统媒体人转型的内在因素时，"危机意识""对转型认同""新媒体能力""工作投入""积极主动"等是人们谈论比较多的。通过对相关文献的梳理，本研究总结提炼了组织认同、变革承诺和转型能力三个因素，构成了传统媒体人转型的内生动力。

一、组织认同

组织认同是组织成员与该组织其他成员具有一致性特征的一种感知状态，是组织环境中的个体对其组织整体性、同质性的一种认知和情感框架，代表了组织成员从个体意识向以组织为中心的集体意识转变的心理状态[2]。组织认同源自员工对其他组织成员在目标和理念相似性方面的意识[3]，是一种特殊的社会认同，是组织中的个体根据其特定的组织成员身份对自我与组织关系进行定义的心理倾向，是一种个体归属于特定组织的知觉态度[4]。组织认同表现在情感上是对组织集体的归属感，表现在理智上是对组织及其成员具有责任感，表现在行为上则是对组织的理念和行动持支持和忠诚的态度[5]。

组织的发展离不开组织内每个成员的贡献，个人行为与组织行为、组织绩效密切相关。组织中不同成员的心理特征和需求千差万别，岗位和职阶也各不相同，要想实现成员与成员、成员与组织、上级与下级的相互协作，使得每位成员都能成为对组织绩效产出十分重要的贡献者、实施者，组织内就必须形成能够有效激发个体忠于组织的文化，这种文化有助于形成、维系、

---

[1] 江飞. 转型媒体人的生命体验及其迁徙式生存[D]. 南京：南京大学, 2020:97.

[2] 胡翔. 新生代员工自我效能、组织认同与责任心的产生机制[D]. 武汉：武汉大学, 2015:91.

[3] Miller V, Allen M, Casey M K, et al. Reconsidering the organizational identification questionnaire[J]. Management Communication Quarterly, 2016, 13(4):626-658.

[4] 孙健敏，姜铠丰. 中国背景下组织认同的结构：一项探索性研究[J]. 社会学研究, 2009, 24(1):184-216.

[5] 李雯智. 2000年以后国内外组织认同研究评析[J]. 学校行政（台北）, 2006, 45:60-72.

加深成员与组织间的长期关系，这种文化就是组织认同的文化。组织认同的根本价值在于组织中的个体将"组织利益"视为战略制定和任务决策时的首要因素[①]，以其为衡量行为价值的道德标尺。组织认同感较强的个体对组织的价值观、使命、发展目标、愿景与企业文化高度认同，在内心将自身命运与组织紧密联系，就会以组织的整体利益为宗旨采取行动，就会产生为了让组织更好而积极努力的动力。

作为一种能动的个体心理因素，组织认同感对员工的工作态度和行为具有积极的影响已被大量研究所证实。研究指出，组织认同对员工的角色外行为具有显著的影响水平[②]，员工高度的组织认同构成了员工创新行为的内在动力[③]，组织认同对组织公民行为、亲组织行为等员工的组织内积极行为具有明确的正向影响关系。组织认同感强的员工更容易产生创新行为[④]，组织认同有利于员工对组织价值观积极认知并加以内化，增强其为组织未来发展努力的内心驱动力，继而产生组织期望的行为。

对传统媒体来说，提高媒体人的组织认同感可以促进其在日常工作中的创新行为，而当前媒体人的创新行为就是其积极的新媒体转型行为。传统媒体人的组织认同包括三个层次的内容：一是职业认同，就是对新闻行业认同，也是对作为"新闻人"身份的认同；二是"事业"身份认同，因为中国的媒体单位都是政府所有的，介于事业单位和国有企业之间，具有一定的体制内身份；三是单位认同，就是对本人所在具体单位的内心认同。这三个层次的认同都会有利于传统媒体人的转型行为。

第一是媒体人对新闻行业的认同。社会对媒体人的职业认知比较稳定，对媒体人的角色认同度总体来讲还是比较高的。尽管互联网的兴盛让媒体人的专业主义遭遇严峻的挑战，生存的现实成为压迫自己信念的最大力量。放

---

① Miller V, Allen M, Casey M K, et al. Reconsidering the organizational identification questionnaire[J]. Management Communication Quarterly, 2000,13(4):626-658.
② Riketta M. Organizational Identification: A meta- analysis[J]. Journal of Vocational Behavior, 2005, 66(2):358-384.
③ 路琳，常河山. 目标导向对个体创新行为的影响研究 [J]. 研究与发展管理，2007,19(6):8.
④ 胡建军，王立磊，张宁俊. 组织认同对员工创新行为的激励作用 [J]. 财经科学，2013(11):9.

弃是一种现实，坚守是一种不甘，在两难的冲突中忍受煎熬成为许多传统媒体人的日常状态。大多数传统媒体人并不甘心放弃自己过去的新闻理想，他们希望通过转型续写过去传统媒体的辉煌。所以他们会一边转型一边坚持，转型是试图改变新闻生产的方式，坚持是为了维护最核心的新闻信仰①。有调查发现，受访者F在自称"小记者"的调侃中保护着内心的职业身份认同："跟别人介绍时，我经常会说'我就是一名小记者，就挣个菜钱'，虽然经常这样调侃，但心里的认同是非常强的。如果我老了，墓志铭上要有一个词的话，可能还是写'记者'。"②

第二是媒体人对"事业单位"身份的认同。一位记者曾说："在知名媒体任职，代表了一定的社会身份，'场面'上也说得过去，而投身市场后，即使当个总监又如何？"③这代表了很多媒体人的心理。融合转型中，媒体业务日趋多元化。以报业集团为例，以前报社员工的角色不外乎是记者编辑、业务员、发行人员等，但现在扩充了许多，许多角色与传统的媒体人没有丝毫关联，比如智库研究、旅游推销、电商等等。新闻记者岗位在其中占的比例越来越小，使得个体的价值实现有了更多的选择，角色认同的多样化成为可能。这时候，新闻媒体行业认同就会降低，而身份认同则会发挥更大作用。"身份认同是个体依恋感和归属感的来源，是一种个体或是群体在感情上、心理上趋同的过程"④。

媒体单位员工的身份认同主要是对自己"事业编制"身份的认同。这种认同感对媒体人的转型行为（尤其是被动转型行为）有一定的作用，因为毕竟是一个"比较正规的单位"，如果不能顺利转型，有可能会被单位淘汰，从而失去了媒体单位赋予的体制"身份"。一项针对广东媒体人的研究显示，安全诉求对媒体人来说主要体现在希望摆脱失业威胁、工作环境可靠、收入稳定等方面。而众多的传统媒体，尤其是省级传统媒体都属于事业单位性质。

---

① 江飞. 转型媒体人的生命体验及其迁徙式生存[D]. 南京：南京大学，2020：174.
② 甘丽华. 记者职业身份认同的建构与消解：以《中国青年报》记者群体为例[J]. 新闻记者，2014(8)：7.
③ 陈立敏. "跨越山河大海"？媒体人职业转换中的角色冲突与调试[J]. 新闻记者，2019(7)：8.
④ 车文博. 弗洛伊德主义原著选辑[M]. 沈阳：辽宁人民出版社，1988：375.

尽管近年来随着新媒体的迅猛发展，很多传统媒体陷入困境并进行了大面积的裁员，但广东省级传统媒体人还普遍认为自己工作比较稳定，失业风险较小。同时，他们每个月所拿到的工资无论多少，也还都处于一个相对比较稳定的状态，在"五险一金"这些员工基本保障方面也基本实现了全覆盖，甚至有些媒体单位还做得更好。有些人因为部门减岗而被迫转岗，"尽管外面有一定机会，收入也不低，但因为是集团聘用人员，这个身份还是有一定价值的，毕竟集团是一个比较正规的单位，再怎么效益下滑，正式员工还是有保障的，比去一个民企要强。"

第三是媒体人对所在单位的认同。尽管同属于新闻媒体行业，但不同的媒体单位，媒体人对其认同度是不一样的。一些老资格的名牌媒体由于有悠久的历史传统，在其中工作时间较长的媒体人会具有一定的认同感。如在《中国青年报》工作30年的一位受访者认为："'青年报人'的职业身份认同更是一种文化认同。合作做新闻时，同事间的确定性肯定胜于其他新闻同行。"[1] 传统媒体人对所在单位的组织认同将有利于促进他们的转型意愿与行为，我们的深度访谈也证实了这一点。

媒体人组织认同是维护媒体人与组织间关系的一种重要的心理纽带，必然会成为影响他们转型行为的重要因素。组织认同从四个方面推动了传统媒体人的转型。其一，组织认同提高了团队合作性，既强化了内部转型氛围，反过来又促进了有关转型的知识共享，组织学习的效应也得到增强，如此就提高了媒体人的转型意愿和转型能力。其二，组织认同强化了个人对传媒行业的满意度，提高了媒体人的工作兴趣，也增加了媒体人的工作投入，提升了员工的积极转型意愿和行为。其三，组织认同会提升员工基于组织的自尊水平，而不断提升的自尊又能够显著增强其自我效能感，自我效能感强的员工希望有更大的工作自主权，喜欢更有挑战性的工作，因此更有可能进行积极转型，以期获得积极评价[2]。其四，组织认同包含价值认同，即认同组织所崇尚的文化和价值观。价值观是一个人对社会和人生价值的总的观念，千姿

---

[1] 甘丽华. 记者职业身份认同的建构与消解：以《中国青年报》记者群体为例 [J]. 新闻记者，2014(8)：40-46.
[2] 胡建军，王立磊，张宁俊. 组织认同对员工创新行为的激励作用 [J]. 财经科学，2013(11)：67-72.

百态、应有尽有。虽然每一个人都有自己的价值体系，或者清晰，或者模糊，但都主导着自己的行为。如果媒体人认同自己所在组织的文化价值并与组织价值形成共鸣，那么就会引导自己的行为驶入组织目标的轨道，加速组织目标的实现。当前媒体单位的核心价值观是拥抱融合转型，所以员工对组织的认同感越强，就越有可能因自己的未来与组织的命运联系在一起而被激发出转型的意愿和行为。

二、变革承诺

承诺是促进个体表现出与某种特定目标相联系的一种心理状态[1]，是影响个体行为及其工作成果的最重要变量之一[2]。承诺的"核心精髓"[3]在于其是为个人行为指引方向的一种影响力、思维模式或者心理状态，它与以交换为基础的动机和与目标相关的态度有着明显不同。即便不存在外在动机和积极态度，承诺也可以对个体行为发挥影响作用。

变革承诺是在普通承诺的基础上进一步发展而来的概念，是一种能够使个人展现出成功实施组织变革所必需的一系列行为的能力或心态（mindset）[4]。与其他工作情境所涉及的承诺不同，变革承诺的对象并非组织、团队等一些静态的实体，而是对变革实施（比如制定新的目标计划、实施新的工作规则、执行新的政策、学习新的技术等）这一动态过程的接受程度和依恋水平[5]。变革承诺的产生和发展是一个伴随着复杂认知的、与激励机制密切相关

---

[1] 樊耘, 张旭, 颜静. 基于理论演进角度的组织承诺研究综述 [J]. 管理评论, 2013, 25(1):101-113.

[2] Choi M. Employees' attitudes toward organizational change: A literature review[J]. Human Resource Management, 2011, 50(4) : 479-500.

[3] Meyer J P, Herscovitch L. Commitment in the workplace: Toward a general model[J]. Human Resource Management Review, 2001, 11(3): 299-326.

[4] Herscovitch L , Meyer J P. Commitment to organizational change: Extension of a three-component model[J]. Journal of Applied Psychology, 2002, 87(3) : 474-487.

[5] Becker T E,Klein H J,Meyer J P. Commitment in organizations: Accumulated wisdom and new directions[M]. New York: Routledge, 2009.

的动态心理过程①。作为一种行动承诺，变革承诺常常与一种动态和变化的目标相联系②，有研究者曾经用意识、接受、需求三阶段过程模型来解释变革承诺，是一个变革项目在个体心目中逐步内化的结果③。

在媒体融合背景下，传统媒体人对融合转型的变革承诺有"想要""应该要"和"不得不"三种情况。

其一，有一类媒体人"想要"转型。这是一种变革情感承诺（Affective commitment to change），是出于内心对变革（媒体融合）本身的情感依恋和认同感而产生的心理承诺，反映了媒体人基于对转型效果预期的信任而对变革支持的态度。

传统媒体人最典型的特征之一就是有一颗"不甘寂寞"的心，这种不甘心源自一种职业习惯带来的好奇心，是对一件社会公众事件进行追寻甚至刨根问底的动力，也是传统媒体人无法安静地对抗时间、"耐不住寂寞"的根本所在。在传统媒体中，担任新闻采编工作的记者大都不必按部就班地"坐班"，而是可以将大部分的时间用在外出采访之中。所以媒体工作"不求稳定"的特性决定了传统媒体人多变的秉性，传统媒体人很难能沉得下心去应对职业做久了带来的枯燥感，更忍受不了旧的体制所带来的禁锢，也无法接受自身就职的传统媒体在高速发展的社会中"以不变应万变"的态度，"将折腾进行到底"才是他们生活和工作的节奏。

有是一些媒体人觉得"应该要"转型。这是一种变革规范承诺（Normative commitment to change），是员工因社会责任感和社会规范支配而产生的一种心理感受，反映了理性上要积极参与变革、为变革提供支持的责任感。这部分媒体人比较理性，具有较强的职业精神和责任感，他们认为自己"应该"跟上潮流，"不能掉队"，尽可能早一些融入新媒体环境中。

---

① Armenakis A A , Harris S G. Reflections: Our journey in organizational change research and practice[J]. Journal of Change Management, 2009, 9(2) : 127-142.
② Jaros S. Commitment to organizational change: A critical review[J]. Journal of Change Management, 2010，10(1) : 79-108.
③ Jaros S. Commitment to organizational change: A critical review[J]. Journal of Change Management, 2010，10(1) : 79-108.

有是一些媒体人觉得"不得不"转型。这是变革持续承诺（continuance commitment to change），反映了员工为了降低因不参与变革、不支持变革可能会付出的成本而不得不参与变革的心态。可能付出的成本包括失去已有的职位和多年投入工作所换来的待遇等。一些媒体人由于本身被动的个性，或者由于其工作的特殊性（比如远离市场的部门和工种），与前端市场离得较远，信息相对闭塞，在上级领导采取强行措施如撤销部门、强行分流等"逼迫"手段下才开始接触新媒体，他们的变革态度就属于"不得不"。

三、融合能力

媒体人参与转型的过程同时也是一个意义建构的过程。各个媒体人因自身内在状态与条件的差异性，对转型的应对也会采取不同的策略。媒体人转型成功与否除了受周边环境的刺激因素影响外，还与个体人格特质和能力因素有着极大的关系[①]。人格特质就是媒体人面对当前媒体融合形势时的心理特征，包括工作态度的自主性、主动性等特点，也可能包含学习特征与交流特征等等；自身能力则指个体应对媒体融合所需的具体知识和技能。传统媒体人在这方面和外部的新媒体公司员工相比有着很大的差距。

媒体融合对一个媒体单位来说是一项重大变革，对具体媒体人来说包含着许多具体岗位上工作内容、工作方法的调整及工作技能、工作关系的改变。媒体人在进行转型过程中，由于不同的人具备不同的教育背景、能力、知识、个性和行动策略，他们在具体的应对过程中体现出非常大的个体差异。对于普通企业变革中的这一个体差异，有学者称之为"职业转换力"[②]，表示员工对一种职业转换的应对能力。具体到本研究，我们称之为媒体人的变革能力或者融合能力。依据半结构访谈和文献检索，最终本研究确定以适应能力、主动学习能力和创新能力三个方面构成融合能力。

首先是适应能力。适应能力指个体在面临环境变化时，改变自身行为、

---

① 郑博阳.组织变革情境下的职业转换力及其效应机制 [D]. 杭州：浙江大学,2018.
② 郑博阳.组织变革情境下的职业转换力及其效应机制 [D]. 杭州：浙江大学,2018.

补充新知识、学习新技能、提升能力与其他因素的行为倾向。在不同的情境下，适应能力有不同的表现。在职业转换过程中，适应能力决定了个体的动机、自我效能感和自主性。在就业过程中，适应能力能够使个体跨越不同边界持续获得就业。在媒体融合转型中，适应能力就是指媒体人对新媒体技术的喜爱程度、接受新技术的快速程度以及相互之间的融洽程度。

事实上，对新媒体具有较强的适应能力，这种发自内心对新媒体有兴趣的媒体人，基本上就是转型最主动的一批人了。他们有较好的新媒体运作经验的积淀，虽然一直在传统媒体工作，但过去花在互联网上面的业余时间较多，或多或少有互联网的一些基因。他们对互联网的术语和玩法比较熟悉，所以转型后基本没有陌生感，适应能力比较强。他们的融合能力与转型行为相互促进，转型业绩比较突出，成为单位其他媒体人的榜样。

其次是主动学习能力。对于媒体人而言，并非个个天生喜欢新媒体，但是如果个体对新技术有着主动积极的学习行为，那么其转型过程也会相对顺利。个人主动性（personal initiative）是个体采用一种主动积极的方式进行工作的行为集合，而且这种行为往往超越了外界的期望。个体主动性的行为往往与组织目标保持一致，具有很强的目标导向、行为导向和长期焦点。其行动之初通常是先于上级指令的自我启动，在行动中遇到困难和挑战时也会坚持不懈。

主动学习能力对媒体人转型来说是一项至关重要的能力。《媒体人转型数据报告》显示，在媒体人转型优势选项中，前三项分别为"善于写作和交际"（56.92%）、"善于学习"（30.43%）、"人脉广"（10.67%）。虽然一些人过中年的媒体人对新媒体并不特别熟悉，也不像年轻人那么适应互联网，但他们有较强的风险意识和一定的学习能力，对诸如移动直播等新媒体的兴趣是逐步培养起来的。这一批人也能很快适应新的环境并在转型后取得较好的成绩。随着工作中接触、使用越来越新颖的新闻表现方式，他们对互联网化的媒介产品也越来越有感觉。

第三是创新能力。所谓创新，就是为了个体工作绩效以及团队和组织的经济效益，在组织管理或技术开发过程中引入并应用之前从未用过的方法[1]。

---

[1] Janssen O.Job demands,perceptionsof effort - reward fairnessand innovative work behaviour[J].Journal of Occupational and Organizational Psychology, 2000, 73(3):287-302.

创新是一种由多阶段活动构成的过程，每个阶段都需要采取不同的行动，也涉及大量个体行为[1]。为了提升团队或组织绩效，员工经过一定时间的思考主动提出与产品、工作流程开发、技术改进相关、有较大成功把握的新想法[2]，或个人独立付诸行动，或在努力沟通争取组织内其他资源的支持下予以实施，这就是一种创新行为，也包括积极参与组织内、团队内其他创新活动的行为[3]。

在媒体融合的变革浪潮中，传统媒体人面对的是一个前所未有的崭新环境，需要用"新思维来重组生产流程、重塑生产标准、重构生产关系"[4]，透过思维方式的切换，用基于互联网的思维逻辑去重构生产方式的各种要素，这些都特别需要创新精神和创新行为。媒体人转型有各种职业选择，有继续留守新闻行业的，也有转型到其他领域的，比如自主创业。对于后者来说，从一个熟悉的行业跳到另一个行业，也同样需要足以应对的创新能力。

江飞有关报业媒体人转型研究中的个案——X先生年轻时就是一个喜欢接受新挑战的人，人到中年毅然决定放弃长期以来在媒体方面的积累，转而成为一个电商管理者，体现了其个人的创新力。他说："我的选择其实很简单，从个人来说，我愿意接受新事物，人在年轻时应该去尝试新的挑战，这种磨炼在年老的时候想起来应该会蛮有意义的。刚去电商那里明显感受到自己的社会地位远远不如记者，在很多人眼中我就是一个卖东西的，和小区里叫卖茶叶蛋的老太没太大差别。虽然不做新闻有一点遗憾，但是我自己清楚电商的前景，这是一个朝阳行业，而且自己重点做的又是老年人这个群体，潜在空间非常大。反正不管成败，这种锻炼是新闻岗位上不可能实现的。不管未来干什么，这样的经历至少让自己的人生丰富了许多，以后肯定会多一些机会。"[5]

---

[1] Scott S G, Bruce R A. Determinants of innovative behavior: A path model of individual in the workplace[J]. The Academy of Management Journal, 1994, 37(3):580-607.

[2] West M A, Farr J L. Innovation and creativity at work: Psychological and organization-alstrategies[M]. Chichester, U. K.: Wiley, 1990.

[3] 胡建军,王立磊,张宁俊.组织认同对员工创新行为的激励作用[J].财经科学,2013(11):64-72.

[4] 江飞.转型媒体人的生命体验及其迁徙式生存[D].南京：南京大学,2020.

[5] 江飞.转型媒体人的生命体验及其迁徙式生存[D].南京：南京大学,2020.

四、转型行为

转型绝不是媒体人独有的,与媒体人转型相关的管理学概念是工作转换、职业迁移或职业转换。在新经济和无边界职业生涯时代的共同作用下,知识型员工的职业转换已成为常态。工作转换与职业转换概念相近,本质都是指工作角色的改变,即个体工作角色以及原有工作角色导向的转变[1],或者说离开原有工作角色去担负新工作角色的过程[2],是特定情境下劳动者为实现提高收入、增加满意度、提升成就感等就业目标从原有职业岗位转换到新的职业岗位的一种社会性变换[3]。另有学者认为,工作转换与职业转换这两个概念有一定的区别。工作转换指被动或主动脱离原属岗位、原属部门、原属地点或原属组织而发生的工作内容的变化,是一个关注某一个时间节点、较具体化的有关工作性质或工作形式变化的概念;而职业转换则是进入职场以后个体所涉及的任何形式的包含关系、路线与假设改变的"角色转换的总和"[4],涵盖个体从初入职场到退出职场的整个过程[5],是一个总体概念。职业转换可以分为两类:一类是工作内容或者专业的改变,可以称之为客观的角色转换;另一类是在相同工作中的工作导向改变,可以称之为主观的角色转换[6]。

另外,媒体人转型行为也属于"员工创新行为"的范畴,创新行为是员工有意地将产生的新想法、新产品、新过程和新程序等应用到工作中去,或

---

[1] Louis M R. Career transitions: Varieties and commonalities[J].The Academy of Management Review, 1980,5(3): 329.

[2] Ashforth B E, Saks A M. Work-role transitions: A longitudinal examination of the Nicholson model[J]. Journal of Occupational and Organizational Psychology,1995,68(2):157-175.

[3] 谢俊贵. 职业转换过程的职业社会学论析:基于失地农民职业转换的观察与思考[J]. 广州大学学报(社会科学版),2013,12(5):26-33.

[4] 高雪原,周文霞,谢宝国. 职业转换:概念、测量、成因与影响[J].中国人力资源开发,2017(2):6-15.

[5] 刘旸. 无边界职业生涯:技术驱动下传媒人职业转换的多重路径[J]. 编辑之友,2020(9):89-93.

[6] Louis M R. Career transitions: Varieties and commonalities[J]. The Academy of Management Review, 1980,5(3):329.

是在工作中有意提出新的创意、寻求这些创意的支持或拥护并通过实践应用最终实现这些创意的行为,即创新行为包括创意的产生、创意的推广以及创意的实现[①]。传统媒体人转型是一种特殊的创新行为有两层含义:其一,转型前从事的都是过去长期从事的、习以为常的工作,转型后的新媒体工作与以往的传统媒体工作相比会有颠覆性的变化;其二,新媒体传播工作相对于传统工作而言尤其需要创新意识和创新行为。

媒体人转型行为就是媒体人为了适应媒体转型(媒体深度融合)而在观念、能力、行为等方面做出一定改变、调整的行为,可以分为积极转型和消极转型两类。积极转型和消极转型这两个概念是相对存在的,难以严格界定。积极转型者包括那些主动积极参与新媒体运营的"主动创新"型传统媒体人,也包括在组织推动下参与到媒体融合转型过程中的"早期采用者"和"早期大众"(借用创新扩散理论的名词)。消极转型者则与之相反,是对新媒体持"谨慎多疑"乃至抵触态度的那部分媒体人,在组织大量动员和推动的情况下,他们中的一部分成员会不得不投入到新媒体转型工作中,而另一部分成员则会成为转型的逃避者。

一些变革承诺及媒体融合能力较强的高绩效媒体人就是积极转型者。这些媒体人具有灵敏的嗅觉,很早就领略到新媒体的冲击,早在单位大规模号召转型之前,他们就已经开始试水新媒体并取得初步成效。他们有的人很早就是网站的版主,或者是第一批 BBS 论坛、QQ 的玩主,可以说是互联网的"原住民",身上流淌的就是互联网的血液;与此同时,他们又认同本单位的组织文化,对自己和所在媒体单位价值观的匹配度以及人际关系、个人发展等方面比较满意,其本人的转型行为也得到了本单位上下的认可,这反过来又促进了他们对组织的情感认同和转型的积极性,从而采取更多的以转型为特征的组织公民行为。

虽然有部分媒体人很早就敏锐地捕捉到媒体环境的变化,滋生了转型的内在念头并积极主动地开展转型工作,成为主动型的积极转型者,但绝大多

---

① Janssen O. Job demands, perceptions of effort-reward fairness and innovative work behaviour[J]. Journal of Occupational and Organizational Psychology, 2000, 73(3):287-302.

数媒体人一开始转型的主动性并不强。作为行动者，其对作为周边环境的行动者的转译并不敏感，行动也不迅捷，但他们有较强的组织认同感，在上级部门和本单位领导及"先进"同事的带领下也逐步实现了转型。尽管是被动的，但他们同样是一群积极转型者，在传统媒体人中占据大多数。

对被动型的积极转型媒体人来说，政府和媒体等外在力量的作用比较明显，各种带有鲜明行政色彩的措施转译成媒体人能够接受的语言，成为他们行动的推力[①]。由于外在环境的剧烈变化，被动转型者们就像平时自己习惯了较为闲适的散步但突然被撞进高速公路一样，立马感觉到环境变化，有一种身不由己被带入一个新世界的感觉。大部分媒体人被动地告别原来熟悉的新闻理念和生产流程，尝试培育自己数字化的新技能，在新旧角色冲突中不断强化新的角色认知，适应新的岗位要求，努力实现成功转型。

另外还有一群消极转型者，他们长时间保持观望的态度，当一半以上的人已经开始转型时，他们才逐步加入转型队伍。不少媒体人本身喜欢随遇而安，缺乏闯劲，虽然也知道传统媒体业绩不断下滑，但或者习惯于目前的工作节奏不愿改变，或者紧迫感、危机意识不强，或者觉得收入少点也没关系，等等，总之对转型不太积极，持观望态度，甚至有一定的抵触情绪。直到媒体内部的动员氛围越来越热烈，有关新媒体优先方面的政策不断亮相，身边人讨论新媒体转型的聊天越来越多，一些优秀的转型者在内部被大张旗鼓地宣传，并且收入、职位得到了提升，这时候他们才慢慢进入了状态，放弃了抵触，开始跟着单位的步调朝前走。

消极转型的一个特别的表现是转型倦怠。转型是一个持续的、长期的过程，媒体人在参与转型的过程中所产生的身体和情绪方面的极度疲劳状态就是转型倦怠。转型倦怠是对媒体人对自己的转型现状、对目前所从事的新媒体工作产生了倦怠的一种心理评价。本研究将其作为转型行为的一个补充性参考指标。相关测量本研究以职业倦怠的量表为基础。目前学界普遍认同的是马勒斯和杰克逊（Maslach & Jackson）对职业倦怠的定义，他们认为，职业倦怠是"在以人为服务对象的职业领域中，个人的一种情感耗竭、人格解体和个

---

① 江飞. 转型媒体人的生命体验及其迁徙式生存[D]. 南京：南京大学，2020.

人成就感降低的症状"。

转型行为无论主动或被动、积极或消极，都和外部环境的刺激及个人主观因素两者有着密切的关系。首先是外部大环境的影响，包括新媒体对传统媒体的碾压式竞争和上级政府的政策动员；其次是小环境的刺激，市场及政府的双重压力透过媒体人所在组织及社会环境直接触及个人；最后是个人的内在特征，如开拓性、创新性、危机意识等，直接决定了其转型行为。

第三节 研究假设与模型

前两节提出了传统媒体人转型环境刺激、有机体内在因素及转型行为三个方面的若干"构念"，本节将进一步在已有研究成果及深度访谈的基础上建立"构念"之间的关联，提出若干研究假设，最终形成媒体融合背景下传统媒体人转型的 SOR 模型。

一、外在环境变量的假设

1. 组织学习刺激作用的假设

面对变幻莫测的外部市场竞争环境，组织只有持续进行变革才能提高竞争能力、占据有利地位。不过，组织变革常常因遭遇种种阻力而失败，只有少数组织能最终成功实现变革。经过研究组织变革的成功经验可以发现，开展有效的组织学习是组织变革顺利进行并取得成功的一个重要因素[①]。学习是组织最重要的功能之一，组织领导者优秀与否的一个重要标志在于有没有致力于将组织打造成学习型组织[②]，在此基础上，不论外部环境如何变化，组织

---

① 涂辉文. 基于变革动力特征的组织学习与心理授权关系研究 [D]. 杭州：浙江大学, 2010.
② Bennis W. "Owed" to rosabeth moss kanter: Impact on management practice[J]. The Academy of Management Perspectives, 2004, 18(2): 106-107.

总能通过自我分析、自我调整、自我管理、自我发展来提高组织竞争力和组织绩效。

组织学习在组织层面则通过提高组织的创新能力来提升组织绩效，体现在个体层面上可以增加员工满意度和对组织的认同度。比如，Howard 开展过一次面向 89 家企业的实证调研，结果发现组织学习与成员的满意度呈正向相关，开展组织学习能够提高组织成员的满意度[1]，我国学者于海波[2]和俞文钊等[3]也发现了类似结论。另有不少研究验证了组织学习与员工组织认同度之间的相关性，因为组织学习也包含日常员工的对话和沟通，如此可以增进彼此分享知识和工作经验的机会，可以推进共同心智模式和组织凝聚力的形成，从而促使员工对组织产生相似的价值认同。此外，组织学习能够提高员工的知识增量，提升员工的认知水平，形成共同心智模式，强化其对组织文化价值的认同和组织凝聚力[4]。

综合以上分析，我们可以得出组织学习对员工组织认同感具有正向作用的结论。结合本研究的主题，我们提出如下假设：

H1 组织学习对媒体人的组织认同具有正向影响。

从组织变革视角来看，组织学习是推动组织变革的一个重要策略。组织学习由一系列相关有序的步骤组成，前一阶段的学习又将成为下一阶段高阶学习的基础。组织学习可以促进组织对环境的不断适应，最大限度减少路径依赖现象的产生，是企业生存和发展的必由之路。

组织学习的一项重要内容是自上而下的宣传灌输，发挥着内部社会规范的作用。在变革期间，组织变革领导者通过宣传、讨论、环境布置等组织学习手段创造浓郁的变革氛围。员工感知到的变革氛围可以通过其他变

---

[1] Howard B D. Organizational learning capacity in the context of the symlog most effective value profile[J]. Dissertation Abstracts International, 2003,64(3-B):1533-1573.

[2] 于海波,方俐洛,凌文辁.组织中的学习战略演化及其案例研究[J].科研管理,2004,25(5):60-64.

[3] 俞文钊,吕晓俊,王怡琳.持续学习组织文化研究[J].心理科学,2002,25(2):134-135.

[4] 梁阜,李树文,孙锐.SOR视角下组织学习对组织创新绩效的影响[J].管理科学,2017,30(3):63-74.

量的中介机制提高员工的变革承诺。有研究发现，员工对积极的变革氛围的感知能够增强其参与变革的工作积极性[1]，提高工作绩效[2]。当员工处于组织学习倡导的"开放沟通"的氛围中时，工作满意度更高[3]。通过积极开展组织学习活动，使员工充分感知积极的变革氛围，将对其变革承诺产生积极的影响[4]。

综合以上分析，我们提出如下假设：

H2　组织学习对媒体人的变革承诺具有正向影响。

组织学习可以提升员工的学习能力和创新能力。Howard[5]研究发现，组织学习能够提高组织成员的学习能力和创新能力，进而提升组织绩效，他认为组织学习是组织获得可持续竞争力主要的源泉。国内学者谢洪明同样证实了组织学习与组织技术创新和管理创新之间的正相关关系，并经由提高创新能力而提升组织绩效[6]。

组织学习通过上级与下级、员工与员工之间频繁地沟通、对话，彼此分享知识，促进员工对自身知识结构的优化、整合和升级。基层员工参与组织决策带来个体（有机体）整体的知识增量，可以刺激和强化员工对组织价值目标的认同，以契合重新认同的组织文化和组织价值目标。一项针对科研人

---

[1] Lawthom R, Patterson M, West M A, et al. Validating the organizational climate measure: Links to managerial practices, productivity and innovation [J]. Journal of Organizational Behavior, 2005, 26(4) : 379-408.

[2] de Poel F M, Stoker J I, van der Zee K. Climate control? The relationship between leadership, climate for change, and work outcomes [J]. The International Journal of Human Resource Management, 2012, 23(4) : 694-713.

[3] Schulte M, Ostroff C, Kinicki A J. Organizational climate systems and psychological climate perceptions: A cross-level study of climate-satisfaction relationships[J]. Journal of Occupational and Organizational Psychology, 2006, 79(4) : 645-671.

[4] 柏帅蛟，井润田，陈璐，等. 变革氛围感知和变革承诺：一个调节模型[J]. 管理评论, 2017, 29(7):113-121.

[5] Howard B D. Organizational learning capacity in the context of the symlog most effective value profile[J]. Dissertation Abstracts International, 2003, 64(3-B):1533-1573.

[6] 谢洪明，刘常勇，陈春辉. 市场导向与组织绩效的关系：组织学习与创新的影响：珠三角地区企业的实证研究 [J]. 管理世界, 2006(2):80-94.

员的研究表明，组织学习有助于培养并提升科研人员的科研能力，组织学习可以丰富科研人员的知识结构，学习过程中产生的资源转化则是提升科研人员的创新素质，而学习如何学习则使得科研人员更具创造性[1]。事实上，无论组织处于创新的初始阶段还是进展阶段，组织学习都是促进组织及其成员维持创新能力的主要因素，也是引导创新的持续动力。在相同的组织条件下，组织学习有利于组织未来创新能力的培育，是企业形成可持续竞争力的重要驱动力。

综合以上分析，我们可以合理推论：对传统媒体而言，系统地组织学习可以提升媒体人的适应能力、主动学习能力和创新能力等等。因此本书提出如下假设：

H3 组织学习对媒体人的融合能力具有正向影响。

2. 组织激励刺激作用的假设

从激励内容上看组织激励可分为组织物质激励和组织发展激励。组织物质激励指组织给予包括基本薪酬、绩效薪酬、福利等物质方面的激励；组织发展激励则是一种基于员工未来发展成长的激励手段，如提供培训、职务提升、精神鼓励、长期发展等。由于员工的需求是多元的，物质激励和发展激励两者相互结合才能发挥较好的促进作用。

组织激励对组织认同感的提升具有关键的影响作用。组织激励是个体与组织相互进行社会交换的核心环节，组织认同则是个体与组织长期互动的结果。成功的组织激励鼓励并引导个体扮演合适的身份，使其构建符合组织集体发展利益的自我身份，并通过物质、精神的手段加以回馈（奖赏或惩罚）。个体通过构建自我身份（叙事等）释意过程来构建自己在组织中的合适位置，成功地建立自己对组织关系的认知、态度和行为，构建相对明确的、稳定的参照框架，获取自身在组织中存在的确定性。组织可以通过激励手段对个体

---

[1] Real J C, Leal A, Roldán J L. Determinants of organizational learning in the generation of technological distinctive competencies[J]. International Journal of Technology Management, 2006, 35(4): 284-307.

的心理和行为模式进行有利于组织发展的引导和塑造,从而推动个体对组织集体的认同①。

根据以上分析,本书提出如下假设:

H4　组织激励对媒体人的组织认同具有正向的影响。

变革承诺的形成和发展是一个伴随着复杂认知的动态心理过程,激励机制在其中发挥着重要的作用②,多个相关研究都强调了激励机制对变革承诺形成的重要性③。事实上,变革承诺的形成和发展本身可以视为一个激励过程。从激励过程来看,成员的期望值是决定激励的关键因素。期望值就是根据本人的经验判断能够顺利达到目标并获得激励的概率的大小。变革承诺形成初期,组织成员需要对组织变革的环境信息、内部信息进行收集并加工处理,以便判断实现变革目标的可能性和自己获得激励的期望值,从而决定自己面对变革和组织的态度和行为④。

变革承诺是员工在心理上对变革的一种情感、理性、规范倾向,组织激励则是组织依照整体利益、长期利益最大化而设计的。在组织变革的动员过程中,领导者们会通过确定新的倾向性激励政策来提高组织员工参与变革的自我效能感。当员工被动地参与到变革进程中时,就会逐步对组织倡导的变革理念产生更深层次的认同,并进而更加主动地投入变革活动中。有较强变革承诺的员工会得到组织的及时激励,而这种激励必将带动更多的员工提高变革承诺、投入到变革活动中。

综合以上分析,我们提出如下假设:

H5　组织激励对媒体人的变革承诺具有正向影响作用。

---

① 黄洪斌,曹利莎,张同建.负强化激励、组织认同和组织竞争力的相关性:基于四大商业银行支行的实证研究[J].金融论坛,2014,19(12):46-54.
② Armenakis A A, Harris S G. Reflections: Our journey in organizational change research and practice[J]. Journal of Change Management, 2009, 9(2): 127-142.
③ Armenakis A A, Harris S G. Reflections: Our journey in organizational change research and practice[J]. Journal of Change Management, 2009, 9(2): 127-142.
④ 柏帅蛟,井润田,陈璐,等.变革氛围感知和变革承诺:一个调节模型[J].管理评论,2017,29(7):113-121.

激励是提升企业管理效益的核心，为了达到低投入、高产出的企业目标，就要充分调动员工的积极性，提高其工作能力和工作水平，激励其创新行为。组织激励的重点是物质激励，包括基本薪酬和基于绩效的薪酬，这是组织对员工在体力、智力、精力以及牺牲闲暇时间等方面付出而给予的回报，本身也是员工努力工作所创造的经济效益。员工付出劳动并获得相应激励，如果激励得当将会对员工后续努力取得成效产生积极的影响。组织激励中的物质奖励是一种正强化机制，可以推动员工更加积极地学习、提升创造力并自发努力工作。

组织激励具有吸引优秀员工、改善不良行为、淘汰价值观与组织不相符员工的功能，有利于组织竞争优势的建立。美国哈佛大学组织行为学权威威廉·詹姆斯（William James）教授在研究体力劳动者行为时得出结论：如果缺少激励措施，一个劳动者的能力发挥仅能达到其能力的20%~30%；如果施以适当的激励，就能使一个人的努力程度发挥到80%~90%。国内学者研究知识型员工的劳动付出，也得出了类似的结论[①]。

综合以上分析，本书提出如下假设：

H6　组织激励对媒体人的融合能力具有正向影响作用。

3. 授权赋能刺激作用的相关假设

随着员工知识水平的提高及先进技术的广泛运用，传统金字塔型集权化组织已逐步被扁平化组织所取代，授权赋能在现代企业中被越来越多地运用并广泛普及。已有研究表明，领导授权赋能行为会对员工的组织承诺、工作敬业度、组织满意度、创造力等产生显著的影响[②]。作为一种有效的领导风格，授权型领导能够激发员工的内在动机和效能感，对于员工态度有着积极的影响，也提升了员工对组织的满意度。

一些研究显示，领导授权赋能与员工的情感承诺和组织承诺有正向影响

---

① 黄大成,吴强.网络组织中知识员工的激励研究[J].科技管理研究,2005,25(12):235-238.
② 王惊.双视角下积极追随原型对领导授权赋能行为和员工创新行为影响机制的研究[D].长春：吉林大学,2019:33.

关系①，能促进敬业度②和工作满意度③的提高，有助于减少员工的离职倾向、降低工作倦怠感④，对推动自我效能感的提升⑤和组织认同感的提升等都有着积极的影响。员工获得更大范围的授权之后会具有更高水平的工作满意度、专注度、忠诚度等，这些因素的提高又会反过来进一步强化他们的组织认同与组织承诺。也就是说，一旦员工从他们本身的工作中获得更多的成就感、体验到了更高的价值，他们对组织将产生更高的认同，进而愿意付出更大的努力去工作。

依据以上分析，本书提出如下假设：

H7 授权赋能对媒体人的组织认同具有正向影响作用。

管理者通过授权赋能使员工建立信心与信念，一旦员工感知自己被组织授予了充分的工作权力，他们会在工作中付出更多的努力，独立承担更多的责任，对组织未来发展有更高的承诺。一旦组织急需推动变革，员工就会自觉将对组织未来的承诺转化为变革承诺，积极主动地为组织分担责任。

组织变革将会面临各种不确定性，面对不确定条件下的不完全信息，领导授权赋能表明了上级对下级的信任，基层员工能够获得更多的工作自主权，同时增强他们对变革的控制感和效能感，也增强他们对变革的好感度。由于授权提升了员工在变革中的责任感和使命感，员工对实施变革的接受程度和

---

① Kim M, Beehr T A. Empowering leadership: Leading people to be present through affective organizational commitment?[J] The International Journal of Human Resource Management, 2018,31(16):1-25.

② Tuckey M, Bakker A B, Dollard M. Empowering leaders optimize working conditions for engagement: A multilevel study[J]. Journal of Occupational Health Psychology, 2012,17(1):15-27.

③ Biemann T, Kearney E, Marggraf K. Empowering leadership and managers' career perceptions: Examining effects at both the individual and the team level[J]. The Leadership Quarterly, 2015,26(5):775-789.

④ Lee A, Willis S M, Tian A. Empowering leadership: A meta-analytic examination of incremental contribution, mediation, and moderation[J]. Journal of Organizational Behavior, 2018,39(3):306-325.

⑤ Biemann T, Kearney E, Marggraf K. Empowering leadership and managers' career perceptions: Examining effects at both the individual and the team level[J]. The Leadership Quarterly, 2015,26(5):775-789.

依恋水平[①]会进一步提高，支持变革，为变革贡献智慧与能力的行为也更为积极主动[②]。

综合以上分析，本书提出如下假设：

H8 授权赋能对媒体人的变革承诺具有正向影响作用。

组织变革是组织长期和持续性的活动，在活动过程中可能遭遇各种困难和问题。员工处于最接近变革问题的前沿，由于被上级授权，他们在遭遇问题的同时必须不断学会解决问题，这必将逐步提高员工的工作能力。从发现问题到寻找解决问题的思路、到决策再到修正，员工在长期的工作过程中不断提高工作水平、努力发挥自己的能力，持续地为组织变革努力。授权可以鼓励员工开展基于团队合作的个体创新[③]，不断提高职工的创新能力。由于组织变革过程的持续性和漫长性，员工能力的增强会反向鼓励上级进一步的授权赋能，如此相互促进，形成良性循环。

综合以上分析，本书提出如下假设：

H9 授权赋能对媒体人的融合能力具有正向影响作用。

4. 社会支持的刺激作用相关假设

面临变革，组织成员将会遇到一系列挑战，这些挑战需要个体动员其资源加以应对。个人所能动员的资源可以分为个人本人拥有的能力、财力和物力等资源及其所拥有的社会支持资源。社会支持指的是一系列个人与个人、个人与群体之间的接触而形成的关系。通过这些关系，个人得以维持某群体中的社会身份，并且在这个关系网络中获得情绪支持、物质和行动帮助及信息和经验的支持。显然，一个人所拥有的社会网络越广、资源越丰富，其社会支持则越强大，能够更好地应对群体内外各种环境的挑战。

在一个组织内部，成员也会遇到各种问题，一些问题处理不好将会降低员工的组织满意度。现有研究指出，社会支持与个体主观心理感受呈正相

---

① 宁静. 员工对组织变革的结果预期、变革承诺与压力反应研究[D]. 成都：电子科技大学，2013.
② 谭新雨. 外部环境变迁、服务动机激励与基层公务员变革行为：基于中国4省基层公务员调查的混合研究[J]. 公共行政评论，2019(6)：63-84.
③ 石姝莉. 融合与转型背景下的传媒业知识型员工研究[J]. 中国编辑，2016(6)：92-95.

关①,社会支持可以提升个体的主观幸福感②。长期在组织内部工作,由于工作内容单调、重复、枯燥,很容易导致员工情绪耗竭现象的产生。大量外国学者的研究表明,社会支持与职工的情绪耗竭呈显著负相关③,缓冲工作压力的负面效应④是情绪耗竭与员工职业幸福感各维度之间的调节变量⑤。因此,社会支持能够提高员工对组织的满意度并降低情绪耗竭带来的负面效应。

基于此,本研究提出如下假设:

H10 社会支持对媒体人组织认同具有正向影响作用。

员工由于长期在组织固定岗位工作,可以熟练掌握某些知识或某项能力,能够轻松应付过去的各种工作。组织变革是进行组织结构、文化、技术、流程方面的一系列改造,这对员工已有的知识和经验结构提出了更新、升级的需求。如果员工本身的社会支持不足,或组织不能为员工提供适当的社会支持,员工就容易产生消极心理,对变革产生抵触情绪。研究表明,员工所能获得的上级支持对变革承诺有重要影响,特别是与变革情感承诺和规范承诺呈显著正相关关系⑥。在组织变革过程中,建立一个良好的社会支持环境将有利于员工变革承诺的形成与发展;反之,则不利于管理者对于变革的推行。

基于此,本研究提出如下假设:

---

① Siedlecki K L,Salthouse T A,Oishi,S,et al.The relationship between social support and subjective well-being across age[J].Social Indicators Research,2014,117 (2):561 - 576.

② Nahum – Shani I,Bamberger PA,Bacharach S B. Social support and employee well-being: The conditioning effect of perceived patterns of supportive exchange[J].Journal of Health and Social Behavior,2011,52 (1):123-139.

③ Kinman G,Wray S,Strange C.Emotional labour,burnout and job satisfaction in UK teachers: The role of workplace social support[J]. Educational Psychology,2011,31(7):843-856.

④ Salami S O. Job stress and burnout among lecturers: Personality and social support as moderators[J]. Asian Social Science, 2011,7(5):110-121.

⑤ 安丹丹,张小永.幼儿教师情绪劳动与职业幸福感的关系:情绪耗竭和社会支持的作用 [J].心理技术与应用,2020,8(10):577-588.

⑥ Parish J T, Cadwallader S, Busch P. Want to, need to, ought to: Employee commitment to organizational change[J]. Journal of Organizational Change Management, 2008, 21(1): 32-52.

H11　社会支持对媒体人变革承诺具有正向影响作用。

　　员工在面对变革时会产生较高的工作压力，因为工作内容的调整也需要与能力相适应。员工能力的获得除了受本人个人的资质因素影响外，也受到社会支持的影响。从职业成功的资本论视角来看，个体如果能够获得强大的社会支持，他们面对挑战所展现出的能力和弹性也就越强，因此可以说社会支持越大，知识、经验等职业转换能力就越强，面对变革和职业转换的信心也就越强，个体进行职业转换、应对变革的过程也就越顺利。此外，来自工作之外的重要关系人物的支持也会对个体的职业转换能力起到一定的作用。有研究发现，对正在经历职业转换的员工给予物质、情感与信息方面的支持会有助于其个人能力的提升，从而有利于其转换成功[1]。

　　综合以上分析，本书提出如下假设：

　　H12　社会支持对媒体人转型能力具有正向影响作用。

二、内在因素的假设

1. 组织认同对转型行为的作用假设

　　组织认同感强意味着成员拥有与组织相似的价值观，对变革及其发生机制也会拥有相同的解释方式。对变革的相同认知会降低员工面对变革时的不确定感和精神负担，也会降低员工抵制变革的可能性。

　　传统媒体人转型行为是一种典型的创新意愿与行为。多项实证研究表明，组织认同对员工创新行为具有正向的推动作用，如组织认同对员工创新行为具有显著的影响[2]，组织认同在家庭亲善政策与员工创新行为之间发挥中介作用，组织认同在工作压力与员工创新行为之间发挥调节作用[3]，组

---

[1] Cummins P, O'Boyle I. Psychosocial factors involved in transitions from college to postcollege careers for male NCAA division-1 basketball players[J]. Journal of Career Development, 2014, 42(1): 33-47.

[2] 王艳子，罗瑾琏. 组织认同对员工创新行为的影响研究：基于知识共享的中介效应分析[J]. 管理现代化, 2010(6): 47-49.

[3] 张伶，聂婷，黄华. 基于工作压力和组织认同中介调节效应检验的家庭亲善政策与创新行为关系研究[J]. 管理学报, 2014, 11(5): 683-690.

织认同在不当督导与员工创新行为之间发挥部分中介作用①，等等。员工在进行创新工作时，不仅需要支付时间成本、创新成本，还需要承担可能的失败风险，这在很大程度上抑制了员工的创新行为②，而员工对组织的高度认同感可以使其更加愿意承担一定的风险和付出一定的成本去开展创新行为，从而争取得到组织的认可和肯定。

根据以上分析，可以提出如下研究假设：

H13 媒体人的组织认同对其进行内部转型具有正向作用。

H13-1 媒体人的组织认同感越强，其在内部进行积极转型的可能性越大。

H13-2 媒体人的组织认同感越强，其转型倦怠的可能性越小。

H14 媒体人的组织认同对其转型倦怠具有反向作用。

2. 变革承诺对转型行为的作用假设

变革承诺是一种"行动承诺"③，与变革行动有直接关联，它体现了员工对变革的支持态度，同时也是为积极参与变革而努力的行为意向。研究表明：变革承诺与变革行为呈显著正相关关系，承诺越强，行为越多、越积极④；组织成员的变革情感承诺对其变革行为有显著的正向影响⑤，员工变革承诺与其主动参与变革、执行变革决定的意愿存在显著的正相关关系⑥。变革承诺作为一

---

① 马璐，朱双. 组织认同与关系冲突视角下不当督导对员工创新行为的影响 [J]. 科技进步与对策，2015(21)：150-155.

② 荆炜，韩冬日. 激励偏好、组织认同与员工创新行为 [J]. 西北民族大学学报（哲学社会科学版），2016(5)：126-132.

③ Herscovitch L, Meyer J P. Commitment to organizational change: Extension of a three-component model[J]. The Journal of Applied Psychology, 2002, 87(3): 474-487.

④ Ford J K, Weissbein D A, Plamondon K E. Distinguishing organizational from strategy commitment: Linking officers' commitment to community policing to job behaviors and satisfaction[J]. Justice Quarterly, 2003, 20(1): 159-185.

⑤ Neves P. Readiness for change: Contributions for employee's level of individual change and turnover intentions[J]. Journal of Change Management, 2009, 9(2): 215-231.

⑥ Neubert M J, Cady S H. Program commitment: A multi-study longitudinal field investigation of its impact and antecedents[J]. Personnel Psychology, 2001, 54(2): 421-448.

种机制对管理者的行为有明确的影响，管理者更倾向于运用提高变革承诺的方法来激励下属支持、参与变革①。

早在20世纪80年代初，外国学者就已经证实了承诺是变革成功实施的一项重要影响因素②。国内学者也证实了，员工的高变革承诺与其支持变革行为和更少抵制变革的行为具有正相关关系③。由于变革承诺与变革行为结果之间的密切联系，一些研究者和管理者通过测量员工的变革承诺程度来预测其在变革中的态度和行为④。

据此，本书建立了以下假设关系：

H15　媒体人变革承诺对其积极转型行为具有正向影响的作用。

H15-1　媒体人的变革承诺越强，其在内部进行积极转型的可能性越大。

H15-2　媒体人的变革承诺越强，其转型倦怠的可能性越小。

H16　变革承诺对媒体人的转型倦怠具有反向影响的作用

3. 融合能力对转型意愿与行为的作用假设

众多研究显示，个人能力对其职业转换（包括转型行为和离职行为）有直接的影响作用。早在20世纪90年代，国外学者就有多项研究：赫尔（Herr）提出并证实了员工包括适应能力、问题解决能力、人际关系处理能力等在内的个人能力是影响其职业转换的重要变量⑤；坎皮恩（Campion）研究发现，知识技能与工作转换频率呈正相关关系⑥。国内学者殷红霞和宋会芳通过实证研究证实，受教育程度、个体接受的能力培训等人力资本因素是显著影响个体

---

① Hartline M D, Ferrell O C. The management of customer-contact service employees: An empirical investigation[J]. Journal of Marketing, 1996, 60(4): 52-70.

② Klein K J, Sorra J S. The challenge of innovation implementation[J]. The Academy of Management Review, 1996, 21(4): 1055-1080.

③ 奚玉芹, 戴昌钧. 人—组织匹配研究综述[J]. 经济管理, 2009, 31(8): 180-186.

④ 宁静. 员工对组织变革的结果预期、变革承诺与压力反应研究[D]. 成都: 电子科技大学, 2013.

⑤ Herr E L. Counseling for personal flexibility in a global economy[J]. Educational and Vocational Guidance, 1992, 53: 5-16.

⑥ Campion M A, Cheraskin L, Stevens M J. Career-related antecedents and outcomes of job rotation[J]. The Academy of Management Journal, 1994, 37(6): 1518-1542.

职业转换的因素①。事实上，随着个体能力的提升和人力资本的增加，就业机会将大大增加，职业选择和职业转换的可能性也就更高。个人能力越强的个体往往更愿意尝试新的机会，更有意愿去追求充满挑战性的工作②。

根据以上分析，本书提出如下假设：

H17　媒体人融合能力对其积极转型行为具有正向影响的作用。

H17-1　媒体人的融合能力越强，其在内部进行积极转型的可能性越大。

H17-2　媒体人的融合能力越强，其转型倦怠的可能性越小。

H18　融合能力对媒体人转型倦怠具有反向影响的作用。

4. 中介假设

综合前面所述，这里相应提出组织认同、变革承诺和融合能力三个构念在外部环境刺激传统媒体人转型行为中发挥中介作用的假设。

H19　组织认同在外部刺激传统媒体人转型行为中发挥中介作用。

H20　变革承诺在外部刺激传统媒体人转型行为中发挥中介作用。

H21　融合能力在外部刺激传统媒体人转型行为中发挥中介作用。

三、研究模型

综合本节上述相关内容，我们概括出媒体融合背景下传统媒体人转型的理论模型如图2.1所示。

---

① 殷红霞，宋会芳. 新生代农民工职业转换的影响因素分析：基于陕西省的调查数据[J]. 统计与信息论坛，2014(6): 98-102.

② Creed P A, Gagliardi R E. Career compromise, career distress, and prceptions of employability: The moderating roles of social capital and core self-evaluations[J]. Journal of Career Assessment, 2014, 23(1): 20-34.

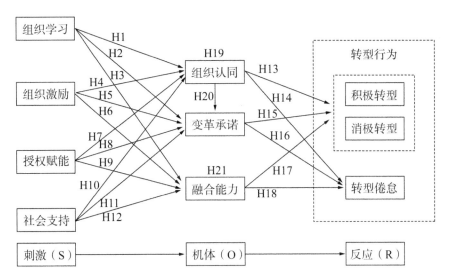

图 2.1　媒体融合背景下传统媒体人转型的理论模型

第三章 研究设计

上一章在文献和深度访谈的基础上提出了构念、假设与研究模型,下一步笔者将通过问卷调查的方法搜集一手数据,运用合适的统计方法进行数据分析和假设检验。本章首先阐述问卷设计的原则与步骤,然后针对上一章提出的构念选择并确定合适的量表,最后对数据搜集过程及样本特征做一一介绍。

第一节　问卷设计原则与步骤

通常定量研究一般分为三个阶段。第一阶段为问卷设计，这个阶段的目的在于将若干构念通过问卷题目表现出来，不少构念已经有了完善的西方测量工具，但要考虑到跨文化适用性将其中国化。第二阶段为问卷调查实施，本阶段通过问卷调查搜集数据，要选择合适的样本，确保调查对象对问卷内容进行客观回答。第三阶段是调查结果统计分析，对数据进行录入并运用计算机处理，目的是检验本研究所提出的研究假设和模型。问卷调查法可以广泛收集数据，通过对大样本数据的统计分析对各项假设进行检验从而得出科学的结论。

一、问卷设计原则

为了提高问卷的信度和效度，问卷设计应遵循和恪守清晰性、循序渐进性、互斥性和完整性等原则。

第一是清晰性，清晰性表现在如下方面：一是调查目的在导语中阐述清晰；二是调查问题表述清晰，一个题目只调查一个问题，避免出现复合问题。问题的表述应采用肯定句式，尽可能口语化，简单易懂，保持客观中立，避免诱导性和倾向性，语句应避免产生歧义。

第二是循序渐进，由浅入深。调查问卷从基本信息入手，问题由易到难，针对媒体人"对于外部刺激的认知与行动""职业能动性""价值观""员工对媒体融合的评价"几大维度提问，问题中若涉及较为专业的术语，则应选择容易被调查对象准确理解的词语，避免使用不规范的、模糊的、有歧义的或者技术性过强的术语。

第三是选项应体现互斥性。在回答题项的设计中应坚持穷尽和互斥原则。问卷分为"基本信息""媒体人对于外部刺激的认知与行动""媒体人职业能动性""媒体人价值观""员工对媒体融合的评价"五大部分，各部分彼此边界独立，对每一部分的问题选项在同一维度或水平上进行分类，避免重复、交叉。如果出现一些可能性较低、情况比较复杂的情况，则应增加一个"其他"选项，例如：在基本信息调查中，"您近期是否有工作岗位变动，或经历了部门调整？"增加"其他情况"回答选项。

第四是完整性。在问卷设计中应尽量保持问卷调查内容的完整性，每个问题下设的选项也要有一定的完整性。问卷题目应完整体现所研究的构念，并能够覆盖调查研究主题的所有方面。比如"组织激励"这一构念，既应该有物质激励、精神激励方面的内容，同时也应该有个人发展方面的激励内容，保证构念调查分析的完整性。

二、问卷初步设计

1. 确立主题，搜集资料

依据调查的目的及其具体要求确定研究主题，本次研究的主题是融合背景下传统媒体人的转型机制问题。确定主题后可根据调查内容划定调查范围，将调查内容分为若干部分，搜集以往的调查研究成果并分析其中的经验得失。

同时还要搜集被调查对象的资料，提前了解样本特征。调查对象是"传统媒体人"，通过预调研可在事前对目标群体的文化知识水平、社会环境、职业观念、行为规范等社会特征进行初步了解和总体把握，以便在问卷设计时有的放矢。

2. 通过文献选择成熟的量表

编制一份有效的问卷是整个研究过程中的关键环节，而问卷设计的核心则是编制体现构念的量表。为了设计出高水平的问卷，确保量表准确科学，笔者从以下几个方面入手进行问卷的编制。

第一，阅读大量相关文献，搜集相关量表。为了保证量表的信度和效度，本书所用的量表都以已有的国外研究文献和国内研究文献为基础。在完成构念的梳理、构思和提炼之后，笔者检索了媒体融合、组织变革、媒体人转型等领域的相关理论文献，通过对这些文献的阅读，重点收集了组织学习、组织激励、授权赋能等相关概念的操作化方法，再通过比较筛选，从若干方案中选取更适合本研究主题、具有较高信度和效度的成熟量表。

第二，确定初步量表。搜集了构念的相关量表之后需要做的工作就是确定本研究的量表初稿。由于大部分量表来自西方的研究文献，为保证信息转换的准确性，本研究根据 Brislin 提出的"先翻译、再回译"的策略[①]确定了中文版的研究量表。作者先请一位熟悉中英文的相关领域研究者将这些量表翻译为中文，再请另一位熟悉中英文的研究者将其回译为英文，接下来作者和这两位研究者一起来检验其中的差别，做相应的调整并定稿。

本研究中大部分构念（组织激励、变革承诺、组织认同等）的量表已在中国情境中多次使用，在上述从翻译再到回译的过程中，我们将翻译的中文版本和已有研究的中文版本进行了对照，选择更为恰当的表述，尽可能保证本研究的中文版量表的科学性和准确性。

第三，根据本研究的研究目的和主题对已有量表进行修订，同时结合半结构化访谈的资料，研究者对已有量表中的原始题目进行删减、修改，制作出适合本研究的量表初稿。

第四，邀请同行专家就量表中题目的准确性、科学性进行评价并提出修改建议。请两位具有相同研究方向以及对研究问题有深入了解的专家对量表进行评价，并以此对量表进行修正，形成预测时所用量表。

第五，对量表进行预测试。根据预测试的结果，进一步对量表进行修改，最后形成本研究的正式量表。

3. 慎重提出新的测量量表

本次调研所涉及的课题尽管与组织变革有一定的相近之处，但由于"媒体融合""媒体人转型"等属于新时代出现的新的情况，过去的一些测量指标并不能完全涵盖，特别是我们在深度访谈和相关课题的文献检索中发现了一

[①] Brislin R W. Translation and content analysis of oral and written material[M]// Handbook of cross-cultural psychology: Methodology. Boston: Allyn and Bacon, 1981:389-444.

些新的构念，比如"组织学习""融合能力""转型行为"等，都需要在以往相关指标上结合本研究的特殊性进行较大程度的修订。

4. 问卷的修订

笔者最后邀请了三位媒体融合、组织行为学领域的博士对问卷进行审核。重点一是问卷是否紧扣本次研究的主题，重点二是问题与本次调查对象的实际情况是否吻合，重点三是部分改动较大的量表和新的量表的质量如何，等等。同时邀请媒体行业的 3 名管理者和 6 名员工填写设计好的调查问卷，重点检查问卷是否完整、问题是否清晰无歧义、格式是否正确等等。根据他们的反馈意见，笔者对该问卷进行最后的修改并定稿。

三、问卷构成

问卷由导语、基本信息、主体问题和结语四部分组成。

（1）导语部分。导语表述直接影响被调查者对调查的第一印象，需要明确此次问卷调查的目的——分析和探讨媒体转型时期传统媒体人的工作状态与心理转变；问卷填写说明（不记名、在适当数字上画圈等等）；研究用途的说明——纯属学术研究；全体调研者的称呼为"南京大学新闻传播学院媒体融合课题组"。在问卷调查开始前提供导语，告知调查对象本次调查的目的、说明调查的保密性、说明作答方法与要求，有利于调查对象对调查的进一步理解和操作。

（2）基本信息。调查对象的基本信息包括性别、年龄、婚姻状况、生育状况、入职年限、学历、年收入、职务、岗位变动情况以及所处岗位等。基本信息也是必要信息，是分析个体的基础。

（3）主体部分。主体部分由本次调查所要了解的主要问题构成，包括传统媒体人转型的环境因素、内部心理因素和转型意愿与行为。调查问卷采用李克特 7 级量表法，从弱到强依次赋值 1 至 7。

拟定问题时要基于访谈者本身的文化及个性特点，要注意符合被调查者的口头表达习惯。在拟好问题后要站在应答者的角度考虑提问是否合适，提问语气是否恰当，然后自己作为被访者去回答问题，体验答题过程中的心理感受。如此，对问卷问题是否简洁明了，逻辑是否顺畅便有更清楚的认识。

问卷标题必须遵循"明确简洁"原则，以简明扼要的语言表述问题，对问题进行严格的筛选，对于不必要的问题尽量删除。不过，为了研究中的交叉印证，笔者有意增加了一些不在度量范围内的问题选项。

本问卷采用循序渐进、版块化的设计结构，运用层次分析的方法分解问题。问卷主要包括"基本信息""媒体人对于外部刺激的认知与行动""媒体人职业能动性""媒体人价值观""员工对媒体融合的评价"等部分。设计问卷时，为了尽可能规避共同方法偏差的问题，笔者将"组织学习""组织激励""授权赋能""社会支持""组织认同""变革承诺"等相关选项有意打乱、植入其中。

问题皆采用7级数字打分法，客观表态，标准化分布态度值。设立中间值，提供中立或中庸的答案，如"不确定""不了解"或者"差不多"；避免调查者在无法表态或不愿意表态的情况下被动做出不符合心意的选择。

"媒体人对于外部刺激的认知与行动"的调查主要通过测量"传统媒体人对组织变革的感受""传统媒体人对融合信息的了解程度""传统媒体人的家庭情况""朋友情况""近两年认知""职业适应能力""学习能力"以及"创新能力"等具体问题来实现。"媒体人的职业能动性"的调查则是通过考察传统媒体人的"工作感受""职业倦怠""工作满意度"和"组织承诺"等具体问题来获得数据。媒体人价值观的调查则考察其对自己在工作中扮演的媒体角色的认知以及对自身所服务媒体实际发挥功能的认知。"员工对媒体融合的评价"则设置了对"媒体融合动力认识""媒体融合共识感受""媒体融合重点内容认识""集团媒体融合效果判断"及"媒体融合支持情况"等具体问题的测量。

（4）结语。出于礼貌，应对调查者表示感谢，如："再次感谢您的支持与参与！衷心祝福您健康、幸福、快乐！"

四、问卷确定

遵循 Dillman[①] 提倡的"出声思考（think aloud）"原则，研究者邀请来自传媒行业的多名员工在研究人员的陪同下接受了访谈、填写了调查问卷。根据事后他们对于问卷问题的一些反馈意见，研究者对问卷中的一些说法和词汇进行了调整。根据上述试问的情况，对存在的问题进行了修订。

对修订好的问卷进行小批量印刷后，研究者先从目标群体中选择一小部分——J 广电的新媒体事业部员工进行了预调研。预调研共有 8 位工作人员参加，填答时间约为 15 分钟，根据具体情况，能及时发现并修改个别内容上的不恰当之处。

第二节　构念的度量

量表开发是对理论概念进行操作化的手段，是问卷设计的核心内容。Rossiter[②] 提出了量表开发的 C-OAR-SE 过程，包括定义构念、对象和属性分类、形成量表等过程。本研究开发量表主要经历三大阶段：构念的梳理与测量指标的产生、预调查问卷的初步检验和问卷的再次检验与信效度分析。本节我们重点确定"融合背景下传统媒体人转型"模型中所涉若干构念的度量指标。

一、环境构念测量

作为外部环境刺激的构念共有四个，分别是组织学习、组织激励、授权赋能和社会支持。综合文献研究和半结构化访谈的分析，笔者对测量量表进

[①] Dillman D A. Mail and Internet surveys [M]. 2nd ed. Hoboken, NJ: Wiley, 1999.
[②] Rossiter J R. The C-OAR-SE procedure for scale development in marketing[J]. International Journal of Research in Marketing, 2002,19（4）:305-335.

行提炼和总结，针对异质性的调查个体，采取7级量表的方式呈现个体对象对以上外部变化和刺激的感知和反应。

1. 组织学习

组织学习量表的种类很多，其操作化侧重于多维结构，包括认知的视角、能力的视角、过程的视角等等，已有的不同研究根据各异的研究视角选择了不同的测量机构。其中，Baker 和 Sinkula[①] 的量表侧重于学习导向的内容，被国内外大多数研究者用作组织学习的测量工具。

不过本研究所涉及的"组织学习"与通常的"组织学习"有两个方面的不同。首先是情境不同，本研究所涉及的情境是组织变革。组织变革所涉及的组织学习相比于普通的组织学习，其不同点在于前者更强调组织传播。传播是组织变革良性发展的重要机制，在变革中通过劝说、提供机会以及大量增长的信息流来取代暴力性强制。组织变革进程中将会遇到来自组织及个体的种种阻力，要想达成变革所制定的目标，需要以沟通、说服、谈判为宗旨的组织传播发挥重要的作用。著名行为学家罗宾斯曾经说过，消除变革的阻力最常用的方法是说服教育、参与、谈判、操纵与收买等。

另外，本研究中所涉及的组织学习内容与通常企业的组织学习内容也有不同之处。我国国内媒体坚持"党管"原则，其本质上是国家行政体制的重要组成部分，所以媒体单位的"组织学习"和普通企业中的"组织学习"概念有一定的区别，其侧重点是自上而下的思想宣传和贯彻。结合本研究所涉及的融合和转型，媒体单位"组织学习"既包括单位组织的相关培训，也包含单位将中央及直管上级有关媒体融合的相关政策、理念进行下达和动员的相关工作。事实上，相较于一般的企业因市场环境的变化而进行变革而言，传媒组织上级的意志更是引起我国传统媒体进行变革、转型的最根本、最直接的动因。

正是基于上述种种原因，本研究在国内运用较广、较为成熟的 Alegre 等

---

① Baker W E, Sinkula J M. Market orientation, learning orientation and product innovation: Delving into the organization's black box [J]. Journal of Market-Focused Management, 2002, 5(1): 5-23.

的组织学习量表 7 个题项[①]的基础上进行了一定的调整,增加了自上而下沟通与传播的题项。关于员工对媒体融合信息的了解程度,主要从了解内容、了解渠道两方面进行题项设计。在了解内容方面主要是中央关于媒体融合的部署、J 广电媒体融合战略,在了解渠道方面主要分为行业动态、学界研讨,因此问卷量表从这四方面入手进行题项设计。在设计修订过程中经过与组织行为学、传播学等方面的专家探讨,这一量表获得了专家的一致认可。

具体如表 3.1 所示。

表 3.1 传统媒体人对组织学习的感受

序号	题 项	位置
1	与之前相比,我强烈地感受到组织变革	二 A1
2	我清楚地知道党中央媒体融合战略的部署及动向	二 B1
3	我清楚地知道 J 广电集团媒体融合战略的要求和规划	二 B2
4	我清楚地知道行业媒体融合的动态	二 B3
5	我清楚地知道学界关于媒体融合的动态	二 B4
6	我是从集团内部获得新媒体的知识与技术	二 G1
7	我对集团提供的学习和培训机会非常满意	三 C2

2. 组织激励

组织激励同样也是一个具有复杂结构的多维构念,不同学者的关注重点不同,所选择的分类方法和测量量表也各不相同。Lawler[②]的组织激励量表包括物质激励,如技能薪酬、基于团队的薪酬、股票期权等,也包括非物质激励,如专项培训、内部晋升、基于绩效的晋升等;Pare 和 Tremblay[③]开

[①] Alegre J,Chiva R. Assessing the impact of organizational learning capability on product innovation performance: An empirical test[J]. Technovation, 2008, 28(6): 315-326.

[②] Lawler E E. Research directions[J]. Human Resource Management Review,2000, 10(3):307-311.

[③] Pare G,Tremblay M. The influence of high-involvement human resources practices, procedural justice, organizational commitment, and citizenship behaviors on information technology professionals' turnover intentions[J]. Group & Organization Management,2007, 32(3):326-357.

发的量表则主要有公平薪酬等内容；Robinson 和 Morrison[①] 的量表包含了薪酬福利、职位晋升等内在激励内容和工作环境等外在激励内容；Robinson 和 Rousseau[②] 的量表范围更广，涵盖了从薪酬福利的激励需求到工作鼓励的归属感需求，再到职位晋升、信任等被尊重感和自我实现等方面的需求；Jia 等[③] 则更具针对性，选择基于影响创造力的员工关系视角去开发激励量表。

本研究的组织激励测量主要参考国内学者马喜芳所使用的量表[④]，该量表属中国情境，有较高的信度和效度，包括物质激励、精神激励和未来发展激励三个维度的指标，共计 9 个题项。在上述量表的基础上本研究略作调整，但仍然集中在物质、精神、发展三个维度，将题项删减为 5 个。其中，组织物质激励代表性条目为"我对目前的薪酬待遇非常满意"，精神激励的代表性条目是"我的意见会受到上级的充分重视"，组织发展激励的代表性题项为"我对我在单位的晋升机会非常满意"等。

具体如表 3.2 所示。

表 3.2　传统媒体人对组织激励的感受

序 号	题　项	位　置
1	我对目前的薪酬待遇非常满意	三 C9
2	我的意见会受到上级的充分重视	三 A4
3	我对我在单位的晋升机会非常满意	三 C10
4	我对所从事工作的发展前景非常满意	三 C6
5	我对工作中获得的成就感非常满意	三 C5

---

① Robinson S L, Morrison E W. Psychological contracts and OCB: The effect of unfulfilled obligations on civic virtue behavior[J]. Journal of Organizational Behavior,1995,16(3):289-298.

② Robinson S L, Rousseau D M. Violating the psychological contract: Not the exception but the norm[J]. Journal of Organizational Behavior, 1994,15(3):245-259.

③ Jia L D, Shaw J D, Tsui A S,et al. A social-structural perspective on employee-organization relationships and team creativity[J]. The Academy of Management Journal,2014, 57(3):869-891.

④ 马喜芳. 组织激励与领导风格协同对组织创造力及组织绩效影响机制研究 [D]. 上海：上海交通大学，2016:60.

3. 授权赋能

授权赋能是上级管理者授予员工自主决策、行动权力并增强员工自我效能和价值的一组管理行为。这种行为强调员工的赋能而非授权[①]。具体而言，管理行为不仅在于给予员工充分的工作自主性，更在于是否能够激发员工的内在动机，提高员工的信心和能力，给员工和组织带来益处。

有关授权赋能的量表相对成熟。Arnold 等的量表非常详细，从 5 个维度展开，有 38 个题项，包括以身作则、参与决策、提供指导、信息分享和关心下属。Ahearne 等[②]的量表在上述基础上进行了简化，减少到 12 个题项，其中一个代表题项是"直接领导会帮助我理解个人目标与单位目标之间的联系"。

本研究量表是在 Spreitzer[③] 等人编制、李超平[④] 等人修订的中文版授权量表的基础上调整而得。笔者对上述量表的部分题项进行了删减，确定了媒体人对组织及上级授权的工作感受部分的题项，共 7 题，主要涉及"工作自主性""发挥空间""创新""个人工作重要性"等内容。如"在如何完成工作上，我有很大的自主权""工作能够有更大的个人发挥与创新空间""我对工作中的主动创新机会非常满意"和"我所做的工作对我来说非常重要"等等。

具体如表 3.3 所示。

[①] 王辉，武朝艳，张燕，等. 领导授权赋能行为的维度确认与测量 [J]. 心理学报，2008, 40(12):1297-1305.

[②] Ahearne M, Mathieu J, Rapp A. To empower or not to empower your sales force? An empirical examination of the influence of leadership empowerment behavior on customer satisfaction and Performance[J]. Journal of Applied Psychology, 2005, 90(5):945-955.

[③] Spreitzer G M. Psychological, empowerment in the workplace: Dimensions, measurement and validation[J]. The Academy of Management Journal, 1995, 38(5): 1442-1465.

[④] 李超平，李晓轩，时勘，等. 授权的测量及其与员工工作态度的关系 [J]. 心理学报，2006, 38(1):99-106.

表3.3　传统媒体人对授权赋能的感受

序号	题项	位置
1	与以前相比，工作能够有更大的个人发挥与创新空间	二 H3
2	我承担着一些重要的工作，而不是辅助性的工作	三 A1
3	我所做的工作对我来说非常重要	三 A2
4	在如何完成工作上，我有很大的自主权	三 A3
5	我的个人发展与感受能够受到组织的关心	三 A5
6	我对工作中的主动创新机会非常满意	三 C3
7	我对当前工作的自主性非常满意	三 C4

4. 社会支持

有关社会支持的量表开发在心理学研究中比较成熟，具有较高的信度和效度。如由 Zimet 编制、姜乾金翻译和修订的社会支持量表[①]涉及家庭支持、朋友支持和其他支持等，共有12个题项，三个方面的指标其内部一致性信度 α 系数分别为0.69、0.78和0.84。而 Caplan 开发的量表[②]与其内容相近，同样有12个题项，比如"家人对我的工作非常关心""主管会在我寻求帮助时及时给予援助"等，该量表的 Cronbach's α 值为0.85。

本研究的"社会支持"构念包含家庭、朋友和同事支持三部分。家庭因素是对员工个体产生一定的刺激和影响的主要外部力量。关于家庭支持的测量量表，主要参考 King、Mattimore、King 和 Adams 设计的问卷，他们的量表包括情感性寄托和工具性支持两大维度，共计44个题项。其中，情感性支持是指家庭成员提供鼓励、理解、关心，工具性支持是指家庭成员通过行为提供指导、便利和信息支持。根据本研究的问卷设计需求，对该问卷题项进行删减和归纳，最终保留如下3个问项："我的家庭尊重并支持我的职业选择""我的工作收入是家庭经济的主要来源""当工作需要我投入更多时间时，家庭会帮我承担家庭责任"。

---

① 汪向东，王希林，马弘. 心理卫生评定量表手册[M]. 北京：中国心理卫生杂志社，1999:131-133.
② Caplan R, Cobb S, French J R. Relationships of cessation of smoking with job stress, personality, and social support[J]. The Journal of Applied Psychology, 1975,60(2):211-219.

中国是一个重视人际关系的国家，朋友情况与人际交往是影响个体对外在事物认知和反应的重要因素。关于朋友层面同群效应的研究，现有文献从不同的角度研究了好友可能对行为人产生的影响，相关文献也研究了这种影响发生的途径。虽然吉吉·福斯特的研究表明，个人的社会朋友并不比那些随机的同群关系所产生的影响大，但总体结论还是表明个人的朋友确实在各个方面影响着行为人的行动及经济产出。Bramoulle 等学者在对曼斯基提出的 liner-in-means 模型进行扩展的基础上分离了内生和外生的影响，研究发现朋友所带来的同群效应确实发挥着作用。Gchte 等和斯蒂芬·哈克等通过对社会网络中的社会规范与社会偏好的研究表明，个体所在社会圈子的规范会产生一种社会压力或社会偏好，从而影响个体的经济行为。经过对人际网络关系相关文献进行梳理，本问卷针对朋友情况的量表主要从连接频率、互惠方式、人际关系产生的影响三方面进行题项设计。

同事和上级的帮助是变革情境下社会支持中最为重要的部分。我们参考了 Madjar 等开发量表[①]中有关上司与同事的工作支持部分的相关题项，设立了"正式工作中，同事们经常交换新媒体相关知识的意见""平时交流中，同事们经常谈论新媒体相关知识""我是从集团内部获得新媒体的知识与技术"等题项。

综合上述三个方面的内容，本研究对题项做了一定的精简，最后确立了测量社会支持的 9 个题项。

表3.4 传统媒体人对社会支持的感受

序号	题项	位置
1	我的家庭尊重并支持我的职业选择	二 C1
2	当工作需要我投入更多时间时，家庭会帮我承担家庭责任	二 C3
3	我的交友范围非常广，与大家经常保持联络	二 D1
4	通过我的个人关系，我经常会帮助朋友办到更多事情	二 D2
5	我经常得到朋友们的帮助，解决工作中的问题，改善处境	二 D3

---

① Madjar N, Oldham G R, Pratt M G. There's no place like home? The contributions of work and non-work creativity support to employees' creative performance[J]. The Academy of Management Journal, 2002,45(4):757-767.

（续表）

序号	题项	位置
6	我对我的同事非常满意	三 C7
7	与以前相比，我与同事关系更加融洽，能得到工作协助	二 F4
8	正式工作中，同事们经常交换新媒体相关知识的意见	二 G4
9	平时交流中，同事们经常谈论新媒体相关知识	二 G5

二、机体变量（O）的测量

1. 组织认同

组织认同的相关测量，有单维构面、三维度构面和四维度构面等方案。其中，Ashforth 和 Mael 赞同单维构面，他们认为组织认同是个体对组织归属感和集体感的认知，是一种特殊的社会认同，只包含认知成分这一单一维度，行为和情感这两个维度可视为组织认同潜在的前因或者结果，他们以此为依据开发了梅尔量表（Mael scale），共有 6 个题项[1]。此后，有研究者发现，梅尔量表中实际上已经包含测量情感的问题[2]。Cheney 则认为组织认同包含情感依附、组织忠诚以及组织成员相似性三个维度，为此开发出组织认同量表（OIQ）[3]，该量表被其他学者不断应用并进行修正，已具有很高的信度，被广泛认可。Van Dick 在社会认定理论和自我分类理论基础上提出了四维度方案，包括认知（cognitive）、情感（affective）、评价（evaluative）和行动（behavioural），开发了含有 30 道题项的组织认同量表[4]。

---

[1] Ashforth B E, Mael F. Social identity theory and the organization[J]. The Academy of Management Review, 1989,14(1):20-39.

[2] Bergami M, Bagozzi R P. Self-categorization, affective commitment and group self-esteem as distinct aspects of social identity in the organization[J]. The British Journal of Social Psychology, 2000,39(4):555-577.

[3] Cheney G, Tompkins P K. Coming to terms with organizational identification and Commitment[J]. Central States Speech Journal, 1987,38(1):1-15.

[4] Dick R, Wagner U, Stellmacher J, et al. The utility of a broader conceptualization of organizational identification: Which aspects really matter?[J]. Journal of Occupational and Organizational Psychology, 2004,77(2):171-191.

与组织认同相近的概念是组织承诺,组织承诺是解释员工为什么留在组织内部的一个概念,是员工对组织的一种态度。阿伦与梅约（Allen & Meyer）提出了组织承诺三因素理论[1],即情感承诺、持续承诺与规范承诺[2]。情感承诺是内心情感上认同并接受组织目标和企业价值观,持续承诺则是个体从理性上认识到认同组织、留在组织内部的益处;规范承诺则是认为留在组织中是自己的责任。目前,Allen量表是使用最为广泛的组织承诺量表。

本研究在Van Dick组织认同量表和Allen组织承诺量表基础上简化修订而成,共6题。过程中反复删减,初步确定了"媒体人组织承诺"部分的题项。另外考虑到中国媒介体制的特殊情况,在参照陆晔[3]、吴飞[4]已有调查研究、Lee[5]等所编制的总体员工满意度问卷的基础上,选择了几道关于组织满意度的题目放入其中。第1、2题是对传统媒体人的满意度测量;第3、4题是对"情感认同"进行测量;第5、6题是对传统媒体人的"持续承诺"做出测量;第7、8题是对传统媒体人的"规范承诺"进行测量,具体表述如表3.5所示。

表3.5 传统媒体人对组织认同的感受

序号	题项	位置
1	我对集团提供的工作环境非常满意	三 C1
2	总的来说,我对目前的工作非常满意	三 C11
3	在单位里,我有像家庭成员一样的感觉	三 D1
4	我对单位有很强的依赖性	三 D2
5	即使现在我想离开本单位,对我来说也非常困难	三 D3

---

[1] Meyer J P, Allen N J. Testing the "side-bet theory" of organizational commitment: Some methodological considerations[J]. Journal of Applied Psychology, 1984, 69(3): 372-378.

[2] Allen N J, Meyer J P. The measurement and antecedents of affective, continuance and normative commitment to the organization[J]. Journal of Occupational Psychology, 1990, 63(1): 1-18.

[3] 陆晔, 俞卫东. 社会转型过程中传媒人职业状况:2002上海新闻从业者调查报告之一[J]. 新闻记者, 2003(1): 42-44.

[4] 吴飞. 新闻从业人员的职业满意度[J]. 新闻与传播研究, 2005, 12(3): 49-56.

[5] Lee C S, Chen Y C, Tsui P L, et al. Erratum to: Examining the relations between open innovation climate and job satisfaction with a PLS path model[J]. Quality & Quantity, 2014, 48(3): 1705-1722.

（续表）

序号	题项	位置
6	现在留在单位是我的一种需要	三 D4
7	我认为从一个单位跳槽到另一个单位是不道德的	三 D5
8	我感觉有强烈的道德责任感留下，离开我会内疚	三 D6

2. 变革承诺

变革承诺的情感承诺、规范承诺和持续承诺三因素模型[1]得到了学界的广泛认可。变革情感承诺反映了一种基于变革本身价值和利益而产生的对变革内在情感认同和支持变革的强烈欲望；变革规范承诺则是一种因外部规范和制约而导致的应该支持变革的责任感和内心约束；变革持续承诺则是意识到若不支持变革会产生沉没成本继而支持变革的态度。可见，三因素之中，变革情感承诺最简单直接，反映了个体不带任何利益考量而对变革的情感认同，所以最能体现组织成员对组织变革的主动积极态度。

根据期望价值理论，变革承诺体现个体在心理层面对参与变革的权衡、选择，主要由变革期望价值当中的效能期望和结果期望所决定。测量效能期望时一般使用"变革效能感知"指标，测量结果期望时一般使用"变革价值感知"指标。变革效能感知是个体对自我能够完成某项变革自我能力的一种评估。变革价值感知是指个体对自我参与某项变革所产生结果或价值的评估[2]。

本研究聚焦于传统媒体人对媒体融合及转型的"承诺"，将变革承诺视为一个单维度构念，主要强调促使媒体人"自愿"参与、积极支持变革并主动转型的内心意愿和心理力量。在参考一般的变革承诺量表基础上，我们重点突出媒体人对以媒体融合为基调的变革的内在认同和支持，主要包括总体对"媒体融合"信息的关注、对媒介变革的认同和对本单位推行"融合"及转型

---

[1] Herscovitch L, Meyer J P. Commitment to organizational change: Extension of a three-component model[J]. Journal of Applied Psychology, 2002, 87(3): 474-487.

[2] Betz N E, Hackett G. Applications of self-efficacy theory to the career assessment of women[J]. Journal of Career Assessment, 1997, 5(4): 383-402.

战略的支持态度。

具体题项如表 3.6 所示。

表 3.6 传统媒体人对变革承诺的感受

序号	题项	位置
1	我非常关注并了解中央关于媒体融合的文件精神	五 B1
2	我非常赞同媒体融合是传统媒体的出路	五 B2
3	我非常关注并了解集团关于媒体融合的战略目标	五 B3
4	我非常赞同集团的媒体融合战略	五 B5
5	我认为集团积极推动媒体融合战略十分必要	五 B6
6	我非常支持媒体融合	五 J1
7	我非常支持媒体融合更加走向市场化	五 J2

3. 融合能力

如前所述，融合能力包含适应能力、学习能力和创新能力三个方面。Morrison 和 Hall 认为适应能力是一种对不断变化的环境中所面临的情景进行观察并做出有效反应的能力，这种有效反应可以不断探索和修正自我，这种反应行为可以融入自我认同，推动个体适应能力的发展。张春兴认为，职业适应有被动和主动之分，被动性的职业适应指个人所从事的职业恰好与自己的需求、能力、兴趣等条件相协调；主动性则指个体在自我能力与职业要求不匹配的情况下，自愿配合职业要求主动学习、克服困难，在职场活动中得到满足并达成自己愿望的过程。Savickas 和 Pofeli 等基于职业建构理论框架建构了以关切、控制、好奇和信心为四个构面的职业适应能力量表[①]，并组织成立了一个由 18 位心理学家主导的国际研究团队，开发出职业适应能力量表的国际版，在 13 个国家和地区进行了跨文化检验。

学习能力属于一种获取直接或间接经验，将其转化为内在资源的行为方式。学习能力是员工在工作组织中生存的必备技能，也是衡量员工工作能力与态度的重要方式。常见的量表是 Baum 等制定的，由经验、尝试、概念化、

---

① 王益富. 企业员工职业适应能力：测量及影响机制 [D]. 重庆：西南大学，2014.

反思性观察等四个维度共 16 道题目组成[①]。

相较于学习能力，创新能力是对员工工作能力更高层次的考察维度，能够集中反映该员工在组织变革过程中的应对态度与行为。刘智强等采用了 Janssen 开发的量表，共 9 题，是较为通用的员工创新能力与行为的量表[②]。

综合以上三个方面，我们对题项进行了适度简化，最后确定如表 3.7 所示题项。

表 3.7　传统媒体人对变革承诺的感受

序号	题　项	位置
1	我的适应能力很强，能很快适应调整后的工作	二 F1
2	面对工作上的挫折和压力，我能够很好地调节自己的情绪	二 F5
3	我是从外面专家或同行处获得新媒体的知识与技术	二 G2
4	我完全依靠自学学习了解新媒体知识与技术	二 G3
5	我主动对新经验、新技术保持高度关注与热情	二 G6
6	我主动制定了自己的学习计划与长期规划	二 G7
7	我在工作中经常提出很多新点子	二 H1
8	我经常主动搜索新的工作方法、技术或工具	二 H5

三、反应构念（R）的测量

1. 转型行为（积极转型、消极转型）

媒体人的转型就是从传统媒体工作角色向新媒体环境下工作角色的一次职业转换，也是一种长期的、持续的创新行为。通过认知、情感和理念等方面的改变，学习不断适应新角色[③]，在工作中不断进行创新活动，逐步适应新岗位并有所建树，为组织做出贡献。因此，转型行为主要参考职业转换量表

[①] Baum J R, Bird B, Singh S. The practical intelligence of entrepreneurs: Antecedents and a link with new venture growth[J]. Personnel Psychology，2011,64(2):397-425.

[②] 刘智强，邓传军，廖建桥，等. 组织支持、地位认知与员工创新：雇佣多样性视角[J]. 管理科学学报，2015,18(10):80-94.

[③] 郑博阳. 组织变革情境下的职业转换力及其效应机制[D]. 杭州：浙江大学，2018:28.

和员工创新行为量表。

有关职业转换量表,Heppner 所编制的量表非常详细,包括转换准备、信心、控制、支持和独立性等内容共40多个题项(Career Transitions Inventory,CTI)[1]。由此可见,这一测量相当庞杂,不仅包括职业转换本身,也涵盖了其外部因素。Rigotti 的量表相对简化,通过5个题目测量职业转换,包含职位变动、权责范围改变、薪资水平提升三个方面[2]。Chudzikowski 则通过组织转换即所属组织或行业是否变动、水平转换即职能领域是否变化、垂直转换即下属数量是否变化等制定了量表[3]。而员工创新行为是员工在工作过程中针对问题产生新构想、提出新的解决方案并将其用于指导实践的行为,包括提出设想、深化设想和实施设想三个方面。

本研究以郑博阳的职业转换量表[4]及 Scott 和 Bruce 开发的单维的创新行为量表[5]为基础,结合传统媒体人转型行为的特征,提出了三个方面的题项:"我的新点子经常转化为有用的实践,为组织做出了贡献""我日常工作绝大部分是涉及新媒体方面的"和"我经常动员他人,支持创新"。将新点子运用到媒体融合过程中,测量受访者在转型方面是否积极主动,是否已经有了实实在在的行动,并取得了一定成果;新媒体工作这一题项测量受访者是否经常从事新媒体工作,是否与新媒体工作逐步融为一体;而动员他人题项则是为了测量受访人是否积极影响别人加入转型队伍;等等。由于本次调查的对象均系从传统媒体部门抽调到新媒体部门,也就是实际上已经走在转型的路上的媒体人,所以本研究增加了"和以前相比"其技能和兴趣是否和现在的工作角色相匹配的题项(见表3.8)。这是一种感受性调查,可以通过其转型前后的感觉对比测

---

[1] Heppner M J. The career transitions inventory: Measuring internal resources in adulthood[J]. Journal of Career Assessment, 1998, 6(2): 135 – 145.

[2] Rigotti T, Korek S, Otto K. Gains and losses related to career transitions within organisations[J]. Journal of Vocational Behavior, 2014, 84(2): 177-187.

[3] Chudzikowski K. Career transitions and career success in the 'new' career era[J]. Journal of Vocational Behavior, 2012, 81(2): 298-306.

[4] 郑博阳. 组织变革情境下的职业转换力及其效应机制[D]. 杭州:浙江大学,2018:113.

[5] Scott S G, Bruce R A. Determinants of innovative behavior: A path model of individual innovation in the workplace[J]. The Academy of Management Journal, 1994, 37(3):580-607.

量其对本人转型的投入度和认可度,从侧面反映其未来转型行为的可持续性。

表3.8 传统媒体人的转型行为

序号	题项	位置
1	我的新点子经常转化为有用的实践,为组织做出了贡献	二 H2
2	我日常工作绝大部分是涉及新媒体方面的	二 H4
3	我经常动员他人,支持创新	二 H6
4	与以前相比,我的技能与能力与工作岗位更加匹配	二 F2
5	与以前相比,我的性格与兴趣与工作岗位更加匹配	二 F3

2. 转型倦怠

正如前文所述,转型倦怠是转型行为中的一种极端负面表现,是一种对转型疏离、困惑、逃避的心理。本书参照职业倦怠的量表设置了转型倦怠的量表。当前测量职业倦怠应用最广泛的量表是由 Maslach 等人编制的职业倦怠量表(MBI)[①],由情感衰竭、疏离和职业效能感降低三个维度共22个题目组成。

本研究在上述职业倦怠量表的基础上,根据实际情况对部分题项进行删减,确定了"媒体人工作状态部分"的题项,共4题。第1题测量传统新闻人的"情感衰竭"状况;第2、3、4题测量传统媒体人对当前工作的"疏离"程度,具体问题如表3.9所示。

表3.9 传统媒体人对转型倦怠的感受

序号	题项	位置
1	工作让我觉得身心疲惫	三 B1
2	我对工作不像以前那样感兴趣和热心了	三 B2
3	我怀疑自己所做工作的意义	三 B3
4	我对自己所做工作是否有贡献越来越不关心	三 B4
5	我希望在集团内部进行部门/岗位调动	三 E1
6	我打算离开媒体行业	三 E4

---

① Maslach C, Schaufeli W B, Leiter M P. Job burnout[J]. Annual Review of Psychology, 2001, 52(1):397-422.

第三节　样本描述

为了获取真实有效的数据，笔者于 2019 年 6 月对 J 广电集团融媒体新闻中心和新媒体事业部进行整群抽样调查，这两个部门是该集团实施媒体融合战略的重要载体。本次调查一共发放问卷 382 份，回收 380 份，经检验剔除漏答等无效问卷后，保留有效问卷 368 份，问卷回收率达 96.34%，问卷回收情况较为理想。

样本特征具体如下：

从性别来看，此次调查中女性人数为 222 人，占总体比例的 60.3%，男性人数为 146 人，占总体比例的 39.7%。

从年龄分布来看，年龄在 20~29 岁和 30~39 岁的员工共有 296 人，占总体人数的比例分别为 29.9%、50.5%，40 岁以上的员工仅占 19.5%。由此显示，该集团媒体融合核心部门拥有的是一支较为年轻的队伍。从婚姻和生育状况来看，未婚群体占 33.4%，已婚群体占 66.3%，未育群体占 44.8%，已生育一孩的群体占 45.9%，已生育二孩的群体占 6.3%。

从入职年限来看，不足一年的新员工有 25 人，占总体比例的 6.8%；1~3 年的员工有 60 人，占总体比例的 16.3%；3~5 年的员工有 50 人，占总体比例的 13.6%；5~10 年的员工有 89 人，占总体比例的 24.2%；10 年以上的老员工共有 144 人，占总体比例的 39.2%。整体上说明，这是一个工作经验相对丰富的团队。

从学历水平来看，专科毕业的员工人数较少，只有 13 人；本科学历人数为 255 人，硕士学历人数高达 99 人，本硕学历人数占总体比例的 96.2%，整体学历水平偏高。

从年收入来看，员工年收入总额大量集中于 6 万~12 万元和 12 万~18 万元，占总体的比例分别为 44.3% 和 36.1%；少数人收入能达到 18 万~24 万元和 24 万~30 万元的水平，分别占总体比例的 11.7% 和 3.3%；收入水平极低或极高的情况仅为极少数，年收入不足 6 万元的员工人数为 9 人，年收入超过 30 万元的共有 8 人。

从岗位/部门变动调整方面来看，46人曾经历2017年的集团调整、178人经历了2019年大融合的调整变动、144人经历过其他情况的调整，占总体的比例分别为12.5%、48.4%、39.1%。基于以上数据可知，这一对象群体适合进行媒体融合组织变革研究调查。

从岗位性质来看，290人从事内容制作相关的业务岗，占总体比例的78.8%；29人从事媒体产业业务岗，占总体比例的7.9%；23人从事技术支持岗，占总体比例的6.3%；从事行政岗和后勤保障岗的分别为24人和1人，占总体的比例分别为6.5%和0.3%。

从职务分布情况来看，293人为普通员工，占总体的比例为79.6%；60人为基层管理者，占总体的比例为16.3%；15人为中层管理者，占总体的比例为4.1%。根据数据显示，整体上的职务构成与集团部门设置相匹配。

具体数据见表3.10。

表3.10 样本特征概况

样本特征		人数/人	占比/%
性别	男	146	39.7
	女	222	60.3
年龄	20~29	110	29.9
	30~39	186	50.5
	40~49	55	14.9
	50~59	17	4.6
婚姻状况	未婚	123	33.4
	已婚	244	66.3
生育状况	未育	165	44.8
	怀孕中	10	2.7
	已生育一个孩子	169	45.9
	已生育二孩	23	6.3

（续表）

样本特征		人数/人	占比/%
入职年限	不足1年	25	6.8
	1~3年（不含）	60	16.3
	3~5年（不含）	50	13.6
	5~10年（不含）	89	24.2
	10~15年（不含）	75	20.4
	15年及以上	69	18.8
学历	专科	13	3.5
	本科	255	69.3
	硕士	99	26.9
年收入	不足6万元	9	2.4
	6万~12万元（不含）	163	44.3
	12万~18万元（不含）	133	36.1
	18万~24万元（不含）	43	11.7
	24万~30万元（不含）	12	3.3
	30万~50万元（不含）	7	1.9
	50万元及以上	1	0.3
职务	普通员工	293	79.6
	基层管理者	60	16.3
	中层管理者	15	4.1
岗位变动/部门调整	2017年调整	46	12.5
	2019年大融合	178	48.4
	其他情况	144	39.1
当前岗位	内容制作相关的业务岗	290	78.8
	产业相关的业务岗	29	7.9
	行政岗	24	6.5
	技术支持岗	23	6.3
	后勤保障岗	1	0.3

第四章 数据分析与假设检验

　　本章阐述了对问卷调查数据进行系统整理、分析的结果。首先经过信度、效度的检验,对个别变量的量表做了一定的调整,然后对各种变量进行了描述性统计,最后运用结构方程模型对第三章提出的假设进行估计并确定最终模型。

第一节 变量的信度与效度检验

2019年6月,笔者对J广电实施媒体融合战略的重要执行部门——融媒体新闻中心和新媒体事业部进行整群抽样调查。除了因外出、事假、病假等不在集团内的员工外,其余员工均填写了问卷。本次调查一共发放问卷382份,回收380份,经检验剔除漏答等无效问卷后,保留有效问卷368份,问卷回收率达96.34%,问卷回收情况较为理想。问卷回收后首先进行了信度与效度检验。

一、信度检验

信度检验主要采用两种办法判断变量内部一致性。一是考察修正题项后的总相关系数(CITC)。通常情况下,CITC值需要在0.5以上,说明题项之间的相关度较强;若CITC值在0.3~0.5,说明题项之间的相关关系为一般,可以接受;若CITC值<0.3,则说明题项之间的相关关系不够,需要对该维度下的题项进行重新安排。二是计算Cronbach's α系数。一般情况下,总量表的Cronbach's α系数若大于0.8,说明量表信度非常好;若总量表Cronbach's α系数在0.7~0.8,可以判断信度良好;分量表的Cronbach's α系数如果在0.5以上,则说明分量表信度较好。使用SPSS软件测算量表的CITC值和Cronbach's α系数,具体分析结果如表4.1所示。

表 4.1 信度检验结果

变量	题 项	CITC 值	Cronbachs'α 系数
组织学习（S1）	二 A1. 与之前相比，我强烈地感受到组织变革	0.457	0.781
	二 B1. 我清楚地知道党中央媒体融合战略的部署及动向	0.680	
	二 B2. 我清楚地知道 J 广电集团媒体融合战略的要求和规划	0.780	
	二 B3. 我清楚地知道行业媒体融合的动态	0.690	
	二 B4. 我清楚地知道学界关于媒体融合的动态	0.596	
	二 G1. 我是从集团内部获得新媒体的知识与技术	0.350	
	三 C2. 我对集团提供的学习和培训机会非常满意	0.169	
组织激励（S2）	三 C9. 我对目前的薪酬待遇非常满意	0.773	0.909
	三 A4. 我的意见会受到上级的充分重视	0.681	
	三 C10. 我对我在单位的晋升机会非常满意	0.829	
	三 C6. 我对所从事工作的发展前景非常满意	0.823	
	三 C5. 我对工作中获得的成就感非常满意	0.751	
授权赋能（S3）	二 H3. 与以前相比，工作能够有更大的个人发挥与创新空间	0.196	0.868
	三 A1. 我承担着一些重要的工作，而不是辅助性的工作	0.616	
	三 A2. 我所做的工作对我来说非常重要	0.610	
	三 A3. 在如何完成工作上，我有很大的自主权	0.715	
	三 A5. 我的个人发展与感受能够受到组织的关心	0.745	
	三 C3. 我对工作中的主动创新机会非常满意	0.735	
	三 C4. 我对当前工作自主性非常满意	0.747	
	三 C8. 我对我的主管领导非常满意	0.639	
社会支持（S4）	二 C1. 我的家庭尊重并支持我的职业选择	0.481	0.789
	二 C3. 当工作需要我投入更多时间时，家庭会帮我承担家庭责任	0.474	
	二 D1 我的交友范围非常广，与大家经常保持联络	0.542	
	二 D2. 通过我的个人关系，我经常会帮助朋友办到更多事情	0.500	

(续表)

变量	题项	CITC 值	Cronbachs'α 系数
社会支持（S4）	二 D3. 我经常得到朋友们的帮助，解决工作中的问题，改善处境	0.538	0.789
	三 C7. 我对我的同事非常满意	0.562	
	二 F4. 与以前相比，我与同事关系更加融洽，能得到工作协助	/	
	二 G4. 正式工作中，同事们经常交换新媒体相关知识的意见	/	
	二 G5. 平时交流中，同事们经常谈论新媒体相关知识	/	
组织认同（O1）	三 C1. 我对集团提供的工作环境非常满意	0.507	0.865
	三 C11. 总的来说，我对目前的工作非常满意	0.664	
	三 D1. 在单位里，我有像家庭成员一样的感觉	0.648	
	三 D2. 我对单位有很强的依赖性	0.751	
	三 D3. 即使现在我想离开本单位，对我来说也非常困难	0.615	
	三 D4. 现在留在单位是我的一种需要	0.614	
	三 D5. 我认为从一个单位跳槽到另一个单位是不道德的	0.540	
	三 D6. 我感觉有强烈的道德责任感留下，离开我会内疚	0.619	
变革承诺（O2）	五 B1. 我非常关注并了解中央关于媒体融合的文件精神	0.563	0.862
	五 B2. 我非常赞同媒体融合是传统媒体的出路	0.718	
	五 B3. 我非常关注并了解集团关于媒体融合的战略目标	0.680	
	五 B5. 我非常赞同集团的媒体融合战略	0.751	
	五 B6. 我认为集团积极推动媒体融合战略十分必要	0.774	
	五 J1. 我非常支持媒体融合	0.653	
	五 J2. 我非常支持媒体融合更加走向市场化	0.324	

（续表）

变量	题项	CITC值	Cronbachs'α系数
融合能力（O3）	二 F1. 我的适应能力很强，能很快适应调整后的工作	0.563	0.825
	二 F5. 面对工作上的挫折和压力，我能够很好地调节自己的情绪	0.535	
	二 G2. 我是从外面专家或同行处获得新媒体的知识与技术	0.483	
	二 G3. 我完全依靠自学学习了解新媒体知识与技术	0.397	
	二 G6. 我主动对新经验、新技术保持高度关注与热情	0.646	
	二 G7. 我主动制定了自己的学习计划与长期规划	0.633	
	二 H1. 我在工作中经常提出很多新点子	0.579	
	二 H5. 我经常主动搜索新的工作方法、技术或工具	0.618	
转型行为（R1）	二 F2. 与以前相比，我的技能与能力与工作岗位更加匹配	0.636	0.786
	二 F3. 与以前相比，我的性格、兴趣与工作岗位更加匹配	0.654	
	二 H2. 我的新点子经常转化为有用的实践，为组织做出了贡献	0.588	
	二 H6. 我经常动员他人，支持创新	0.508	
	二 H4. 我日常工作绝大部分是涉及新媒体方面的	0.667	
转型倦怠（R2）	三 B1. 工作让我觉得身心疲惫	0.644	0.841
	三 B2. 我对工作不像以前那样感兴趣和热心了	0.774	
	三 B3. 我怀疑自己所做工作的意义	0.801	
	三 B4. 我对自己所做工作是否有贡献越来越不关心	0.709	
	三 E1. 我希望在集团内部进行部门/岗位调动	0.269	
	三 E4. 我打算离开媒体行业	0.522	

基于数据信度检验结果如下：组织激励（S2）、授权赋能（S3）、组织认同（O1）、变革承诺（O2）、融合能力（O3）、转型倦怠（R2）的Cronbach's α 系数均在 0.8 以上,说明内部一致性非常好;组织学习(S1)、社会支持(S4)、转型行为(R1)的 Cronbach's α 系数在 0.7~0.8,说明内部一致性良好。由此获得量表总体具有良好的信度。

二、效度检验

本研究采用主成分分析法来验证量表的结构效度。从 Bartlett 球体检验的结果来看,各子量表均达到显著水平,证明量表具有效度结构,可以进行结构效度检验。

结构效度检验又分为探索性因子检验与验证性因子检验。

1. 探索性因子检验

(1)外部环境刺激(S)

如表 4.2 所示,外部环境刺激量表 KMO 检验值为 0.903,Bartlett 球形检验卡方值达到显著水平($P < 0.001$),适合进行因子分析。并根据主成分分析,以正交旋转法进行旋转求解共同因子,总方差解释率为 65.678%。提取因子 4 项,舍弃载荷小于 0.5 的题项。

表 4.2　KMO 和 Bartlett 的检验

取样足够度的 Kaiser-Meyer-Olkin 度量		0.903
Bartlett 的球形度检验	近似卡方	7138.148
	Df	406
	Sig.	0.000

(2)传统媒体人的内在状态(O)

如表 4.3 所示,外部环境刺激量表 KMO 检验值为 0.850,Bartlett 球形检验卡方值达到显著水平($P < 0.001$),适合进行因子分析。并根据主成分分析,以正交旋转法进行旋转求解共同因子,总方差解释率为 62.994%。提取因子 3 项,各题项载荷均大于 0.5。

表 4.3　KMO 和 Bartlett 的检验

取样足够度的 Kaiser-Meyer-Olkin 度量		0.850
Bartlett 的球形度检验	近似卡方	4165.364
	Df	253
	Sig.	0.000

（3）传统媒体人的行为反应（R）

如表 4.4 所示，外部环境刺激量表 KMO 检验值为 0.705，Bartlett 球形检验卡方值达到显著水平（$P < 0.001$），适合进行因子分析。并根据主成分分析，以正交旋转法进行旋转求解共同因子，总方差解释率为 71.149%。提取因子 2 项，删除载荷小于 0.5 的题项。

表 4.4　KMO 和 Bartlett 的检验

取样足够度的 Kaiser-Meyer-Olkin 度量		0.705
Bartlett 的球形度检验	近似卡方	1417.044
	Df	36
	Sig.	0.000

最后，经以上探索性因子分析，测量变量的指标调整如下：

表 4.5　各变量的指标体系

变量	题项
组织学习（S1）	二 B3. 我清楚地知道行业媒体融合的动态
	二 B1. 我清楚地知道党中央媒体融合战略的部署及动向
	二 B2. 我清楚地知道 J 广电集团媒体融合战略的要求和规划
	二 B4. 我清楚地知道学界关于媒体融合的动态
组织激励（S2）	三 C9. 我对目前的薪酬待遇非常满意
	三 C10. 我对我在单位的晋升机会非常满意
	三 C6. 我对所从事工作的发展前景非常满意
	三 C5. 我对工作中获得的成就感非常满意

（续表）

变量	题项
授权赋能（S3）	三A1. 我承担着一些重要的工作，而不是辅助性的工作
	三A2. 我所做的工作对我来说非常重要
	三A3. 在如何完成工作上，我有很大的自主权
	三A4. 我的意见会受到上级的充分重视
	三A5. 我的个人发展与感受能够受到组织的关心
社会支持（S4）	二G4. 正式工作中，同事们经常交换新媒体相关知识的意见
	二G5. 平时交流中，同事们经常谈论新媒体相关知识
	二G1. 我是从集团内部获得新媒体的知识与技术
	二C1. 我的家庭尊重并支持我的职业选择
	二F4. 与以前相比，我与同事关系更加融洽，能得到工作协助
	二H3. 与以前相比，工作能够有更大的个人发挥与创新空间
	二C3. 当工作需要我投入更多时间时，家庭会帮我承担家庭责任
组织认同（O1）	三D2. 我对单位有很强的依赖性
	三D1. 在单位里，我有像家庭成员一样的感觉
	三C11. 总的来说，我对目前的工作非常满意
	三C1. 我对集团提供的工作环境非常满意
	三D4. 现在留在单位是我的一种需要
	三D3. 即使现在我想离开本单位，对我来说也非常困难
变革承诺（O2）	五B5. 我非常赞同集团的媒体融合战略
	五B6. 我认为集团积极推动媒体融合战略十分必要
	五B2. 我非常赞同媒体融合是传统媒体的出路
	五B3. 我非常关注并了解集团关于媒体融合的战略目标
	五B1. 我非常关注并了解中央关于媒体融合的文件精神
融合能力（O3）	二G7. 我主动制定了自己的学习计划与长期规划
	二H1. 我在工作中经常提出很多新点子
	二G6. 我主动对新经验、新技术保持高度关注与热情
	二F1. 我的适应能力很强，能很快适应调整后的工作
	二H5. 我经常主动搜索新的工作方法、技术或工具

（续表）

变量	题项
融合能力（O3）	二 F5. 面对工作上的挫折和压力，我能够很好地调节自己的情绪
	二 G2. 我是从外面专家或同行处获得新媒体的知识与技术
	二 G3. 我完全依靠自学学习了解新媒体知识与技术
转型行为（R1）	二 H6. 我经常动员他人，支持创新
	二 H4. 我日常工作绝大部分是涉及新媒体方面的
	二 H2. 我的新点子经常转化为有用的实践，为组织做出了贡献
转型倦怠（R2）	三 B1. 工作让我觉得身心疲惫
	三 B2. 我对工作不像以前那样感兴趣和热心了
	三 B3. 我怀疑自己所做工作的意义
	三 B4. 我对自己所做工作是否有贡献越来越不关心

2. 验证性因子检验

验证性因子分析是通过模型拟合检验因子的结构效度。常见的模型拟合指标以及评价标准如下：拟合优度指数（GFI）、比较拟合指数（CFI）和 Tucker-Lewis 指数（TLI），其值在 0~1，一般需要大于 0.900，模型被认为拟合良好；近似误差的均方根 RMSEA 一般需要小于 0.05，表示模型拟合度良好；有时在不严格意义上 RMSEA 小于 0.08 或 0.1，模型拟合度也可接受。

（1）外部环境刺激

外部环境刺激包括组织学习、组织激励、授权赋能与社会支持等因子。根据验证性因子检验，模型拟合结果如表 4.6 所示。模型拟合结果显示，GFI、CFI、TLI 均接近或大于 0.900；RMSEA 为 0.083；各路径系数均在 $P<0.001$ 的水平上显著，表明外部环境刺激拟合效果较为良好，基本通过效度检验。

表 4.6 外部环境模型拟合结果

			非标准化系数	标准差	临界比	显著性检验
二 B1	<---	组织学习	1.000			
二 B2	<---	组织学习	1.099	0.058	18.942	***
二 B3	<---	组织学习	0.965	0.053	18.307	***

（续表）

			非标准化系数	标准差	临界比	显著性检验
二 B4	<---	组织学习	0.926	0.063	14.670	***
三 C10	<---	组织激励	1.000			
三 C9	<---	组织激励	0.958	0.047	20.572	***
三 C5	<---	组织激励	0.789	0.041	19.074	***
三 C6	<---	组织激励	0.943	0.042	22.603	***
三 A5	<---	授权赋能	1.000			
三 A4	<---	授权赋能	0.987	0.044	22.519	***
三 A3	<---	授权赋能	0.854	0.048	17.808	***
三 A2	<---	授权赋能	0.583	0.043	13.519	***
三 A1	<---	授权赋能	0.741	0.050	14.674	***
二 F4	<---	社会支持	1.000			
二 C1	<---	社会支持	0.894	0.104	8.565	***
二 G1	<---	社会支持	1.361	0.147	9.285	***
二 G5	<---	社会支持	1.733	0.146	11.844	***
二 G4	<---	社会支持	1.774	0.149	11.910	***
二 H3	<---	社会支持	1.253	0.134	9.320	***
二 C3	<---	社会支持	0.900	0.127	7.081	***

（2）内部状态

传媒人内部状态包括组织认同、变革承诺和融合能力等因子。根据验证性因子检验，模型拟合结果如表4.7所示。模型拟合结果显示，GFI、CFI、TLI均大于0.850；RMSEA为0.083；各路径系数均在$P<0.001$的水平上显著，表明传媒人内部状态拟合效果基本通过效度检验。

表4.7　内部状态模型拟合结果

			非标准化系数	标准差	临界比	显著性检验
三 C1	<---	组织认同	1.000			
三 C11	<---	组织认同	1.300	0.119	10.925	***
三 D1	<---	组织认同	1.298	0.113	11.473	***

（续表）

			非标准化系数	标准差	临界比	显著性检验
三 D2	<---	组织认同	1.432	0.120	11.976	***
三 D3	<---	组织认同	1.147	0.115	9.969	***
三 D4	<---	组织认同	1.033	0.103	10.004	***
五 B1	<---	变革承诺	1.000			
五 B3	<---	变革承诺	1.128	0.094	11.976	***
五 B2	<---	变革承诺	1.123	0.093	12.039	***
五 B6	<---	变革承诺	1.127	0.085	13.188	***
五 B5	<---	变革承诺	1.258	0.094	13.380	***
二 H5	<---	融合能力	1.000			
二 F1	<---	融合能力	0.741	0.065	11.422	***
二 G6	<---	融合能力	0.904	0.068	13.318	***
二 H1	<---	融合能力	0.875	0.082	10.644	***
二 G7	<---	融合能力	1.072	0.088	12.219	***
二 F5	<---	融合能力	0.890	0.078	11.365	***
二 C2	<---	融合能力	0.492	0.128	3.845	***
二 G3	<---	融合能力	0.589	0.088	6.682	***

（3）行为反应

传媒人行为反应包括转型行为与转型倦怠两大因子。根据验证性因子检验，模型拟合结果如表4.8所示。模型拟合结果显示，GFI、CFI、TLI 均大于 0.900；RMSEA 为 0.067；各路径系数均在 $P<0.001$ 的水平上显著，这同样表明传媒人行为反应的拟合效果也能基本通过效度检验。

表4.8 行为反应模型拟合结果

			非标准化系数	标准差	临界比	显著性检验
二 H6	<---	转型行为	1.000			
二 H4	<---	转型行为	0.627	0.068	9.163	***
二 H2	<---	转型行为	0.732	0.078	9.343	***

（续表）

			非标准化系数	标准差	临界比	显著性检验
三 B3	<---	转型倦怠	1.000			
三 B2	<---	转型倦怠	0.877	0.041	21.534	***
三 B1	<---	转型倦怠	0.672	0.044	15.361	***
三 B4	<---	转型倦怠	0.849	0.042	20.139	***

第二节 统计分析

本次问卷一共测量了三组十一个潜变量，即外部环境刺激（S）中的组织学习（S1）、组织激励（S2）、授权赋能（S3）和社会支持（S4）；传统媒体人的内在状态（O）中的组织认同（O1）、变革承诺（O2）和融合能力（O3）；以及传统媒体人的行为反应（R）中的转型行为（R1）和转型倦怠（R2）。根据题项，下面对主要变量的情况进行整理分析。

一、组织学习

组织学习由 4 个题项构成，即"我清楚地知道行业媒体融合的动态""我清楚地知道党中央媒体融合战略的部署及动向""我清楚地知道 J 广电集团媒体融合战略的要求和规划""我清楚地知道学界关于媒体融合的动态"（表 4.9）。数据显示，传统媒体人对媒体融合行业实践动向的了解要强于其对学界相关研究的学习。

表 4.9 组织学习描述统计量

	N	极小值	极大值	均值	标准差
二 B3. 我清楚地知道行业媒体融合的动态	368	1	7	5.47	1.134
二 B1. 我清楚地知道党中央媒体融合战略的部署及动向	368	1	7	5.48	1.300

（续表）

	N	极小值	极大值	均值	标准差
二 B2. 我清楚地知道 J 广电集团媒体融合战略的要求和规划	368	1	7	5.44	1.249
二 B4. 我清楚地知道学界关于媒体融合的动态	368	1	7	4.95	1.304

对就不同性别、不同年龄、不同学历、不同职务员工的组织学习情况分别进行比较。首先，女性员工对于媒体融合的学习能力总体略低于男性员工。其次，30~39 岁的员工对于媒体融合的学习能力总体要高于 40 岁以上的员工，而 30 岁以下的员工对媒体融合的学习能力则更弱。再次，学历越高，对于媒体融合行业动态、学界研究的学习能力越强，对于媒体融合部署规划的了解则越少。最后，除了 J 广电的战略规划外，基层管理者对于媒体融合的学习整体要略强于中层管理者，普通员工则整体较弱。详见附录 3 相应部分（下同）。

二、组织激励

组织激励由 4 个题项构成，即"我对目前的薪酬待遇非常满意""我对我在单位的晋升机会非常满意""我对所从事工作的发展前景非常满意""我对工作中获得的成就感非常满意"（表 4.10）。总的来说，传统媒体人对于组织现有供给的满意度均低于中位值，对于行业总体满意度则略高。

表 4.10　组织激励描述统计量

	N	极小值	极大值	均值	标准差
三 C9. 我对目前的薪酬待遇非常满意	368	1	7	3.86	1.765
三 C10. 我对我在单位的晋升机会非常满意	368	1	7	3.88	1.733
三 C6. 我对所从事工作的发展前景非常满意	368	1	7	4.40	1.649
三 C5. 我对工作中获得的成就感非常满意	368	1	7	4.83	1.519

就不同性别、不同年龄、不同学历、不同职务员工的组织激励情况分别进行比较。首先，分性别比较可知，女性员工对于工作的满意度整体高于均值，

男性员工对于工作的满意度则低于均值。其次，分年龄段比较可知，除50岁以上的员工对单位晋升和发展前景的满意度最低外，40岁以下的员工对工作的满意度普遍低于40岁以上的员工，其中30~39岁员工对工作的满意度均低于均值。再次，分学历比较可知，硕士研究生学历的员工对于工作成就感最为满意，对于薪酬满意度则最低；专科学历的员工对于工作成就感最低，对单位晋升的满意度则最高。最后，根据职务比较可知，职务越高，对于工作的满意度整体也越高；其中普通员工对于工作的各项满意度都要低于均值。

三、授权赋能

授权赋能由5个题项构成，即"我承担着一些重要的工作，而不是辅助性的工作""我所做的工作对我来说非常重要""在如何完成工作上，我有很大的自主权""我的意见会受到上级的充分重视""我的个人发展与感受能够受到组织的关心"（表4.11）。总的来说，传统媒体人在集团中能够感受到一定的价值肯定与自主权利，其中自我认可要更强。

表4.11 授权赋能描述统计量

	N	极小值	极大值	均值	标准差
三A1.我承担着一些重要的工作，而不是辅助性的工作	368	1	7	4.92	1.479
三A2.我所做的工作对我来说非常重要	368	1	7	5.34	1.238
三A3.在如何完成工作上，我有很大的自主权	368	1	7	4.88	1.487
三A4.我的意见会受到上级的充分重视	368	1	7	4.78	1.470
三A5.我的个人发展与感受能够受到组织的关心	368	1	7	4.68	1.631

对不同性别、不同年龄、不同学历、不同职务员工的授权赋能情况分别进行比较。首先，从性别因素看，男性员工在组织中较女性员工要感受到更多的价值肯定和自主权利。其次，从年龄因素看，总体来说，年龄越大，感知到工作重要性和自主权也越大。再次，从学历因素看，硕士学历的员工在组织中感知到的授权赋能整体要高于均值，本科学历的员工在组织中感知到

的授权赋能整体则要低于均值。最后,从职务因素看,随着职位的上升,员工在组织中感知到的授权赋能也在明显上升。

四、社会支持

社会支持由 7 个题项构成,即"正式工作中,同事们经常交换新媒体相关知识的意见""平时交流中,同事们经常谈论新媒体相关知识""我是从集团内部获得新媒体的知识与技术""我的家庭尊重并支持我的职业选择""与以前相比,我与同事关系更加融洽,能得到工作协助""与以前相比,工作能够有更大的个人发挥与创新空间""当工作需要我投入更多时间时,家庭会帮我承担家庭责任"(表4.12)。综合数据得出,家庭给予传统媒体人的工作支持总体要高于集团内部与同事间的协助交流。

表4.12 社会支持描述统计量

	N	极小值	极大值	均值	标准差
二 G4. 正式工作中,同事们经常交换新媒体相关知识的意见	368	1	7	5.18	1.373
二 G5. 平时交流中,同事们经常谈论新媒体相关知识	368	1	7	5.13	1.358
二 G1. 我是从集团内部获得新媒体的知识与技术	368	1	7	4.62	1.545
二 C1. 我的家庭尊重并支持我的职业选择	368	1	7	6.13	1.127
二 F4. 与以前相比,我与同事关系更加融洽,能得到工作协助	368	1	7	5.67	1.140
二 H3. 与以前相比,工作能够有更大的个人发挥与创新空间	368	1	7	4.89	1.416
二 C3. 当工作需要我投入更多时间时,家庭会帮我承担家庭责任	368	1	7	5.37	1.429

接下来,就不同性别、不同年龄、不同学历、不同职务员工的社会支持情况分别进行比较。首先,就性别比较来看,同事间的交流给予男性员工更多的媒体融合知识;无论是男性员工还是女性员工,家庭给予其的工作支持都

要高于集团内部与同事间的协助交流。其次，就年龄段比较来看，30岁以下的员工感受到同事间、集团内部以及家庭的社会支持均低于均值。再次，就学历比较来看，除工作中的个人发挥与创造空间外，学历越低，在工作中感受到的同事间、集团内部及家庭给予的支持明显更高，其中硕士研究生学历的员工感受的各项社会支持都要低于均值。最后，就职务比较来看，职位越高，在工作中感受到的各项社会支持也更高。

五、组织认同

组织认同由6个题项构成，即"我对单位有很强的依赖性""在单位里，我有像家庭成员一样的感觉""总的来说，我对目前的工作非常满意""我对集团提供的工作环境非常满意""现在留在单位是我的一种需要""即使现在我想离开本单位，对我来说也非常困难"（表4.13）。结果表明：传统媒体人对于基础工作环境的认可要强于上层组织归属的感知。

表4.13 组织认同描述统计量

	N	极小值	极大值	均值	标准差
三 D2. 我对单位有很强的依赖性	368	1	7	4.17	1.470
三 D1. 在单位里，我有像家庭成员一样的感觉	368	1	7	4.61	1.444
三 C11. 总的来说，我对目前的工作非常满意	368	1	7	4.69	1.563
三 C1. 我对集团提供的工作环境非常满意	368	1	7	5.28	1.488
三 D4. 现在留在单位是我的一种需要	368	1	7	4.72	1.411
三 D3. 即使现在我想离开本单位，对我来说也非常困难	368	1	7	4.37	1.573

接下来就不同性别、不同年龄、不同学历、不同职务员工的组织认同情况分别进行比较。首先，从性别比较来看，女性员工对组织的依赖与归属整体要高于男性员工。其次，从年龄段比较来看，30岁以下的员工对于组织的依赖与归属总体较低，且基本都低于均值。再次，从学历比较来看，本科学

历的员工对于组织的依赖和归属总体要高于均值，硕士学历的员工对于组织的依赖和归属总体则要低于均值。最后，从职务比较来看，基层管理者对于组织的依赖和归属明显高于均值，普通员工对于组织的依赖和归属总体略低于均值。

六、变革承诺

变革承诺由 5 个题项构成，即"我非常赞同集团的媒体融合战略""我认为集团积极推动媒体融合战略十分必要""我非常赞同媒体融合是传统媒体的出路""我非常关注并了解集团关于媒体融合的战略目标""我非常关注并了解中央关于媒体融合的文件精神"（表 4.14）。总的来说，传统媒体人对于媒体融合的战略规划和实践前景均给予了较高的关注与认可。

表 4.14 变革承诺描述统计量

	N	极小值	极大值	均值	标准差
五 B5. 我非常赞同集团的媒体融合战略	368	1	7	5.39	1.257
五 B6. 我认为集团积极推动媒体融合战略十分必要	368	1	7	5.75	1.152
五 B2. 我非常赞同媒体融合是传统媒体的出路	368	1	7	5.60	1.300
五 B3. 我非常关注并了解集团关于媒体融合的战略目标	368	1	7	5.15	1.315
五 B1. 我非常关注并了解中央关于媒体融合的文件精神	368	1	7	5.11	1.352

下面就不同性别、不同年龄、不同学历、不同职务员工的变革承诺情况分别进行比较。首先，从性别比较来看，男性员工对于媒体融合的战略规划和实践前景给予了较女性员工更多的关注与认可。其次，从年龄比较来看，30 岁以下的员工对于媒体融合的关注与认可基本低于均值，30~49 岁的员工对于媒体融合的关注与认可基本高于均值。再次，从学历比较来看，学历越高，对于媒体融合给予的关注和认可总体也越高。最后，从职务比较来看，职位越高，

对于媒体融合的战略规划和实践前景给予的关注与认可明显也越高。

七、融合能力

这部分内容由 8 个题项构成，即"我主动制定了自己的学习计划与长期规划""我在工作中经常提出很多新点子""我主动对新经验、新技术保持高度关注与热情""我的适应能力很强，能很快适应调整后的工作""我经常主动搜索新的工作方法、技术或工具""面对工作上的挫折和压力，我能够很好地调节自己的情绪""我是从外面专家或同行处获得新媒体的知识与技术""我完全依靠自学学习了解新媒体知识与技术"（表 4.15）。结果表明：传统媒体人的自我学习驱动要高于外部学习获得。

表 4.15 融合能力描述统计量

	N	极小值	极大值	均值	标准差
二 G7. 我主动制定了自己的学习计划与长期规划	368	1	7	5.01	1.268
二 H1. 我在工作中经常提出很多新点子	368	1	7	5.13	1.190
二 G6. 我主动对新经验、新技术保持高度关注与热情	368	1	7	5.68	0.977
二 F1. 我的适应能力很强，能很快适应调整后的工作	368	1	7	5.84	0.939
二 H5. 我经常主动搜索新的工作方法、技术或工具	368	1	7	5.52	1.112
二 F5. 面对工作上的挫折和压力，我能够很好地调节自己的情绪	368	1	7	5.64	1.133
二 G2. 我是从外面专家或同行处获得新媒体的知识与技术	368	1	7	4.82	1.362
二 G3. 我完全依靠自学学习了解新媒体知识与技术	368	1	7	4.90	1.277

下面就不同性别、不同年龄、不同学历、不同职务员工的融合能力情况分别进行比较。就性别来看，男性员工表现出的融合能力整体要高于女性员工。

就年龄段来看，低年龄段（30岁以下）和高年龄段（50岁及以上）的员工表现出的融合能力要略低于中间年龄段（30~49岁）的员工。就学历来看，不同学历的员工对不同方面表现出较好的适应融合能力，总体均值也较高。就职务来看，职位越高，表现出的融合能力整体越强。

八、转型行为

转型行为由3个题项构成，即"我经常动员他人，支持创新""我日常工作绝大部分是涉及新媒体方面的""我的新点子经常转化为有用的实践，为组织做出了贡献"（表4.16）。若在这3个题项得分高，为积极转型；反之则为消极转型。总的来说，传统媒体人对于媒体创新思维的感知要强于在此基础上的实践转化。

表 4.16 转型行为描述统计量

	N	极小值	极大值	均值	标准差
二 H6.我经常动员他人，支持创新	368	1	7	5.07	1.335
二 H4.我日常工作绝大部分是涉及新媒体方面的	368	1	7	5.51	1.144
二 H2.我的新点子经常转化为有用的实践，为组织做出了贡献	368	1	7	4.93	1.267

就不同性别、不同年龄、不同学历、不同职务员工的转型行为情况分别进行比较。首先，从性别比较来看，男女员工之间的创新思维没有明显差别，但男性员工较女性员工做出过更多的创新转型实践。其次，从年龄段比较来看，中间年龄段（30~49岁）的员工的新媒体思维和创新实践较低年龄段（30岁以下）和高年龄段（50岁及以上）的员工整体要强一些。再次，从学历比较来看，学历越高，创新转型的实践也越多，而新媒体思维的渗透则反之。最后，从职务比较来看，职位越高，创新转型实践也越多。

九、转型倦怠

转型倦怠部分内容由 4 个题项构成，即"工作让我觉得身心疲惫""我对工作不像以前那样感兴趣和热心了""我怀疑自己所做工作的意义""我对自己所做工作是否有贡献越来越不关心"（表 4.17）。结果显示，传统媒体人对于所做工作的主观价值否定尚不及其身心疲惫感知。

表 4.17 转型倦怠描述统计量

	N	极小值	极大值	均值	标准差
三 B1. 工作让我觉得身心疲惫	368	1	7	4.23	1.615
三 B2. 我对工作不像以前那样感兴趣和热心了	368	1	7	3.92	1.711
三 B3. 我怀疑自己所做工作的意义	368	1	7	3.56	1.780
三 B4. 我对自己所做工作是否有贡献越来越不关心	368	1	7	3.11	1.724

接下来就不同性别、不同年龄、不同学历、不同职务员工的转型倦怠情况分别进行比较。从性别比较来看，男性员工较女性员工更多地感知到身心疲惫和兴趣丧失，女性员工较男性员工更多地怀疑工作意义和贡献。从年龄段比较来看，50 岁及以上的员工表现出较其他年龄段的员工明显较低的转型倦怠意愿。从学历比较来看，除对工作意义的怀疑外，学历越高，感知到工作疲惫和主观否定越少一些。从职务比较来看，职位越低，在工作中感知到的身心疲惫和主观否定越强，即更可能转型倦怠。

第三节 结构方程模型

在社会科学、管理科学研究的数据分析中，应用最为广泛的是结构方程模型。它包含了方差分析、回归分析、路径分析和因子分析，可以分析多因多果的联系、潜变量的关系。本研究涉及外在环境、有机体和反应的多元变量，所以我们采用了结构方程模型进行分析。

一、基本模型与假设检验

根据上一章的理论分析，我们提出如下基于 S-O-R 模型的假设：

1. 外部环境刺激（S）- 内部状态（O）
H1：组织学习对媒体人的组织认同具有正向影响作用。
H2：组织学习对媒体人的变革承诺具有正向影响作用。
H3：组织学习对媒体人的融合能力具有正向影响作用。
H4：组织激励对媒体人的组织认同具有正向影响作用。
H5：组织激励对媒体人的变革承诺具有正向影响作用。
H6：组织激励对媒体人的融合能力具有正向影响作用。
H7：授权赋能对媒体人的组织认同具有正向影响作用。
H8：授权赋能对媒体人的变革承诺具有正向影响作用。
H9：授权赋能对媒体人的融合能力具有正向影响作用。
H10：社会支持对媒体人的组织认同具有正向影响作用。
H11：社会支持对媒体人的变革承诺具有正向影响作用。
H12：社会支持对媒体人的融合能力具有正向影响作用。

2. 内部状态（O）- 行为反应（R）
H13：组织认同对媒体人转型行为具有正向影响作用。
H14：变革承诺对媒体人转型行为具有正向影响作用。
H15：融合能力对媒体人转型行为具有正向影响作用。
H16：组织认同对媒体人转型倦怠具有反向影响作用。
H17：变革承诺对媒体人转型倦怠具有反向影响作用。
H18：融合能力对媒体人转型倦怠具有反向影响作用。

3. 内部状态（O）的中介作用

H19：组织认同在外部刺激传媒人转型行为中发挥中介作用。

H19-1：组织认同在组织学习影响传媒人转型行为中发挥中介作用。

H19-2：组织认同在组织激励影响传媒人转型行为中发挥中介作用。

H19-3：组织认同在授权赋能影响传媒人转型行为中发挥中介作用。

H19-4：组织认同在社会支持影响传媒人转型行为中发挥中介作用。

H20：变革授权在外部刺激传媒人转型行为中发挥中介作用。

H20-1：变革授权在组织学习影响传媒人转型行为中发挥中介作用。

H20-2：变革授权在组织激励影响传媒人转型行为中发挥中介作用。

H20-3：变革授权在授权赋能影响传媒人转型行为中发挥中介作用。

H20-4：变革授权在社会支持影响传媒人转型行为中发挥中介作用。

H21：融合能力在外部刺激传媒人转型行为中发挥中介作用。

H21-1：融合能力在组织学习影响传媒人转型行为中发挥中介作用。

H21-2：融合能力在组织激励影响传媒人转型行为中发挥中介作用。

H21-3：融合能力在授权赋能影响传媒人转型行为中发挥中介作用。

H21-4：融合能力在社会支持影响传媒人转型行为中发挥中介作用。

二、S-R 模型估计

在模型检验之前，我们先验证 S-R 是否存在传导关系，即外部环境刺激能否直接产生对传媒人行为反应的影响。

GFI 检验（goodness-of-fit index），是指拟合优度检验或者适配度检验。当解释变量为多元时，要使用调整的拟合优度，以解决变量元素增加对拟合优度的影响。

CFI（comparative fit index），比较拟合指数。该指数是在对假设模型和独立模型进行比较时取得，其值在 0~1，愈接近 0 表示拟合愈差，愈接近 1 表示拟合愈好。一般认为，CFI ≥ 0.9 时，模型拟合较好。

TLI（Tucker-Lewis index），Tucker-Lewis 指数。该指数是比较拟合指数的一种，取值在 0~1，愈接近 0 表示拟合愈差，愈接近 1 表示拟合愈好。如果 TLI > 0.9，则认为模型拟合较好。

RMSEA（root-mean-square error of approximation），近似误差均方根。RMSEA 是评价模型不拟合指数，如果接近 0 表示拟合良好；相反，离 0 愈远表示拟合愈差。一般认为：如果 RMSEA=0，表示模型完全拟合；如果 RMSEA < 0.05，表示模型接近拟合；如果 0.05 ≤ RMSEA ≤ 0.08，表示模型拟合合理；如果 0.08 < RMSEA < 0.10，表示模型拟合一般；如果 RMSEA ≥ 0.10，表示模型拟合较差。

模型的拟合结果显示，GFI、CFI、TLI 大于 0.700；RMSEA 是 0.084；影响"转型行为"的所有路径系数均在 $P<0.05$ 的水平以上显著；影响"转型倦怠"的路径仅"组织激励"系数显著，说明组织激励对传媒人转岗转行有着显著抑制作用。调查中"转型倦怠"的变量得分并不高，不排除调查中被调查对象隐瞒意愿的情况存在，因此下面的考察重点放在了"转型行为"上（表 4.18）。从总体上看，S-R 模型并不十分稳定，预示着极有可能需要中介变量的帮助。

表 4.18　S-R 模型估计结果

			系数	S.E.	C.R.	显著性检验
转型行为	<----	组织学习	0.151	0.061	2.492	**
转型行为	<----	组织激励	−0.146	0.069	−2.109	**
转型行为	<----	授权赋能	0.181	0.064	2.810	***
转型行为	<----	社会支持	0.913	0.151	6.064	***
转型倦怠	<----	组织学习	−0.027	0.073	−0.374	0.708
转型倦怠	<----	组织激励	−0.395	0.090	−4.403	***
转型倦怠	<----	授权赋能	−0.119	0.081	−1.479	0.139
转型倦怠	<----	社会支持	−0.013	0.115	−0.115	0.909

三、S-O 模型估计

传媒人所受外部环境刺激引起他们的内在状态改变，进而引起他们的行动反应，即内在状态为 S-R 模型的中介变量。于是这一部分将检验外部环境刺激对传媒人内在状态的影响。模型估计结果如表 4.19 所示。模型的拟合结果显示，GFI、CFI、TLI 大于 0.800；RMSEA 是 0.077；绝大多数路径系数均在 $P<0.05$ 的水平以上显著。假设 2、3、4、7、11 和 12 分别得证。显然，这一结果差强人意，说明外部刺激中组织学习与社会支持对传媒人内在状态的变革承诺与融合能力有着显著而积极的影响，而外部刺激中的组织激励与授权赋能仅仅对传媒人的组织认同有着显著正向作用，对其他方面作用不仅不显著，甚至可能产生负面影响。这一点也正好暴露出媒体内部的组织激励并非特别有效。

进一步去除不成立的关系后，调整后模型 GFI、CFI、TLI 接近 0.800；RMSEA 是 0.080；全部路径系数均在 $P<0.01$ 的水平上显著。

表4.19 S-O 模型估计结果

			系数	S.E.	C.R.	显著性检验	假设是否成立
组织认同	<---	组织学习	-0.022	0.034	-0.628	0.530	H1 不成立
变革承诺	<---	组织学习	0.352	0.060	5.866	***	H2 成立
融合能力	<---	组织学习	0.202	0.047	4.271	***	H3 成立
组织认同	<---	组织激励	0.618	0.063	9.835	***	H4 成立
变革承诺	<---	组织激励	0.008	0.065	0.126	0.900	H5 不成立
融合能力	<---	组织激励	-0.057	0.054	-1.062	0.288	H6 不成立
组织认同	<---	授权赋能	0.114	0.039	2.969	**	H7 成立
变革承诺	<---	授权赋能	-0.027	0.059	-0.454	0.650	H8 不成立
融合能力	<---	授权赋能	0.074	0.049	1.513	0.130	H9 不成立
组织认同	<---	社会支持	-0.008	0.056	-0.149	0.882	H10 不成立
变革承诺	<---	社会支持	0.503	0.111	4.553	***	H11 成立
融合能力	<---	社会支持	0.713	0.115	6.192	***	H12 成立

四、O-R 模型估计

那么，传媒人内在状态是否会引起他们的行为变化，完成中介变量传导作用呢？这一部分将进行传媒人内在状态对其行为反应的影响检验。模型的拟合结果显示，GFI、CFI、TLI 大于 0.700；RMSEA 是 0.082。模型估计结果也差强人意，仅"变革承诺→转型行为"和"融合能力→转型行为"的系数均在 $P<0.1$ 的水平上以上显著（表4.20）。这说明，组织认同对转型行为的影响并不显著，变革承诺对转型行为有着一定的作用，只有融合能力能够显著提升转型行为。

表4.20 O-R模型估计结果

			系数	S.E.	C.R.	显著性检验	假设是否成立
转型行为	<---	组织认同	0.057	0.041	1.389	0.165	H13 不成立
转型行为	<---	变革承诺	0.116	0.067	1.732	*	H14 成立
转型行为	<---	融合能力	0.980	0.096	10.190	***	H15 成立

五、整体模型估计

根据前面的模型分析，为了清楚地揭示所有变量的关系以及中介变量的作用，下面在通过显著性检验的变量关系基础上构建整体模型。初始模型的拟合结果显示，GFI= 0.752，CFI=0.821，TLI=0.801；RMSEA=0.069，所有路径的系数显著性较好地反映了中介变量的作用。具体结果见表4.21。

表4.21 整体模型初始估计结果

			系数	S.E.	C.R.	显著性检验	假设是否成立
转型行为	<---	组织学习	0.066	0.050	1.329	0.184	可能存在中介效应
转型行为	<---	组织激励	−0.084	0.309	−0.271	0.787	可能存在中介效应
转型行为	<---	授权赋能	0.137	0.055	2.517	**	无中介效应
转型行为	<---	社会支持	0.103	0.124	0.835	0.404	可能存在中介效应
转型行为	<---	组织认同	−0.029	0.395	−0.074	0.941	
组织认同	<---	组织激励	0.723	0.058	12.494	***	H19 不成立
组织认同	<---	授权赋能	0.059	0.042	1.411	0.158	
转型行为	<---	变革承诺	0.137	0.065	2.094	**	H20
变革承诺	<---	组织学习	0.230	0.058	3.981	***	H20-1 成立（完全中介效应）
变革承诺	<---	社会支持	0.491	0.109	4.513	***	H20-4 成立（完全中介效应）

(续表)

			系数	S.E.	C.R.	显著性检验	假设是否成立
转型行为	<---	融合能力	0.909	0.118	7.669	***	H21
融合能力	<---	组织学习	0.135	0.053	2.568	***	H21-1 成立（完全中介效应）
融合能力	<---	社会支持	0.882	0.133	6.651	***	H21-4 成立（完全中介效应）

初始模型的运算不够理想，我们进一步去除不显著的路径与变量，得到修正模型如表4.22所示。虽然模型的拟合程度没有太大改变（GFI=0.722，CFI=0.781，TLI=0.767，RMSEA=0.082），但是系数的显著性程度明显提高。

表4.22 修正模型估计结果

			系数	S.E.	C.R.	显著性检验
变革承诺	<---	组织学习	0.230	0.058	3.975	***
融合能力	<---	组织学习	0.135	0.053	2.569	**
变革承诺	<---	社会支持	0.492	0.109	4.520	***
融合能力	<---	社会支持	0.883	0.133	6.654	***
转型行为	<---	变革承诺	0.138	0.065	2.110	**
转型行为	<---	融合能力	0.909	0.119	7.664	***
转型行为	<---	组织学习	0.067	0.050	1.343	0.179
转型行为	<---	社会支持	0.102	0.123	0.827	0.408
转型行为	<---	授权赋能	0.058	0.027	2.180	**

据此，我们整理出最终结构方程模型如图4.1所示：外部环境变量由授权赋能、组织学习与社会支持组成，内在状态变量为变革承诺与融合能力，行为反应变量是转型行为。其中，授权赋能对传媒人转型行为有着直接而积极的影响效应；组织学习与社会支持通过变革承诺对传媒人的转型行为产生显著而积极的影响；组织学习与社会支持通过融合能力对传媒人转型行为发挥显著正向作用。

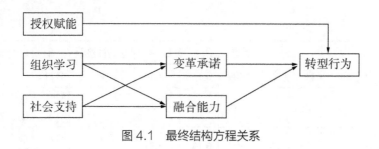

图 4.1 最终结构方程关系

这一最终估计结果从大量的、可能的影响因素中提炼出影响传媒人转型行为最为关键的因子,揭示了外部环境是如何通过影响传媒人内部状态而引起传媒人行动改变的传导机制。

这一结果与预期有所不同,最为突出的两点是:其一,组织激励的外部刺激并没有成为影响传媒人内在状态与转型行为的关键变量,这是与一般组织理论不同的。其二,组织认同能够促进转型意愿和行为的产生这一假设没有得到证实。我们在下一章中将进一步对此进行分析和讨论。

第五章 进一步讨论与分析

当前，媒体融合已经成为传统媒体变革的主旋律，而传统媒体人转型则是传统媒体完成融合变革的核心内容和必备要素。没有传统媒体人的成功转型，传统媒体就不可能实现真正的媒介深度融合，因此研究推动传统媒体人转型的重要环境因素和影响传统媒体人转型的内在变量等就显得非常重要。本章将在前几章构念、假设、问卷统计分析检验的基础上，结合深度访谈及文献调查对本研究主题中部分内容做进一步的深入分析与讨论。

第一节　授权赋能与转型行为

上一章的定量分析表明，授权赋能无需经过中介变量（变革承诺、融合能力等），即可直接推动形成传统媒体人的积极转型意愿与行为，与之前的假设——其将通过中介变量（组织认同、变革承诺和融合能力）促进传统媒体人转型——不太吻合。这说明，相对于其他外在刺激因素而言，授权赋能这一变量对传统媒体人转型的影响最为直接，因此也显得更为重要。

一、授权赋能推动转型行为的内在逻辑

在融合背景下，传统媒体人积极转型是一种主动变革行为。主动变革行为是指员工自发的、建设性的，旨在改善组织运行，促进组织发生功能性变革所做的努力[1]。通常情况下，员工主动变革行为与个体特征（团队精神、自我效能感与责任感）、组织特征（分配公平、鼓励创新、程序公正等）和领导风格（领导—成员交换等）相关。其中，授权型领导是促进员工主动变革行为的核心情境因素[2]，也就是说，授权赋能是员工主动变革行为的关键性刺激变量。

授权型领导（empowering leadership）是指通过授予下属职权等手段来提高员工绩效的一系列行为[3]。组织中的授权实践包括授予权力、责任对等、共

---

[1] Morrison E W, Phelps C C. Taking charge at work: Extrarole efforts to initiate workplace change [J]. Academy of Management Journal, 1999, 42(4): 403-419.

[2] 张正堂, 赵李晶, 丁明智. 授权型领导对员工主动变革行为的影响机制 [J]. 科研管理, 2020, 41(10): 218-226.

[3] Arnold J A, Arad S, Rhoades J A, et al. The empowering leadership questionnaire: The construction and validation of a new scale for measuring leader behaviors[J]. Journal of Organizational Behavior, 2000, 21(3): 249-269.

享信息、自主决策和鼓励创新等。根据 Parker 和 Collins 提出的"主动行为激励模型",主动行为产生的主要路径是个体的能力、动力和积极情感的激发作用。能力的激发作用主要指个体的自我效能感,个体对自己有能力完成某项任务的自信程度,能够激发其行为动机继而提高成功的可能性,高自我效能感的员工会更高效地完成工作任务及应对组织变革等[1]。授权行为不仅能够促进下属学习和发展更多的知识与技能,同时也能提高下属的工作灵活性。领导对下属的能力和高绩效表达信心有助于提升员工的自我效能感。拥有较强自信心的员工对在组织内部实施主动行为的风险感知会更低,所以他们更乐意挑战宽泛、复杂的角色外任务,如主动变革行为等。

显然,在积极倡导媒体融合战略的背景下,对传统媒体人更广泛的授权能提升媒体人的效能感,激活媒体人自我提升的动力进而促进其融合能力的提高,这对传统媒体人转型来说至关重要。从本研究个案——J 广电制定的媒体融合规划可以看出,该组织领导层显然清楚地了解授权在对推动传统媒体人转型的过程中发挥的重要作用。比如在 J 广电"十三五"规划中有"给予制片团队试错的机会,促进更好地创新创优""为人才成长提供更多机会和发展平台。实施科学的人才激励策略,保持人才队伍的创造力和工作热情"等措施,在媒体融合计划中有"优化内部组织架构、树立扁平化管理理念"。在具体工作中,J 广电确实建立了一些渠道听取普通媒体人的意见,如不断听取并采纳普通员工的意见、通过举办一些竞赛让人才脱颖而出、积极帮助"配合"、支持员工的个人发展等等。

每年其实台里面的领导也都会开一些座谈会什么的,大家可以提建议,其中有很多建议都被采纳了。比如说一些业务上的(意见),通道其实挺多的。还有包括你对于节目有些什么设想,每年节目创意的大赛和产业创新的大赛,其实也都是基层同志能够实现自己的想法的一个途径。——访谈1(女,70后,中层)

从行事作风来看,他们应该都算传统意义上的好领导。首先他不会限制下属的一些思维,包括我们的发展。如果你想做的话,他们也会尽全力去配合,

---

[1] Bandura A. Social foundations of thought and action[M]. Englewood Cliffs, NJ: Prentice Hall, 1986.

甚至会考量你的个人发展。这不是说只要我这个平台好，就不管你个人（能力）怎么样。——访谈22（女，90后，编导）

媒体人尤其希望在选题规划上拥有更大的自主权，不愿意只是听从上级指令做"订单式""命题作文"，希望能有自己的观点、角度，能发出自己的声音。年轻媒体人希望有较多的机会牵头负责某一个项目或主题报道等，不希望在需要"论资排辈"的体制内"慢慢熬"。这几个方面，J广电的人力资源管理都有一些较好的表现。

我们每天早上都有选题会，每个节目报选题，通过率基本在80%以上……我们肯定还是自主的东西比较多，毕竟每一个主持人都是希望自己发声的，他们最不愿意做的就是省委宣传部下的订单式的采访，命题式的东西是他们最不喜欢的，任何一个自我的策划，他们都是开开心心地去做。——访谈32（女，80后，编导）

我们会给年轻人特别多的机会，比如说一个项目哪怕你才进台一两年，你可以主动申请，我如果觉得你可以，我就让你尝试，……，我只是要在过程当中稍微把控一下。所以如果你有能力就会迅速地冒出来，不会存在那种"在一个体制内你先慢慢熬吧""你才来的，按资排辈吧，让你先熬两年再说"等等这种情况。——访谈23（男，70后，制片人）

个别部门在授权方面试图突破体制禁锢，做一些探索创新和尝试，比如内部成立新媒体的创业团队，让年轻人挑大梁，在实际工作中提高年轻团队的能力。

管理的过程中除了用薪酬去激励之外，也还有一些方法可以留住人，比如可以组建新型团队，包括一些年轻的员工。我原来专门组建了有能力、有作为、有想法的团队，叫创业团队，他们还和外面的一些美编之类专业人员进行联合。这个是非常年轻化的团队，只有一半的精力放在传统的片子上，还有一半的精力用于每天出海报，每天做H5或者做互联网产品或者做互联网营销，目的就是形成一个团队文化，让员工觉得要有传承。——访谈13（男，60后，中层）

授权赋能与领导个人的个性和风格有很大关系。在一些领导比较开明的部门，员工们也确实获得了较多的授权。有的媒体人从一个比较传统的部门调到一个更加开放的部门，在新的部门里，由于领导的管理风格不同于传统部门的管理风格，他们在实际工作中获得了更多授权，"自由度"大大增加。

  这两年我的生活是非常愉悦的，因为我在新的部门，比原来自由度大了很多，而且我觉得做节目本身也是很有乐趣的，……我还是很享受当时的工作状态。——访谈6（女，80后，制片人）

  获得授权后的工作，工作量会较以前大大增加，"工作压力更大了"，但心情反而更加愉快，也更加"享受"这种状态。

  相对以前，其实我的心理压力，包括精神压力是小了，因为我是在做我擅长并且我更喜欢的工作。过去我觉得更多的是自我折磨，因为我对工作本身不满意。现在更多的压力来自这份工作本身，更多的是生理上的一些压力。因为现在的工作其实负荷量很大，以前可能一个项目做六个月没有关系，现在在新闻一线的话，基本上几天一个项目，而且每个项目需要出的那些作品量是很大的，工作压力更大了，但是我不后悔做出这项调整。——访谈2（女，80后，编辑）

  在获得授权的过程中，一方面需要管理者有授权意识，给予普通媒体人更多的自由；另一方面也需要媒体人在与顶头上司不断重复"博弈"的过程中，积极争取授权，获得更大的自主权。

  问：当和上面的领导产生理念上的冲突时，你们一般会怎么处理？是完全听领导的，还是有别的方式？

  答：其实最后一定是各方博弈的结果。怎么说呢，我们会根据领导的指示进行一些调整，其实也挺好玩儿的。调整之后，有一段时间我们就完全只发我们节目的内容，结果发现效果其实是不行的，而且一些节目你实在是挑不出什么东西来。然后我们就会再跟领导反馈，领导也会说其实你不必这样。既然领导这么发话了，我们就再继续放开一点，大家可能慢慢就放飞了。然后呢，领导又会觉得这边其实可以再收一点。的确是这样子，双方博弈之后……编辑和领导的有些想法还是不一样的，领导有一些问题确实也是可以的，政府决策这方面的内容还是有受众群的，我们也会先尝试着发一发。如果效果还不错的话，我们就可以继续朝着这方面走下去。轻松类的、实用类的内容就放在最后。基本上发布的东西就定下来这个模式了，最近的选题也很少会被刷，我觉得大家算是达到了一个平衡点。——访谈5（女，90后，编辑）

二、"层层审核"对授权赋能的制约

不过,在J广电内部,部门众多,尽管高层领导积极要求"探索媒体融合发展下吸引人才、留住人才、用好人才的有效办法,形成干事创业的良好环境",倡导较大程度上的授权赋能,但在实际运作过程中,这种授权依然比较有限,比如信息发布时的"层层审核"制度决定了一个新闻需要逐级审核后才能发布,这导致了内部反应速度过"慢",新闻成了"旧"闻,与新媒体的"快"形成了鲜明对比。

我就举个例子,比如说发生了一些突发事件,我们的反应速度绝对是最慢的。因为我们的审核是非常严格的,内容需要经过层层审核后才能发布,但是这个时候你发布的内容已经不是新鲜的东西了。你说你是做深度,事实上我觉得很大一部分的新闻人,他是没法做深度的。电视节目里的东西就是所谓碎片化的东西,你让他做深度他做不出来,但是你做出深度的同时,你又比不了速度,那就是死路一条。——访谈2(女,80后,编辑)

电视节目生产的是一个来得特别快的东西,因为创意来得快嘛,你要把创意变成一个可视化的东西,其实就有一个时间周期的问题。我们希望周期越短越好,但是因为有一些所谓的流程上的东西,可能会(把周期)拉长一些。——访谈7(男,70后,编导)

组织中的一些中层干部身处体制内多年,习惯采用自上而下强制性命令手段与媒体人打交道,而现在的年轻人显然不适应这种方式,于是冲突在所难免。普通员工和主管领导通常是两代人,对节目的处理方式有不同的风格。一些领导站在自己的角度对节目提出的要求可能与市场客户的要求并不吻合,当领导的口味和市场的口味相冲突时,处理就有难度。

我最烦的就是我这样子去设计这样子去做,她一看就非要我改成她想要的那样。对于一些不涉及原则性问题的主观的东西,她也要改成她希望的样子。这样的事情多了,慢慢我就觉得,我只是她想法实现的一个工具。我整个弄出来,她一句话就全改,这(让我)心里会很(不舒服)。然后她又是那种工作特别认真、特别负责,因为有点脾气、有点太急了也得罪过不少(同事)。——访谈4(男,90后,产品经理)

审片是一个很主观的事情，通过审片也能明显看到不同代际的人，他们对同一个事情的理解是不一样的。比如说话语权和审片权，说实话，台领导基本已经是上年纪的人了，他可能会认为内容上应该更稳重或者是……但是这就面临一个困难，你究竟是去迎合领导这种口味，还是去做一个更市场化的一个产品？我认为这当中，当然可能有人会用更高超的技巧去调和，但是在我看来，其实是比较难处理的。——访谈17（女，80后，制片人）

整体而言，在电视媒体内部管理中的授权赋能与新媒体转型的战略要求还有较大的差距。究其原因，"党管媒体"的本质特征和历史惯性在较大程度上限制了"授权"的可能性。传统媒体是体制的重要组成部分，具有很强的意识形态属性，中国政府对报业、广播电视等媒体采取的是行政许可的管理方式，因此，"行政干预"和"政府主导"是影响传统报业、电视等传媒业发展的最大变量[①]。"事业单位"的定性固化了报业、电视等媒体组织的内部管理运作方式和工作模式，制约着传统媒体人力资源管理的运作和活力，这也限制了报业、电视媒体的人力资源能量的充分释放[②]。

一项有关传统媒体人离职的研究表明，媒体人离职除了薪水等影响因素外，最重要的一个原因是对体制机制的无奈：有人抱怨规矩太严格，哪怕稿件的写作也不能有一点创新，"报道选题被毙，且这一情况长时间、大量地存在，直接影响了记者的工作热情，尤其是和新媒体相对宽松的报道空间进行对比，这种传统媒体内部的禁锢更让媒体人感到苦闷"[③]。中央电视台焦点访谈记者武卿在她的辞职告别词中这样说道："生产力、创造力不能充分释放的压抑感，离地三尺找不到着落的空洞感，从2010年就开始有了。"J广电的一些媒体人同样多少有点这种感觉，当自己想"大展一下拳脚"时却无处着力，于是处于"苦闷""烦恼""压抑"的状态之中。

我是电视人，不是新闻人，有电视理想，总想着自己经历了前五年的积累。因为对我个人来说，我原来是电视的门外汉，经历了积累以后，觉得有一些

---

① 史松明. 二元体制下电视媒体人力资源管理研究[D]. 南京：南京师范大学, 2015.
② 史松明. 二元体制下电视媒体人力资源管理研究[D]. 南京：南京师范大学, 2015:31.
③ 陈敏, 张晓纯. 告别"黄金时代"：对52位传统媒体人离职告白的内容分析[J]. 新闻记者, 2016(2)：16-18.

经验，有一些想法，觉得抓住了电视节目制作的某些关键点。总觉得可以大展一下拳脚的时候，发现没有这么多的机会给你，就会觉得苦闷、烦恼、压抑，目前就是处于这样一个状态。——访谈7（男，70后，编导）

访谈5的被访者本来是上海一家新型互联网公司的员工，从事短视频编辑工作，因为家庭原因离开了上海，来到J广电担任编辑一职。因此，她有在两类不同单位工作的经验，对互联网公司与传统媒体单位不同的工作氛围、授权和工作自主性方面有着切身体会。她的感觉是：过去在新媒体公司"自主性比较大""放松""氛围真的好"，领导对你的启迪"很大方"；而现在在传统媒体则工作强度"更大"，工作都是"自上而下"地安排，方案必须按照领导的要求去办，因为"审核严格"担心出错所以"心里很紧张"。

之前的（新媒体）公司和现在很不一样，当时（在新媒体公司）其实我们的自主性是比较大的，选择面也比较宽。这边其实主要是一个自上而下的任务过程，后来就会自上而下地安排。……但领导就不行，觉得一定要把我们所有的、可以宣推的视频片段给弄出去。

对于我个人来说，肯定是之前的（互联网）公司更好，因为之前会比较放松，而且那边完全是互联网公司的一个环境，大家相处是比较开心的。工作强度是这边更大，而且还有一个就是这边审核方面是很严格的，会让人心里很紧张。

这里（与外面的互联网公司相比）我没那么喜欢，首先收入水平肯定是一个方面，还有就是氛围、工作环境。我们单位毕竟是一个国企，国企的话就存在自上而下的压力。真的，我其实特别怀念互联网公司那边，那边氛围真的好，领导在给你启迪方面都很大方。——访谈5（女，90后，编辑）

对于传统媒体而言，新媒体的发展、媒体融合、媒体转型是没有历史先例可循的，管理者和普通媒体人一样，同样没有任何经验，更没有占据任何技术方面的优势，反而在年龄和适应性方面整体相对处于劣势。对此，就需要充分发挥每位媒体人的自主性，激发媒体人自我成长的内在动机，让媒体人拥有更多的机会参与决策，让他们自主学习，提高他们的自我效能感和工作绩效。只有充分发挥传统媒体人的创造性、能动性，才能更好地推动他们主动积极地进行新媒体转型。

第二节　组织激励与转型行为

在上一章的分析中，"组织激励对传统媒体人转型有正向的推动作用"这一假设没有得到定量结果的验证。这一结果与日常认知不太吻合。事实上，前面的假设提出已经从理论和实务两方面推导了其中的关系。在研究的深度访谈中也同样发现，激励对媒体人转型至关重要。那么为什么这一判断在数据分析中没有得到支持呢？本节试图讨论其中的原因。

一、利益驱动促进转型意愿和行为

J 广电高层十分重视组织激励在媒体融合、媒体人转型过程中的作用，在 2014 年制定的媒体融合计划中提出"完善激励机制。探索推行管理层、核心员工持股、期权激励等互联网领域通用的激励模式，建立与市场对接的薪酬体系，探索媒体融合发展下吸引人才、留住人才、用好人才的有效办法，形成干事创业的良好环境"。

具体实施的激励措施就是在面向记者的薪酬奖金上向新媒体部分倾斜：把原来的稿酬分成两部分，一部分是传统部分的，完成了可以发，另一部分则是完成了新媒体发布后再发。这一措施导向性明显，增加了记者的收入，能够促进其提升自己的新媒体运作水平。这种带有一定强制性质的激励措施，在前几年报业媒体转型初期也常常会使用，效果也得到了证实。

因为 J 台这样的通道很多，既有频道层面的节目竞聘方案，也有集团层面的产业大赛、节目研发大赛，每年都有，而且集团很重视。产业大赛是这样的，以个人或者小团队的形式申报方案，这个方案如果获奖了，那主创就有资格获得到国外高级研修的机会，真的很好。——访谈 7（男，70 后，编导）

今年（2019 年）其实台里面出台了一个鼓励政策，非常利好的政策。鼓励传统的广播电视记者转型，你的报道是移动优先，就是说你去现场以后回来你先给，甚至没有回来，你先给网络供稿。然后在第二步再考虑你的本平台的播出，而且当时台长是在会上，我觉得他讲得非常清晰和中肯。他说他想了半天，他觉得如果要促进大家很自觉很有动力地去做，就要把大家的这个绩效（改革）做出来。

比如说，本来可能有百分之百的稿酬给你，现在挖掉一部分，就是我可以只给你80%。然后当你完成了给新媒体供稿以后才给你另外20%。因为毕竟要挖掉一部分嘛，反正我们回来做了各种动员，而且是也做了培训。所以那些老同志现在发稿也很积极。我就跟他们讲这个是一个大的变化，是一个几方共赢的变化。台里面希望把这个资源盘活，而且是面向新媒体去转型，对于你们自己来说，你们将不仅获得技能，而且还有可能增加收入。结果现在果然是增加了收入，因为他们很积极……就是做得好的人每个月能增加一两千块钱。当然就是，比如说几百块钱的也有。——访谈1（女，70后，中层）

有些部门考核得比较精细，通过对"阅读量""点击量"的计算进行考核。一些部门将和原先广播电视稿件相关的薪酬朝下压，对新媒体的考核增加了权重。还有部门专门设立了新媒体部分的相关奖金，比如针对一些爆款的短视频发奖金等。这一系列激励措施产生了较好的效果，也得到了大家的"认可"。

我们每个月会算一定的工作量，包括工作天数和好稿量，还有你参加的项目等等。会看你视频的阅读量、点击量，如果你的视频播放量超过1000万、500万、100万会有相应的奖励。目前大家对这套考核机制还是比较认可的。——访谈5（女，90后，编辑）

我们现在已经形成政策，把你相应的原来广播电视稿件的薪酬往下压，同时增加了一部分权重专门用于给互联网供稿。……回来的时候做短视频的人、互联网转播群发布的人专门找人帮他做设计，因为两个作品剪辑的节奏、产品语言完全不是一个体系，得专门找人做，同时出一款电视产品、投一个推广互联网产品，这两队人同时获得奖励。当然了，电视这一块奖励得多一点，因为电视投资多一点，广播这块同时也会有奖励，要靠这种方式让大家内心感觉你能做这样的产品，会尽量留在这边，在里面发挥作用，而不是说发现这边不行就走掉。能留一定要留的这个过程当中，激励是最重要的，必须激励。——访谈13（男，60后，中层）

对一些与市场紧密联系、收入较高的部门，绩效考核则更向前一步：低基本工资加高奖金，薪酬完全与工作成果挂钩。有项目时，工作很忙，工资加奖金收入很高；没有项目时，进行项目研发，只发基本工资。这种绩效考核方法已经完全与市场竞争激烈的企业一样，在调动一线员工的积极性方面是"非常有效的"。

以前一个节目组十来个人，你有节目没节目，我都要养。现在不了，现在就是你有节目你才是节目组，你才是制片人，没有节目，你就属于待岗状态。

前几年的时候，因为大家活儿都忙不完，只要你有节目，相对收入就会稳定。到2012、2013、2014年其实都还好，就是相对会比较稳定，因为你活干不完。本身台里的编导都不够用，还会跟外面借的时候，就不缺活干嘛。但是现在你突然发现，唉，一般来说一个项目会忙半年，如果半年接半年，那是最完美的，但是并不是说你这半年忙完了以后，下面还有个半年等着你，那个时候你可能会有几个月的空档期，节目研发期的时候收入待遇也会差一些。这个时候你会发现自己的收入和以前比处于一个不饱和的状态。——访谈7（男，70后，编导）

我觉得这种奖惩制度的建立是非常有效的。因为如果没有用奖惩机制来调动一线员工的积极性的话，转型对他们来说是可有可无的一件事情，很多人他并不会想要转型成一个新媒体记者，因为他的工作量也增加了。他除了要完成晚上的一个电视节目的栏目外，还要再给我们新媒体发稿。他确实要做更多的事情了，而且像以前的电视记者到了现场，如果他只要写很简短的文字的话，那么他可能不愿意记，但是如果你要新媒体给你发稿，你可能在会上要听、记录或者采访更多的东西，对他其实是一个倒逼，所以推进不是那么容易的。——访谈3（女，70后，中层）

在一些新媒体部门，由于部门成立时间较短、收入相对较低，所以人员比较年轻、结构简单，没有过多的体制包袱。这样的部门就能相对轻松地引入市场的激励机制，只要努力就会有收获。比如一位外聘员工一心扑在工作上，"全年无休"，经过自己的努力，先从公司聘转为集团聘，再后来职位晋升为主任，成了集团媒体人转型的一个典型。

（我们部门）奖惩机制很明确，你努力去做事，必然不会亏待你的，因为这个是一个需要用人的部门，……我记得我们有一个产品主任，去年被我们部门推选为十大感动集团人物之一。他一开始的时候是我们外部公司的一个员工，我们是同一年进来的，记得那年他从外部公司转到当时的租赁人员，然后一步一步地现在转了集团聘，然后也给他升了主任，再后来也给了他很多荣誉。他的自学能力和抗压能力确实很厉害。他可以做到全年无休，没结婚也没对象，就一心扑在工作上。——访谈9（男，70后，中层）

二、激励不足制约积极转型

不过从整体上看，大多数电视媒体的薪酬绩效考核方法和制度还处于摸索阶段，上述受欢迎、效果较好的薪酬激励方案只是在部分部门实施。在另外一些新媒体部门，由于刚刚完成机构改革，需要花时间重新测算和制定，绩效考核方案至今（2019年）迟迟不能建立并公布实施，还在沿用过去的老制度运行。老制度保持了一定的稳定性，但对媒体人来说激励性显然不够。

我还不太清楚。据我了解，我们这边考核绩效也不是很清楚，这确实是个问题。据我所知，可能即将开始机构改革，就是绩效什么都会重新去算，重新去规定。接下来可能会有这方面的事。——访谈4（男，90后，产品经理）

虽然员工（对收入）会有意见，但是没有办法，我们还是维持了老办法做，因为到现在为止没有所谓新绩效考核。我们基本上是采用定档薪资的办法，就等于一人一个工资标准，这个工资标准不管你这个月做得多做得少都是一样的。这会带来一个问题，就是这对一些人没有激励性。——访谈2（女，80后，编辑）

老的薪酬制度的特点是平时的收入大家都差不多，只是"年终奖"依据岗位和业绩会有一定的区别。当然整体收入以及不同人收入待遇之间的相互差距，与外部的新媒体公司、互联网企业相比还有巨大差距，根本"没有可比性"。

收入分配没有（变化），激励也没有（变化），就一直在这样的环境里面兢兢业业地做事情。当然年终奖可能会有一些变化，就是你的年收入是有一些变化的，这个变化跟外面还是没法比的。——访谈20（男，90后，编辑）

甚至还有让个别媒体人感到困惑的是本年度的收入与上年度的收入相

比"下降"了,这与他本人的工作感受完全相反:他本人的职位提升了、工作更忙了,但总收入却不升反降。为这件事找到相关部门,也得不到满意的答复。

……我不是那种(就是说)对自己的收入很敏感的那种人,我真的是后来才发现收入它不是往上涨的。2013年,当时我加上年终奖整个收入是最高的,后面其实收入在下降……然后我也去问了,不是完全按照你的工作年限来调整收入,比如你工作时间长收入往上走,或者说你的级别高了,你从普通(员工)到制片人了(收入)往上走,并没有。——访谈6(女,80后,制片人)

绩效考核方案制定的难点在于传统电视媒体内部部门众多、岗位性质差异较大,不能形成统一的绩效考核制度。这就需要薪酬制定专家结合各部门的工作特点、岗位类别的实际情况,分别制定各自的政策,然后再由集团人事部门统一平衡。新的政策制定后还需要一定时间试运行,看是否有突出的问题,如有就有必要做一定的调整。这一切都需要一个较长的过程。

到目前(2019年)为止,网络传播部这边基本的绩效考核制度并没有建立起来。它在成立之后就一直在建立考核制度,也推行过一段时间,但实际上你的绩效和收入是不挂钩的。因为它牵扯到很多部门很多工种,每个工种和每个部门的考核方式是不同的。但是如果你只有一套考核办法,那么对于整体部门是需要适用的,可问题就是对于一些工种,它没有办法做出一个我们所谓的公正的绩效考核。这个考核制度,其实不管你如何完善,它多少都会存在一些问题,所以我们一直在用老办法,但是也在不断地试行新办法,不断尝试着用新的考核制度。但是现在新办法还是没有实实在在地和收入挂钩。从去年年底开始,就一直在试行最新的一套办法了。——访谈2(女,80后,编辑)

相对于薪酬的绩效考核而言,职务晋升对一些优秀人才来说是一种更为重要的激励方式。所谓晋升,就是将一位员工从某一级别的职位调整到较高级别的职位上,不同级别的职位有各不相同的责、权、利。无论是作为一种实践取向,还是作为一种文化,管理职位晋升对中国人来说都是一种普遍的追求。"在中国情境下,晋升甚至超越了薪酬与绩效考核成为使员工愿意留在组织中工作的更为重要的激励手段"[1]。尤其是作为体制内的媒体部门,"升官"仍然是传统媒体人的一种重要价值取向,也是其个人价值得到认定、获得激励的最重要的标志。

不过,在传统电视媒体的基层媒体人看来,目前内部的晋升通道是"国企按部就班的那一套",尽管有能力的人最终会脱颖而出,但要获得晋升难度很大,并不像外部互联网公司那么容易。

我觉得相对来说,传统电视媒体比我们知道的公务机关要好一些。但是总体来说,还是国企按部就班的那一套。当然,有能力的人是不会被埋没的。但是这个能力要达到什么样的程度才能从这个过程中凸显出来,这个东西就因人而异了。——访谈2(女,80后,编辑)

在市场上新媒体企业的工作压力很大,普遍"996",也就是每天9点上班,晚上9点下班,每周工作6天,但仍然有充足的干劲,这是因为他们的努力都能得到及时的回报,回报方式包括增加薪酬、晋升职位、分配股票等等。而在传统电视媒体内部,一些媒体人觉得再"拼"好像也看不到什么希望、"没有出路"。所谓"出路"其实就是个人有良好的发展,归根结底指的是职位晋升。对个人来讲,职位晋升是员工个人职业生涯规划的主要内容,也是其职业发展中最为重要的事件。职位晋升是组织对员工工作能力与工作业绩的肯定与赏识,是个人职业生涯成功的标志。"员工在职业生涯中非常看重其在组织内的晋升,并且据此调整自身的行为。员工的工作行为以及在组织中的卷入程度部分取决于他们预期的晋升过程、感知到的晋升过程与他们真实经历的匹配程度"[2]。如果不管怎么努力,都很难获得相应回报,或者看不到晋升的可能性,那么自然就会产生反向调整自身行为的现象。

我知道很多新媒体压力很大,拼他们的KPI,很疯狂,很多大厂都提倡"996",一样的道理,说明他们都很拼。……但是现在传统媒体为什么让大家一边拼一边想,这拼命究竟有没有用,是不是我拼命还是没有出路?对这个

---

[1] 樊耘,门一,阎亮.晋升标准对员工角色外行为作用机制的研究:组织承诺的中介作用[J].管理评论,2013,25(6):67-75.

[2] Anderson J C, Mikovich G , Tsui A. A model of intra-organizational mobility[J]. The Academy of Management Review,1981,6(4):529-538.

我还不太好公开表态。一定要让大家，特别是让年轻人感觉到我这条路虽然远，虽然路上有点坎坷，虽然是爬坡过坎，但是我知道那一天一定有头，有希望，这个很关键。千万别让大家拼出一身伤病之后，疲惫之后回来再反思我这样做是否有意义。所以如果他做这个产品是顶级的流量，就算薪酬上没有太多的体现，但他也会觉得我这样对得起我自己。这时你要给他信心，让他觉得他是有能力做这样的内容的。我觉得最关键的是，给人待遇的地方也要给人希望，这样员工才更有拼搏的力量。——访谈13（男，60后，中层）

激励和授权是比较接近的两个概念，它们都有推动媒体人转型的作用，是一体两面，授权是在后面"推"，激励是在前面"拉"。授权强调的是工作过程中的一种自由度和自我效能感受，而激励则更突出事后结果，比如取得成绩后的薪酬待遇、职位提升和事业发展。授权是组织或上级对你能力的认可，而激励则是组织通过物质或精神的奖励来认可你的能力，两者有着一定的区别。我们从一位离职员工的访谈中可以看出两者的不同。

除了做节目外，很多杂七杂八的项目缺人了我也去顶。哪个项目缺人了我就去顶，领导会觉得我很好用，一个人可以顶这么多事情。但是，可能真正到考评推优的时候，名额给了其他各种（人），其实我也不清楚得优究竟是什么标准……——访谈6（女，80后，制片人）

从访谈可以看出，该员工能力得到了上级的普遍认可，什么项目缺人了就让她去"顶"，充分信任她，在各种会议上也会对她的能力和行为给予表扬，这表明上级认为她能干、其工作让人放心。这些都属于授权赋能的范畴，该员工得到了很大的授权，所以她愿意进入不同项目组干那些原本不属于她工作范围内的事情。不过，她的行为没有得到最终"实实在在"的认可和更有效的"激励"："评优评奖"和她没有关系，更不要谈"考核晋升"了。

（我表现好得到的）就是（口头）表扬……都会拿出来说这是我们的标杆或者是做得好的，带动其他的节目组一起来学习……但是到最后评奖的时候都跟你没有关系，比如说考核、晋升谁提拔谁的……——访谈6（女，80后，制片人）

在平时的绩效考核中，传统电视媒体内的考核与激励机制不够细致，与新媒体企业的考核制度还有较大差距。在融媒体新闻中心和新媒体事业部这样的组织变革核心区域，对员工的考核方式仍然以传统方式为主，比如，目前（2019年）还没有考虑到点击率、转发量等这些新媒体常用的考核数据。

目前没有，因为还不能精准地统计每一条内容有多少点击量。有些内容转发出去之后，它的流量就不在我们这边了，但可能会传播得很广，因此没有办法单纯用点击量来衡量。我们是一个综合的考量，包括点击的情况、转发的情况、美誉度情况、影响力的情况，也包括编辑记者的工作态度、工作能力，由此做一个综合的考量，不像电视同行的计件式，（我们）计不过来，也做不好一次评估。——访谈19（男，90后，编辑）

这就是传统媒体的弊病，单一化，从节目制作到宣传播出再到最后的考核，模式很单一，没有突破的空间。考核激励没办法和点击率挂钩，点击率是已经卖出去的，不像收视率是及时反馈过来的。——访谈26（女，80后，记者）

三、"逆向激励"造成人才流失

传统媒体内部，党媒的职级划分较少，人员晋升难度较大；市场化媒体的岗位设置变化频繁，新增设岗位没有明确的上升路径，员工缺乏职业目标和安全感。从访谈中我们了解到，通常的电视媒体晋升机制基本上是通过评优晋升。理想的状况是组织"不拘一格降人才"，对于真正有能力的人不吝提拔；而现实却是，因为种种原因，个别有能力的人一年又一年的与评优失之交臂，他们在丧失了上升通道之后心灰意冷，并最终选择离职。

我从来不太能理解的是我们部门的（晋升）机制，比如说每一年半年有一次评优，年终有一次评优，然后我在过了很多年之后才发现评优跟你的晋升是有关系的……到最后我走，我也只是制片人，我觉得对我来说整个激励和回报是不成正比的。——访谈6（女，80后，制片人）

到目前为止，在不少电视媒体中仍然采用"优、良、中、差"的主观打分的定性绩效考核方式[①]。像其他体制内的机关事业单位考评一样，通常广电集团也同样采用员工相互打分的主观考核方法。这种模糊考核指标的解释是

---

① 史松明. 二元体制下电视媒体人力资源管理研究 [D]. 南京：南京师范大学, 2015.

开放式的，边界非常模糊，存在不同的理解，解释往往千差万别。对于同一个员工丙，甲员工可能会选"优秀"，而乙员工可能会选"中"，其中的原因可能是甲与丙关系密切，而乙与丙有一些矛盾。更为重要的是，这种考核往往被很多外在的其他因素干扰，比如"轮流坐庄"，今年你"优"，明年他"优"，又比如有个别同事需要特别"照顾"，因为他们要从"社会聘"转为"台聘"，需要有"优秀""先进"等硬性指标才能转，等等。

我原先在（一个）中心老总手上做事的时候，这位老总对我很好，也给了我很多机会。但是前三年（考核）的（优秀）名额都给了当时部门不是台聘而是社会聘的（那些人），……他们从社会聘转台聘是有条件的，需要有先进或者优秀的像硬性指标才能转，然后为了让这些同事们从台聘得到这个名额，领导当时投票的时候就直接说，比如说他今年要转台，大家注意一下，……当时应该是有3到4个人面临这个情况，所以就至少3到4年的名额轮流给了他们。——访谈6（女，80后，制片人）

传统电视媒体的一些部门的考核方法难以对员工业绩进行客观、准确地测定，其结果必然扭曲和失真。优秀的媒体人更喜欢实实在在做事，希望在一个公正的平台里努力工作，凭业绩得到认可，得到相应的回报，这样才能支撑着自己长久地走下去。显然，传统电视媒体个别部门具有典型"体制"特点的考核方法难以让人满意，导致一些适应新媒体环境的年轻的优秀人才率先离开。因为他们"脑子比较灵活""确实比较能干"，可以很容易地在市场上找到新的岗位。尽管离职的人数相较于电视媒体的员工总数来说极少，但也能说明一定的问题。

比如说前段时间我和几个前几年离职的同事聊天，总的来说私下是觉得那些比较灵活的人都出去了，也意味着传统媒体当中比较新的、脑子比较灵活的这部分人出去了，留下的这些人意味着什么？该怎么办？

当然即便是这样，有些人还是走了。有些人确实比较能干，自己也依依不舍，但从个人发展来讲，你只是给他提供了一个机会，但也只是众多选择中的一个选项。我们有个摄像走的时候说："原来我还不晓得我能干这件事，后来你来了之后叫我做直播，其实做得蛮开心的。"然后他发现自己真的很适合做这个，结果别家公司把他挖走了。——访谈13（男，60后，中层）

"激励不足"的晋升制度本质上是一种"逆向激励"——打击先进、奖励后进，造成的后果就是存在一定程度的"逆淘汰"现象。能干的人离职后到新的环境去打拼，而一些不思进取、甚至"不做事"的人日子"过得很舒服""活得很好"，坦然享受集团的各项福利。组织激励"播下的是龙种，收获的是跳蚤"，与最初的立意完全南辕北辙。

我还是属于一个有能力做事也愿意做事的人，我是想要去做更多事情，但是会发现并没有得到相应的激励，……不做事的人会觉得，你既然愿意做你也有能力做，那就都你做好了！——访谈6（女，80后，制片人）

在人才管理上，传统电视媒体因为其"体制"原因，并不能像现代化企业一样进行精细的人才管理，也没有规范化的人才管理实施办法，因此也无法主动解聘那些明显不能适应组织发展的员工。所以，传统的薪资体系和粗放型考核管理措施给集团深化改革和高质量发展带来了一定的困难。

我们最近几年把成绩优异的员工凸显出来了，那其他的员工也能看出来了，我们其实是想赶他走的……但是难度还是有的……也有一部分我真的是在等他走，没有办法，因为弄他走你是要赔钱的。我们在广电里面想做的是精细化管理，但是国企毕竟是国企，它跟一些好的民企或外企还是有很大差别的，我们很难做到。你想要赶一个人走，你要有充分的依据。你要想不赔钱，要想不惹上法律纠纷，你就要有充分的细致化管理，进行取证，你要先把证做好……这个东西你得做，但是我们现在是没有的，你也做不了这个事情。他不愿意做，不是做不了，是因为他知道自己管理不起来这么精细化的东西，也不愿意得罪人，这个就是自己给自己上紧箍咒。——访谈27（男，60后，中层）

一个组织能否取得成功，与多少员工能在多大程度上追求自我实现有着密切的关联。员工自我实现追求程度越高，就越有可能全身心为组织的目标而努力。组织激励应该创造出一个使每位员工都乐于投入高效率工作的环境，创造出一个让优秀员工留下、让不思进取员工无容身之处的环境。电视媒体面临的困境就在于此，它的组织激励手段与上述的要求没有能够形成共振，甚至有时背道而驰。

综合以上的讨论我们可以发现，广电集团这类传统媒体在组织激励方面尽管取得了一定的进步，但总体而言与外部互联网企业、新媒体公司的激励政策和效果相比，差距很大。目前传统媒体组织因为组织激励"不足"，很多情况下不能激励媒体人更加努力地积极转型，甚至对不少优秀媒体人形成了"逆向"激励效果，刺激一些积极转型的优秀媒体人离职。这可能是"组织激励对媒体人转型有正面影响作用"这一假设没有得到定量研究证实的原因。

第三节　组织认同与转型行为

通过文献研究和理论推导，本书第三章认为，员工组织认同感越强，就会越容易将自身命运与组织未来连接在一起，更积极响应组织的动员、参与转型变革，因而提出"组织认同是推动传统媒体人转型的一个重要内在因素，组织认同越强，媒体人转型意愿和行为越强"这一假设。不过，上一章的量化分析表明，这一假设并未得到验证。本节就这一问题做一定的讨论。

一、组织认同与积极转型无直接关系

组织认同是组织成员对所属组织的目标和价值观的认同，对组织发展战略和规章制度的信任，以及由此带来的面向组织的积极情感体验。作为一种重要的员工态度变量，组织认同感强的员工通常情况下会积极响应组织的号召，尊重组织的意愿行事，这对工作绩效也会产生重要的影响。当前传统媒体正处于转型的关键时期，组织认同感强的媒体人理应更加积极响应上级号召、开展自我转型。但本研究的量化分析表明，媒体人的组织认同与其转型行为的主动性或被动性没有直接的联系。

在本个案中，J广电一些骨干的成长与集团的发展密切相关，其对单位具有很强的组织认同，因为感受到新媒体行业迅速发展背景下电视媒体的相对"落后"状态，"同呼吸、共命运"的感受推动他们积极响应上级号召、开展自我转型。

因为一毕业就在这里了,(从时间上来说)我真的已经待在这里很久了,这里是我人生这个阶段中待的时间最长的一个地方。从感性的角度来说,我对这个地方真的是蛮有感情的,等于是和刚才那个变革历程是完全合着发展的。而且在这个过程中自己是成长的,也伴随着这个起起落落,稍微上一下又落下来一点,然后就觉得有点共命运的感觉啊!这个可能说得有点煽情,但确实是这样。——访谈1(女,70后,中层)

当然更多的媒体人积极转型更主要来源于个人的认知,1号被访者就是其中的一个代表。她来J广电已经20多年了,开始是担任时政新闻报道方面的记者,一直从事主流宣传工作。她大学毕业以来所得到的教益、所获得的成绩都与集团密切相关,同时其成绩和贡献在集团也得到了上级的认可,被提拔为中层干部。2016年她申请调入新媒体部门走上自己的转型道路。她的转型并不是因为上级的号召,而是源于自己工作中与中央电视台的朋友的交流,同时源于个人对转型信息的敏感与对自我要求较高的"焦虑"。

问:您转型最大的一个动力来自哪里?

答:最大的动力就是我觉得我工作十年了,我是不是还要继续这样下去,继续下去我觉得也不是不行,我已经在现有的领域比较游刃有余了,做主题报道我也很擅长,但是我觉得外面的世界在巨变,然后我觉得我的变化不多,我很担心如果我再不变化的话,有一天当我打开现在我身边的这扇窗户,我会发现外面的风景完全不是这样的,而我完全置身事外,动力就是可能来源于这种焦虑。而非常巧的是,那时候我又刚刚有了我自己的宝宝,然后我那时候觉得就是有一种我需要改变一下的那种冲动,但是其实这个过程还是挺痛苦的。——访谈3(女,70后,中层)

与上述人员不太一样的是,更多的媒体人同样在J广电工作时间较长,对单位有较强的认同感,但由于年龄的因素,包括学习能力、适应能力、创造能力在内的融合能力一般,学习新东西比较缓慢,对新媒体技术较不适应,在与年轻人竞争中处于下风,进而逐步退缩。

你现在让传统媒体做了十多年的这些人转型非常难,很多人还不理解。——访谈13(男,60后,中层)

转型不积极的另一方面原因是个人性格的问题。随着年龄的增长,个人心理中的保守、稳定因素越发增强。人到中年，进取心不足，被推着走，加上危机意识不足，有一种观望、等待的态度，甚至有"不关我事"的"看客"心理。2014年初，一位进行报业媒体融合研究的研究人员与报社一些采编骨干交流，其中一位编辑的话——"我愿意做站在路边给你们鼓掌的人"——给研究者留下了深刻的印象①。

在传统的一些岗位里面，你可能会听到比较多的老同志给你的建议是不要揽事儿，或者说这个事情不是你的范畴里面的，你多做无益、多说无益，可能会有一些这种声音，但不是所有（组织当中都会有这样的想法）。到了新媒体行业，你会感受到更加积极主动的状态更多。这对我也有很大触动，因为我觉得我到工作十年的时候，差点也要进入这种状态了，我那时候所在的央视供稿部门正好老同志相对多一点，我从采访部到央视供稿部任职以后已经感受到了刚刚我说的那种氛围了。——访谈3（女，70后，中层）

主动积极进行自我转型的媒体人的共同特点不在于其是否有较强的对单位的组织认同感，而是个体对转型的内心认知，是否对转型的必要性和迫切性持肯定态度。

我的一个感受是，台里很多过得很舒服的人对这份工作是很满意的，而且我觉得我走出来一方面是因为我对自己其实很有要求，我不想一直停滞，去做简单重复的内容。——访谈6（女，80后，制片人）

我们通过对深度访谈中的分析可以看到，组织认同强的媒体人既可能主动积极转型，也可能被动消极转型；组织认同弱的媒体人同样既可能主动积极转型，也可能被动消极转型。媒体人采取主动积极转型或被动消极转型很大程度上源于媒体人本身的个性特点及其对外界环境刺激的自我认知。

二、成功性组织认同促进积极转型

组织认同与转型行为的因果关系未被证实，一个重要的原因是组织认同是一个较为宽泛的概念。组织认同依据认同来源的不同可以分为三类，生存

---

① 季颖.媒体深度融合整体转型中的热点与痛点[J].新闻记者,2017(11):20-26.

性认同、归属性认同和成功性认同[①]。生存性认同是对组织的物质性的依赖，即认同产生于个人生存依附于组织的状态，是一种以物质为基础的认同；归属性认同是员工对自身被接纳为组织正式成员比较重视，是一种个体归属于某群体的心理状态，以精神愉悦为基础的认同；成功性组织认同是员工在组织中能够获得个人长期发展，个人目标和价值观与组织目标及价值观相匹配，并寻求一致性的心理特征，是一种以个人未来不断成长为基础的认同。

就 J 广电而言，有的传统媒体人比较关注归属性因素，对集团的组织认同更多地偏向归属性组织认同，特别是年龄较大、性格相对保守、在集团工作时间较长且取得一定位置的媒体人。在转型行为的表现上，他们往往是听从上级指挥，在组织的推动下参与转型，所以是尽管被动但却积极的转型。

这次宣布将我们划归到另一个部门管理以后，我们怎么跟员工去说呢？我们没有办法去跟员工说得很明确。我觉得这就像我们做宣传一样，如果你有一个举措，制定出来以后能很清晰地告诉你这项举措是什么样的就不会有各种传闻。所以后来我们这个会结束以后，我就跟我的这个同事，就是这个分管领导达成共识，说我们首先要稳住的就是人心，不能乱。那我们肯定要稳住啊，因为这个时候肯定大家又是各种想法都出来了。所以不管怎么样，既然我们没有办法跟他们说更具体的细则，那现在我们只能继续按照现有的模式去做。——访谈1（女，70后，中层）

还有更多的媒体人，其对单位的认同表现为生存性组织认同，他们往往对 J 广电舒适的后勤保障、稳定的中等以上的收入更看重。集团为员工提供了优质的后勤服务，"吃得好、休息得好"，"补贴翻了一番"，企业文化有声有色，很能"留人"。但这些在"传统媒体做了十多年的人"，"签了一个固定合同"，日子过得"很舒服"，很多时候就往往不思进取、得过且过，他们的转型意愿相对较弱，转型行为也较为被动甚至消极。

这个是得到所有人拥戴的，包括吃得好、休息得好，还有咖啡、暖心工程，这都是我们台出去招人最亮眼的方面。台长在这些软件设施方面做得比较细

[①] 王彦斌. 管理中的组织认同：理论建构及对转型期中国国有企业的实证分析 [M]. 北京：人民出版社，2004.

致,就我们集团的话,我们的后勤方面是做得很好的,健身房是免费的,然后有吃吃喝喝的又有 LZ 广场(又很便宜),而且去年给大家的补贴也是翻了一番。食堂的用餐又是砍了一半的价格,我们五块钱中午可以吃到一荤三素带水果带汤带酸奶。这块肯定也是留人的,我觉得文化很重要,然后台里也是尽可能创造条件的,包括我们 15 楼新媒体也是有这种咖啡区的。——访谈 21(女,80 后,记者)

而第三种媒体人则更关注个人成长方面的认同,更关心自我与组织是否对目标和价值观有相似性的意识[1]。前文所说的 21 号被访者对 J 广电有比较强的组织认同感,这种组织认同感不是像大多数人那样因为时间长了"习惯了"的"情感",也不是那种"集团培养了我"的那种"责任感",而是出于内心对于组织高层领导发展战略"契合性"的认同。而这种对发展目标、战略的认同更会促使员工将组织利益视为影响战略和任务决策的首要因素[2],也就更容易推动传统媒体人实施积极主动转型。

最吸引我的应该是它的变或者不变,就是说它是一个努力在求变的状态,有可能在这个过程当中寻求方法和渠道会有各种各样的困难,也就是所谓的砥砺前行。但是我觉得一个组织最吸引人的一定是大领导整体的战略眼光,它要是能够跟你是契合的,比如说我们台长他一直很重视新媒体,虽然在推进过程当中可能会有刚刚我说的一些问题(他是比较愿意接受新事物),但至少他给我们这些下面的人传达到的是他非常重视新媒体,他非常希望新媒体能够作为未来台里的主发声渠道和主阵地。他给我们反复传输这样的观念,虽然可能集团内部的机制还有待进一步创新,但是他这个观点没有改变过。——访谈 3(女,70 后,中层)

与中年人较多属于归属性、生存性认同不同,年轻人往往更看重未来、企图心大,所以他们对组织的认同更偏向于成功性认同,他们参与转型的愿望更强烈,转型行为普遍主动积极。基层,特别是近几年刚刚走上工作岗位

---

[1] Miller V D, Allen M, Casey M K, et al. Reconsidering the organizational identification questionnaire[J]. Management Communication Quarterly, 2000,13(4):626-658.

[2] Miller V D, Allen M, Casey M K, et al. Reconsidering the organizational identification questionnaire[J]. Management Communication Quarterly, 2000, 13(4):626-658.

的年轻媒体人一般是 90 后，他们是随着互联网诞生、兴起而出生的一代人，自带新媒体基因，本身就是新媒体的主要使用者，新媒体的语言风格、表现形式也完全是他们自己创造的。

新媒体的好处在于有干劲的年轻人特别多，他们没有职场懈怠。有想法的小朋友很多，希望自己能脱颖而出的小朋友也很多，这样你就能够快速地把这样一批人给聚集起来，完成很多不可能完成的事情。就像我们部门领导经常说，我们新媒体人无所不能，例如那……我还挺佩服新媒体这块的，我来了以后也感受到了非常大的压力，但我也挺佩服他们的。——访谈 3（女，70 后，中层）

而且我觉得，现在的年轻人对钱真的没有那么看重，这也是我入职这么长时间以来最大的感受。90 后的人就看重自我价值，他觉得这个事情有意思，他就会去做。90 后的人真是我见过的最棒的一代人，因为他们从小在一个富裕的环境里成长，没有那么多算计，也不在乎那么多事情。——访谈 13（男，60 后，中层）

第四节　传统媒体人转型行为的类型划分

2018 年 3 月，猎聘网与有闻记者之家联合发布的《媒体人转型数据报告》（样本数 2500 人）显示，"近一半的媒体人不是已经转型，就是正在转型的路上"。媒体融合是传统媒体人所遭遇的一次巨大的"职业震荡"[1]，这种职业震荡是全局性的，他们唯一的选择就是适应新的环境，依据本身的实际情况做出最适合自己的选择。传统媒体人转型意愿与行为可以分为哪几类？各有什么特点？这是本节所要讨论的内容。

媒体人转型就是媒体人为了适应媒体转型（媒体深度融合）而在观念、

---

[1] Seibert S E, Kraimer M L, Holtom B C, et al. Even the best laid plans sometimes go askew: Career self-management processes, career shocks, and the decision to pursue graduate education[J]. The Journal of Applied Psychology, 2013, 98(1): 169-182.

能力、行为等方面进行改变、调整，以适应新媒体角色的行为。在管理学视野中，媒体人转型就是媒体人的职业迁移或职业转换，是媒体人摆脱原有传统角色进入新角色的过程[1]，是传统媒体人在当前媒体融合情势下为实现新的就业目标从原有职业角色转换到新的职业角色的一种社会性变换[2]。在新经济和无边界职业生涯时代的共同作用下，类似于媒体人这样的知识型员工，其职业转换已成为常态。

对媒体人转型行为的深入研究首先需要将其转型行为进行分类归纳。媒体人转型行为（职业转换行为）可以分为哪几种？各有什么特点？Louis[3]首次尝试对职业转换的概念和类型做了划分，他认为职业转换从转换的内容上可以分为工作内容转换、专业改变和工作导向改变三种。我国学者丁方舟从默顿的失范反应类型（创新、仪式、退却与反抗）出发，将媒体人转型分为新媒体创业、进入其他行业、回学校当老师、成为自媒体人四种类型[4]。Hom等[5]在研究员工离职行为时提出了将员工在组织内的行为视为广义的离职/留任行为，他依照员工个体的情况和组织的应对计划，将员工离职划分为积极留任、消极留任、积极离职、消极离职四种类型。

受上述分析的启发，本研究根据文献研究和深度访谈调研，以组织认同和变革承诺两大变量为维度，将转型行为划分为四种：积极转型、消极转型、转型逸出和转型倦怠（图5.1）。

---

[1] Ashforth B E, Saks A M. Work-role transitions: A longitudinal examination of the Nicholson model[J]. Journal of Occupational and Organizational Psychology, 1995, 68(2): 157–175.

[2] 谢俊贵. 职业转换过程的职业社会学论析：基于失地农民职业转换的观察与思考[J]. 广州大学学报（社会科学版），2013, 12(5): 26–33.

[3] Louis M R. Career transitions: Varieties and commonalities[J]. The Academy of Management Review, 1980, 5(3): 329.

[4] 丁方舟. 创新、仪式、退却与反抗：中国新闻从业者的职业流动类型研究[J]. 新闻记者, 2016(4): 27–33.

[5] Hom P W, Mitchell T R, Lee T W, et al. Reviewing employee turnover: Focusing on proximal withdrawal states and an expanded criterion[J]. Psychological Bulletin, 2012, 138(5): 831–858.

图 5.1　组织认同—变革承诺二维框架下的传统媒体人转型行为类别

在组织认同—变革承诺的二维框架下,这两方面都较强的那一部分媒体人自身很早就介入到新媒体探索中,他们或者"先知先觉"主动试水新媒体,或者积极响应组织号召,走在媒体融合转型的前列,成为媒体内部转型的榜样和典型,他们的行为可以称为积极转型。变革承诺较弱但对组织有较强的认同的那部分媒体人,往往被动地随着单位的改革步伐朝前走,有些甚至是在强大压力之下"被迫"或"不得不"加入了转型的队伍,他们的行为则可以称为消极转型。第三类媒体人具有较强的变革承诺,不过对组织的认同一般,他们不满所在单位在媒体融合方面的变革节奏和传统管理体制,走上离职去新媒体公司或自我创业的道路,他们的行为本研究称之为转型逸出。另外还有极少部分媒体人,既没有较强的变革承诺,也没有一定的职业认同感和组织认同感,他们或主动或被动离职,选择离开媒体行业;或继续留在原单位,依旧从事一些传统业务,本研究将之称为转型倦怠或转型避离。

一、积极转型

从问卷数据统计分析可以看出,30~49 岁的中层、基层管理者往往转型行为较为积极。积极转型又可以细分为两种:主动型和被动型。主动型积极转型就是媒体人在单位大规模开展媒体融合之前就开始了自我转型,其主要动力是媒体人内在因素;被动型积极转型则是在单位的宣传推动下进行的,其主要动力是外部环境因素。

深度访谈显示，一些组织忠诚度很高、变革承诺及媒体融合能力较强的高绩效媒体人就是主动的积极转型者。这些媒体人具有灵敏的嗅觉，很早就领略到新媒体的冲击，早在单位大规模号召转型之前，他们就已经在试水新媒体并取得初步成效。与此同时，他们又认同本单位的组织文化，对自己和所在媒体单位价值观匹配以及人际关系、个人发展等方面比较满意。其本人的转型行为也得到了本单位上下的认可，这反过来又促进了他们对组织的情感认同和转型的积极性，从而采取更多的以转型为特征的组织公民行为。

在积极转型的传统媒体人看来，无论是从蒸蒸日上代表未来的互联网行业、人们口中津津乐道的行业大佬角度，还是从高档的写字楼、光鲜的外表、股票、期权及远超平均水平的高薪水的角度，新媒体从业人员都是一个自己羡慕向往的对象。不过，这个令人羡慕的他者未必就比自己在能力上有什么不可企及之处，他们只是在"正确的时间"比较幸运地"恰巧"进入了一个朝阳行业。而在一二十年前，传统媒体人也是类似的"时代宠儿"，他们也是当时人们羡慕的对象。三十年河东，三十年河西。在体验过顶峰的荣耀后，强势媒体地位一路下滑，媒体人很难忍受现在被冷落的滋味，部分人转型的心情非常迫切，希望通过转型来改变目前的窘境，进入互联网的世界中，重新赢得主流传播渠道的身份和地位。

很多优秀的媒体人尽管认识到传统媒体的发展前景不佳，但还是选择了内部转型的道路，毕竟J广电部门众多，他们从一个比较传统的部门跳到更加开放、互联网特征更明显的部门，完成了自己的转型。这样的人往往在J广电工作时间较长，已经占据了一定的位置，对单位的认同感更强。人到中年更加追求稳定，但他们又有很强的危机感和转型的紧迫感。

我1992年到电视台来，也差不多近30年，这30年我感触非常深。我们经历了传统媒体的困惑期、迷茫期，也经历过黄金期，但是我觉得现在已经进入到所谓的生死期了。——访谈13（男，60后，中层）

3号被访者就是主动积极转型的一个典型，她已在J广电工作了十多年，一直负责经济方面的主流意识形态的新闻宣传工作，与央视接触较多，对外界变化有很强的敏感性。她工作一直比较努力，业绩也很出色，已经担任中层领导。2014年前后她的一些央视朋友开始辞职转型，纷纷加盟新媒体公司，她也意识到传统电视台的辉煌已经结束，新媒体的时代已经来临。面对未来的岁月，她产生了"本领恐慌"，"被时代淘汰的焦虑感"日益强烈。不过，由于家庭、工作等各种因素，为稳妥起见，她最终还是选择在内部转型。

我就在想，为什么大家都要选择离开？当然传统媒体遇到的瓶颈比较多，但是除了决绝地离开外，还有一种方法就是留在传统媒体的内部。虽然是很大的一艘巨舰，但是它也有尝试着转型的空间。然后我并没有决绝地离开，当然我勇气不足，所以我还是选择了在传统媒体内部做这样一个转型，我选择转岗转到了现在的新媒体部门。

2016年2月，我转型到了我们台的新媒体部门，我当时为什么做这个决定？是因为我在2014年、2015年就已经看到了整个移动端的发力，然后那时候我发现社会化的媒体开始兴起了，那我们最早的就是我和我的亲朋好友之间的沟通渠道也在发生变化，从刚开始的手机联络到后面大家用QQ或者是MSN，然后那时候已经有很多很多风口过去了，什么开心网啊这些都已经不玩了。特别是微信出现以后，社会化的媒体有了一轮新的热潮，那么当时应该是包括腾讯、网易等门户网站都开始主攻新闻平台了，然后我们台在2013年的时候有了自己的一个客户端，刚开始即使是台里老员工，也有相当一部分是不了解这个移动客户端是做什么的，然后很多人是处于观望状态而且不了解。可能对于本台新滋生出来这样的部门感到完全陌生，也并不了解自己将来的工作会跟它有千丝万缕的联系。但我那时候因为我自己可能跟央视的一些朋友聊得比较多，然后在2014年、2015年我有很多央视的朋友，他们已经有这种嗅觉，觉得传统媒体在式微、新媒体在崛起。如果我不转的话，就会有这种对本领的恐慌，还有这种可能被时代淘汰的焦虑感。媒体人先天有这种焦虑感，因为他对风口的观察也更敏锐一些。然后我认识的一些央视的好朋友，包括央视评论部的几个朋友，他们都跳槽了，然后他们都转型到了新媒体行业，有的是在现在你们知道的马东的米未传媒，包括张泉灵那时候也选择了出走，后来也有了自己的基金公司。——访谈3（女，70后，中层）

还有年轻一辈的90后的4号被访者，也是内部主动积极转型的一个例子。他来J广电工作四五年了，一直在一个相对传统的部门工作，工作两三年后觉得到了"瓶颈期"，看不到远期的前途，加上部门领导是一个60后，与其相处不融洽，于是决定"趁着年轻我得赶紧走"。通过权衡比较，觉得离职去新媒体公司也有不利的一面，一切需要"从零开始"，和"其他应届生一样"处于同一起跑线。但偶然碰到内部新媒体部门招聘，正好与自己的工作内容相近，所以选择去了。

我感觉做编导也没有什么前途，然后没有太大意思，所以我想把节目给做得能播就行了，干嘛有那么多要求。但这跟她的理念就有冲突。她觉得要创意，但我觉得那个划不来，不能给我带来什么东西。她说这不是你一下就能看到的，我说我就长远看也没有什么。其实那时候我之所以敢这样跟她说话，是因为我心里已经有一种打算，不想再干这个，不想待了。因为我还想我是我们那边年纪最小的，趁着年轻我得赶紧走，再待就走不掉了，只能在那边看一辈子的像素。所以我也想赶紧走。

我就想，在这边一眼就能看到十年后还是这样，感觉很没意思啊！然后我想重拾我当初的那个理想，还是做互联网这一块的吧。然后我就想，我是离职好还是尽可能内部调动呢？最后评估了一下，离职的话，如果你想做产品，你就算一个零基础的。而且你现在不是刚毕业，你是工作两三年。所以这个时候你已经工作两三年，有一定工作基础，如果再让你像一个应届生一样到一个新公司去，然后从零做起，不管是收入还是各方面，你得有这个心理预期。所以我想，还是优先能够内部调动。当然一次偶然的机会正好看到网络部这边招聘栏目编辑，它有一个产品是LZ新闻，就是那个APP，它招栏目编辑。我心想，一步一步来嘛，那直线达不到，咱们就曲线，对吧？我先过来。——访谈4（男，90后，产品经理）

积极转型的媒体人还包括一些"转型逸出"的媒体人，他们是重新回到传统媒体的人。这些传统媒体人"去外面世界转了转"后发现，"自己的职业优势依然是做内容，又做出了适时调整。在新媒体公司待了一段时间后又返回传统媒体，因为他们发现无论技术如何变化，媒体还是需要优质的内容，而在新媒体做运营也并非他们的长项，并没有特别的价值感，自己依然更擅长的是内容创作。这样的人同样能成为单位内部媒体人转型的榜样和典型，J广电的一位媒体人就是这样一个典型的例子。他原来在新闻部门工作，先是去了一家网站做编辑，不久移动互联热起来，他就去了一家负责运作客户端的公司。后来看到 J 广电的新闻客户端也逐渐有了影响,定位上也偏时政民生,在公信力、资源、渠道上更强,于是他就重新回到了 J 广电。

二、消极转型

从问卷调查统计分析可以看出,50 岁以上的人群相对于 30~49 岁的人群转型行为较为消极,普通员工相对于基层和中层管理者也较为消极。这和深度访谈的总体感受一致,50 岁以上的人往往有"船到码头车到站"的感觉,对自我的要求相对更年轻的人来说较为放松,而普通员工与积极发动转型的单位高层距离较远,"信息传导损耗",同时可能也因为日常工作激励不足或自我成就动机相对较弱,所以转型行为也相对消极。

虽然有部分媒体人很早就敏锐地捕捉到媒体环境的变化,滋生了转型的内在念头并积极主动地开展转型工作,成为主动的积极转型者;或者在单位动员和榜样力量的鼓励下较早地参与转型,成为被动的积极转型者;但绝大多数媒体人一开始转型的紧迫感并不强,作为行动者,其对作为周边环境的行动者的转译并不敏感,行动也不迅捷。不过后者有较强的组织认同感,在上级部门和本单位领导及"先进"同事的带领下,在单位强制措施的"逼迫"下,也逐步实现了转型。他们是一群消极转型者,在转型媒体人中占大多数。

对消极转型的媒体人而言,政府部门和单位的外在刺激力量和强制措施的作用比较明显,比如组织学习、组织激励、薪酬调整、强制分流等各项措施。各种带有鲜明行政色彩的措施转译成媒体人能够接受的语言,通过不断的宣传灌输,成为他们行动的推力[①]。由于外在环境的剧烈变化,消极转型者们就像平时自己习惯了较为闲适的散步,但突然被撞进高速旋转的游乐车一样,立马感觉人声鼎沸,有一种身不由己被带入一个新世界的感觉。大部分媒体人被动地告别原来熟悉的新闻理念和生产流程,尝试培育自己数字化的新技能,在新旧角色冲突中,不断强化新的角色认知,适应新的岗位要求,努力实现转型成功。

---

① 江飞. 转型媒体人的生命体验及其迁徙式生存 [D]. 南京:南京大学,2020:96.

比如，J广电一位女士就是这样消极转型的典型。由于大学一毕业就来到集团，一开始意气风发，取得了较好的成绩，目前她的级别在同龄人当中也较为突出。但最近随着步入中年，孩子学习紧张，自己的身体也出现了小问题，她不自觉地将重心由原来全身心扑在工作上逐步向家庭偏移，对事业的追求不如年轻时。虽然她知道传统媒体的经营业绩正不断下滑，但内心也常常安慰自己别人能过自己也能过。她已习惯于现在的工作节奏，处理起事情来游刃有余。尽管领导交办的任务她也积极保质保量完成，但她内心对转型并不太积极，总认为J广电还是头部电视之一。

随着媒体人对转型认识的深入，其对媒体环境，尤其是自己在整个网络中的角色有了更清晰的感悟，转型的热情慢慢被点燃，转型不再被动地跟着走。内在的主动意识被激活后，媒体人会认真梳理网络中的资源，与其他行动者建立更为积极的联盟。

消极转型有两种情况：一种是在单位的宣传动员、激励政策引导和身边先进典型的刺激下逐步加入到转型队伍中；还有一种是在媒体强制措施的逼迫下不得不转型。比如一些报社在转型过程中，发现仅仅依靠动员和激励措施远远不够，于是在组织架构调整和岗位设置上下功夫，在总岗位数不变的情况下，强制性裁减传统媒体岗位如记者、编辑、排版、校对等，增加新的转型岗位如旅游板块业务员、电商经理等等。一些媒体人在双向选择、竞争上岗的过程中不得不选择新增的岗位，从而实现了转型。正如在对上述报业媒体人的研究中，一位高管接受访谈时所说的："没办法，光说转型没用的，大家都在嘴上喊口号，只有动岗位动人，才能把报社的想法贯彻下去，要不然一些缺人的岗位永远没人去，人员富余的岗位还是嫌人多。2015年初考虑到版面大幅减少，出版部不需要那么多人就减了5个岗，编辑部也减了几个岗，报社总岗位数不变，让主任和员工进行双向选择。我记得春节前有8个第一轮落岗的员工一起来找我，还有怀孕的，有请长期病假的。当时呼叫中心的接线员、旅游中心的经理还有空岗，但他们都不太愿意去。有的员工对新的岗位不满意就离职了，有的虽然不乐意，最终还是服从报社的要求去新岗位上班了。对孕妇和两个老病号，报社将其作为特殊情况做了安排，这一轮的人员调整算是告一段落。过了一段时间后，新上岗的人员也都适应了新要求，有的干得还不错,虽然有点被迫转型,但最终还是自己习惯了。"①

与报社的那些消极转型者相比,传统电视媒体的消极转型媒体人更多。他们之所以没有那么积极参与转型,除了有年龄大、接受新生事物较慢的原因外,还有一个原因是危机意识并没有那么强烈。到目前为止,J广电并没有采取类似于都市报社那种强烈的手段(比如机构调整、编制缩减、强制分流等)对员工的转型行为进行强制干预,这也导致不少电视媒体人认为新媒体对电视的冲击不如想象得那么大。这和2012年前后报社员工的感受一样。"大体说来,受访员工尽管也认同新媒体对传统媒体的冲击,但是他们不倾向于过于夸大化"②。比如,接受访谈的一位后台支持部门的中层干部就认为,新媒体的冲击对J广电的影响还"不是特别大",电视台并不会像报纸那样"倒闭",总会想到办法比如通过多元化发展来摆脱困境。

问:那你这些年有感觉到说台里,比如说传统媒体不好,这些对你们会有影响吗?

答:影响不是特别大。

问:没觉得这个好多报纸都倒闭了或者怎么样?

答:嗯对,报纸会有,但在这个电视台这边,现在其实是我觉得对互联网的内容冲击还是比较大,那其实像刚才为什么讲内容为王嘛,就还是要把内容做好了。那目前会有一些压力,但是现在应该还好。

问:前两年媒体寒冬的时候没影响到你们的心态吗?

答:我觉得还行,可能我比较那个吧,反正没觉得有什么。

问:别人说你们这个电视台不行了,你没觉得有啥吗?

答:这个电视台也是一个多元化发展的,一个以内容为主,但其他也会更多发展的产业嘛。我觉得综合发展应该还算……

问:就像这几年的表现在下滑,会觉得有忧虑吗?

答:暂时还没有,反正还没有太影响到个人的,应该是中层以下的都还好,没有太多影响。——访谈9(男,70后,中层)

---

① 江飞. 转型媒体人的生命体验及其迁徙式生存[D]. 南京:南京大学,2020.
② 尹连根,刘晓燕. "姿态性融合":中国报业转型的实证研究[J]. 新闻与传播研究,2013, 20(2):99-112.

三、转型逸出

除占据绝大多数的积极转型者和消极转型者外,还有极少一些人属于转型逸出和转型倦怠类型。

部分媒体人拥有很强的变革承诺和相对较弱的组织认同,他们选择转型离开所在的传统媒体,到新媒体公司、互联网公司去工作,甚至自己创业。物理学中有一个"第二宇宙速度"的概念,超过这个速度的飞行器可以脱离地球的引力进入太阳系,所以称为"逃逸速度"。部分媒体人由于其很强的变革承诺和媒体融合能力,转型意愿强烈,已经超出其所在媒体单位的"引力"范围,他们将在更广阔的空间中完成转型行为,我们称之为"转型逸出"。

J广电也有一些转型逸出的媒体人,6号被访者是一个例子。她在台里工作了八年,最早做节目研发,通过实打实的业绩在各种比赛中获得了很多奖。不过她觉得"部门太务虚了,做的内容完全不能落地",而且工作五年"一次先进也没有评上",于是想办法换岗。她自己拿着简历找卫视负责人毛遂自荐,负责人也比较认可但说"卫视只出不进,不能开口子",只好作罢。最后费了很大劲来到国际部,国际部领导对她的能力很认可,她直接跨过编导当了制片人。在国际部两年中,她的日子过得很充实,"自由度我是很满意的""不满意就是一个,是我觉得工作八年之后还是一个制片人",觉得摸到了职业"天花板"。

> 我对台里给予的生活是非常满意的。如果我不跳出来,电台搬到仙林离我家更近,我觉得我的生活会更舒服。我算是一个有事业心的人,也是一个很能拼的人,……我觉得(现在)是我人生最好的时候,如果我没有趁这个时候去拼命往前冲,那要等到什么时候呢?……所以对于我这样一个愿意做事的人来说,平台越宽广越好。而且我相信,我的待遇提高和职位晋升给了我相应的回馈,这也是必须看得到的。如果没有或者说一直是画饼,则不足以支撑我继续走下去,所以这个是我要跳出来(的原因)。——访谈6(女,80后,制片人)

和那些在体制内主动积极转型的人一样,6号被访者也是一个自我期许较高的人,有较强的自我成就感欲望,也具有很强的忧患意识,不愿意年轻时浑浑噩噩。她与那些留在集团主动积极转型的人的区别在于，她认为J广电不能提供一个适合她积极转型的舞台。2019年，她选择跳槽到同城的一家著名电子商务集团做品牌营销和活动总监的工作。在新的岗位上，尽管工作舒适度远远不及J广电，有严格的时间限制、需要长期加班等等，但她却看到了新同事对工作的热情、个人的成长进步、接受信息的密集程度等等都"远远超过"自己的想象。

但是我跳出来会发现体制外的生活肯定远不如在体制内舒适，体制外单位对上下班的时间都有严格的限制，而且加班你们也知道，我现在所在单位是出了名的要加班。对于我来讲，我觉得哪怕来了短短的三个月，看到的事情、做的事情，做事情的密集程度，我真的觉得他们对事业和工作的热爱远超出我的想象。在台里，我认为我已经算是很爱工作的人，就是加班我不计较，咱们只要能把这个事儿做到完美就可以，但是在这儿加班只是一个基础的、你看到的一个爱工作的外在形式。大家的努力程度很高，就是哪怕做得再成功，我们都不提我们做得多好，我们不提有多优秀，我们都是来复盘，我们还有哪些地方要提高，不断逼迫自己去成长去进步。还有信息量的密集程度远超我前几年的工作！所以我觉得，这个东西给我触动是很大的。——访谈6（女，80后，制片人）

一项研究显示，在400个调查样本中有67位新闻从业者选择了离岗，占据16.8%的比例[①]。传统媒体人之所以选择离职而不是继续留在体制内转型，主要有体制的禁锢、新技术的冲击、媒体经营的压力以及个人职业选择四个方面的原因[②]。相对于新媒体公司来说，传统媒体单位在授权、考核、薪酬待遇等方面都有较大的差距。一项研究表明，有54.0%的受访者认为在单位中工作自主性较弱，受到较多限制；46.8%的受访者则认为单位绩效考评机制不公平、不透明；而有42.7%的受访者认为单位奖罚规定不够明确，未被有效

---

① 丁方舟,韦路.社会化媒体时代中国新闻从业者的认知转变与职业转型[J].国际新闻界,2015,37(10):92-106.
② 陈敏,张晓纯.告别"黄金时代"：对52位传统媒体人离职告白的内容分析[J].新闻记者,2016(2):16-28.

实行;等等①。

  转型逸出的媒体人绝大部分仍在传媒行业或与之密切相关的岗位上,其中大部分人转向新媒体相关职位,少部分人转向纯粹的商业领域从事公关、策划等与新媒体相关的工作。离岗去向排名第一的是网络媒体(34.3%);排名第二的是创业(16.4%),创业者中有45.5%选择了新媒体创业;9%做自媒体排第四;7.5%去了互联网公司排第六。以上四个去向占离岗去向总比例的67.3%,超过三分之二。另外还有成为作家或自由撰稿人的占11.9%,去其他商业机构的占9%,去公益机构的占7.5%,去学校的占4.5%,等等②。以上结果说明,绝大多数传统媒体人只是转型而非转行,转型逸出首选仍是新媒体相关的职位。

  媒体人是一种典型的知识型员工,在现代经济文化环境下知识型员工由于拥有较高的能力,其同行业职业迁移甚至跨行业职业转换的现象比较普遍。知识型员工对专业的认同要高于对组织的认同,因为专业技能进步对员工个人发展更加重要。专业认同对知识型员工工作转换决策时所发挥的作用比组织认同更大,当感觉到自己所在组织不利于个人专业发展时,即使是对目前的组织比较满意或认可,他们也很可能选择离开当前组织,寻求有利于个人专业发展的平台。对知识型员工而言,通过职业迁移,个体寻求角色—身份的重塑,以满足其职业发展和自我实现的愿望。现在的媒体人跳出体制外"转型",与之前的"工作调动"或"跳槽"有本质的区别。早期的媒体人因为看重体制内的"铁饭碗",从一家媒体调到另外一家媒体或机关事业单位,采用正常的调动手段,保留原有的身份。后来的媒体人不再留恋体制内的身份,从一家传统媒体跳到另一家传统媒体甚至网络媒体,这是"跳槽","跳槽"的媒体人往往都是做内容的。现在,转型的媒体人不仅包括那些做内容的,所有角色都参与了转型,包括设计、排版、技术、营销等等。

---

① 李彪,赵睿.传统媒体从业者职业转型意愿研究:以北京、广州两地新闻从业者调查为例[J].编辑之友,2017(6):35-40.
② 丁方舟,韦路.社会化媒体时代中国新闻从业者的认知转变与职业转型[J].国际新闻界,2015,37(10):92-106.

四、转型倦怠

传统媒体人除积极转型、消极转型及转型逸出外，还有一类媒体人存在转型不适的现象，我们将之称为转型倦怠或者转型避离，意思是对转型的厌倦、远离乃至逃避等。这部分媒体人或者继续留在体制内抵制变革和转型，成为转型的落后者，或者因为年龄和身体等原因离开媒体。

继续留在体制内逃避、抗拒转型的往往是一些年龄大的媒体人。这部分人在传统媒体的体制内按部就班成长起来，年轻时曾经奋斗过，有的甚至是当时的佼佼者，为媒体的成长壮大做出了贡献。不过由于年龄的原因，他们接受新生事物相对年轻人来说较为困难，特别是一批50多岁的骨干，继续保持原有的工作惯性，与新媒体要求格格不入。而那些近几年刚刚走上工作岗位的年轻媒体人一般是90后，他们是随着互联网在国内兴起而出生的一代人，自带"新媒体基因"，本身就是新媒体的主要使用者，新媒体的语言风格、表现形式也完全是他们自己创造的，因此他们在新媒体上的发挥如鱼得水。两相比较，中年人接受新东西就慢得多，一旦转型遇到困难就会自然而然地逃避、远离转型。

你现在让做传统媒体做了十多年的这些人转型非常难，很多人还不理解。同样一篇稿件，电视和互联网呈现的完全是两个产品。有的传统媒体的人能转，有的人就很难。传统媒体当中这种人还是蛮多的。——访谈13（男，60后，中层）

因为她作为一个中层领导在那边干了二十几年了，马上再过三四年就退休了。可以想到的就是，她不可能再做改变。她也知道我们那边环境不好，但她也不会再（改变了）。——访谈4（男，90后，产品经理）

传统媒体人特别是电视媒体人干的是一个经验活儿，本来就是越老经验越丰富，越老越吃香，就如同医生、工程师一样。传媒资历丰富的员工，更加熟悉新闻与娱乐行业的生产方式，无论是外出采访、摄像，还是编辑、技术，都需要长期的沉淀。年轻时的他们与比他们老一辈的电视媒体人之间，是一种师傅带徒弟的传承关系，师傅手把手把他们教会，也得到了他们的尊重。而等他们经验丰富成了传统媒体方面的"知识权威"时，新媒体却出现了。新技术完全取代了旧的知识，全体媒体人回到同一条起跑线上，使得他们积累了一二十年的经验被一下子打回原点。这一方面使他们自信心大大受挫，另一方面也使他们因此变得愤愤不平起来，过去的成绩成了"摆老资格"的包袱，因此，他们对与过去经验不相容的新的工作往往采取"反弹"和拒绝的态度。

你要在新闻中心，比如说一些老同志，因为采访部有很多老同志，他们可能一接到这样的指令后立刻就拒绝，甚至直接跟领导对着干，说"你们有没有搞错，你们这是什么思维主义，反正我弄不出来，你们要弄自己弄"，而且因为老记者本身很有资历，也有工作惯性，他会本能地抗拒。领导也很无奈，有的东西的推进相对难一点。——访谈3（女，70后，中层）

除了上述所说的学习能力不足、心态失衡这两个原因之外，中年媒体人逃避、远离转型还有一个重要原因就是利益问题。由于历史遗留问题，媒体"老人"们工龄长，一般也占据了重要位置，薪酬往往较高，即使"不干活也拿的比其他人多"。而如果完全实行全面融合，执行新的政策，他们的利益必然会有较大损失，所以对转型就产生了抵触情绪。

然后还有一个就是蛋糕问题。因为你有新东西，那你人必然会和老东西有冲突，那必然会动了一部分人的蛋糕。那肯定就是有些人会来阻碍，就不愿意用。

当然有一些中层干部确实很辛苦，但是有些（人）年纪大了，在那边事情干得也不是很多，工资却比一线员工高很多。然后后来那个领导不断地给中层减薪，减了好几次，但中层薪酬还是比普通员工高很多。——访谈4（男，90后，产品经理）

对这部分中年媒体人，如果组织上采取比较强势的做法，强迫他们做些改变，比如像一些报业的做法"强制分流""不换脑袋就换人"等等，也许他们也只能跟着改变。而如果采取比较人性化的手段，虽然"奖金少一些"，但因为不至于"带来生计上的压力"，他们也就乘势"躺平"。而后者往往是绝大多数组织稳妥的做法，这非常具有中国特色，"老人老办法"，特别是对电视媒体而言，毕竟形势还没有严峻到像前几年的报业那样。

他其实对整个的运作不清楚，他还是不太了解有这样的一种状态。现在还有一些人,他可能并不会特别积极地使用我们的一些传稿系统,他还是按以前的流程来做。当然他的奖金会少一些,但这不会给他带来生计上的压力,所以他不会主动积极地去了解我们这个平台。——访谈3(女,70后,中层)

我们中国人都有一个底线,就是说老人老办法,新人新办法,所以我觉得不管哪个平台的领导者,对既成事实的东西都要有一个最基本的尊重,否则的话就乱套了,根本就控制不了局面。——访谈12(女,60后,资深编辑)

个人来自不同的生活环境、学习环境,拥有不同的资质、性格特征,在面临人生重大变革的时候都会依照自己的认知,做不同选择。传统媒体人无论采取主动积极转型、消极转型,还是转型逸出、转型倦怠、避离,都能从其所受的外在环境刺激和内在心理变化中找到轨迹和答案。

需要说明的是,积极转型(包含主动型和被动型两种)、消极转型、转型逸出和转型倦怠合计五种类别的转型行为,只是基于对现实观察的抽象概念,是为了比较研究而提炼的理想类型。这五种类型之间没有断层,它们是连续的,没有截然的分界线。转型行为的五种类型非常类似于创新扩散理论中的创新采用者的5个种类:创新先驱者、早期采用者、早期大众、后期大众和落后者[1]。事实上,转型行为也是一种创新行为,两者本质上的一致性决定了传统媒体人转型与创新采用者有着相似的分类,我们也可以用一个类似的正态分布图来形象表达。从图5.2可以看出,被动的积极转型和消极转型占绝大多数,然后是转型倦怠和主动的积极转型,最少的是转型逸出。

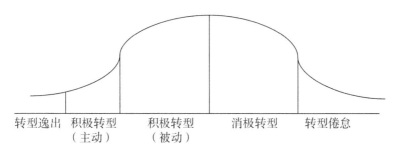

图5.2 转型行为分类正态分布图

---

① 罗杰斯.创新的扩散[M].唐兴通,郑常青,张延臣,译.北京:电子工业出版社,2016.

第五节　广电媒体转型：现实与困境

J广电的传统媒体人包括电视人和电台人两类人，通过深度访谈发现，这两类人在媒体融合道路上和自身转型过程中有一定的差别。本章最后通过电台人、报业人和电视人这三种不同类型的传统媒体人各自不同的转型特点，来讨论电视媒体转型可能面临的困境。

一、电视媒体转型滞后

本次深度访谈研究发现，电台人普遍展现出比电视人更加积极的融合转型状态。在艰难的转型过程中，相比于报业和电视而言，电台已经成功"走出来了"。

最早遇到危机的应该是广播，大家可能想象不到。20世纪90年代，那个时候回家看电视，上班看报纸，谁还听广播？做广播的人那时候危机感特别强，但是你看，目前做广播的人居然还相对活得很滋润，……现在看来广播实际上已经走出来了。——访谈13（男，60后，中层）

电台的内部管理体制特别是分配体制也与市场接轨，"向一线倾斜"，保证了"生产力"，处于一线采访的年轻人"比（他的）领导拿得多"。这与电视台这边存在一些"不干活"的资深员工比那些正成为"顶梁柱"的年轻员工工资高得多的现象形成了鲜明的对照。

总体来说，我们电台有自己独特的经营方式。（比如）分配方式，我们电台在整个广电集团里面，一直有一个特别好的分配原则，就是向一线倾斜。像我之前做行政的时候（拿的钱）肯定比记者拿的钱少很多，我一个月只拿4000块钱的时候，一线记者都拿6000块钱以上，差别非常大，你向一线倾斜就保证了生产力。当然，各个单位之间没有什么共性，只是说我们电台的领导愿意这样分。

我们电台的薪酬制度是向一线倾斜，冲在第一线采访的小孩儿拿的钱再少，也比领导拿得多，那人家还会说什么呢？真的是事在人为。——访谈12

（女，60后，资深编辑）

与电台"日子过得比较滋润"、已经"走出来"相比，报业正在"转型的路上"。报业主要分为党报和都市报两大类，党报有财政资金支持，转型通常采用"两微一端"方案；都市报自负盈亏，一部分关门歇业，一部分则以读者为中心、为读者提供各种形式的服务，实行多元化经营并且有了明确的方向，也都取得了初步成果。

大部分报业采取的都是"新媒介拓展"策略，自建网站、自建"两微一端"。江飞的博士论文研究的J报转型就是一个报业媒体转型的代表。J报1993年创刊，2004年成为同城都市报的领先者。2010年后，J报尝试建设各种类型的电子终端和传播载体，如微博、微信、社区报、航空杂志、移动媒体车、LED播放屏等。2015年J报开始加快向移动端转移，全报社每个部门都开始推出自己的微信号，同时运营账号最多时达到35个。2016年时，J报就拥有同城最整齐的微信传播矩阵，除官微外，几个垂直细分的微信号在国内、省内或所在城市有一定的影响力，健康微信号一度稳居全国媒体类的前三名，粉丝数10万以上的公号有9个。2017年市委、市政府决定打造一个战略级的新闻客户端并给予其财政资金的扶持，市委宣传部研究后要求J报整体转型负责该客户端的运营。2017年该客户端正式上线，此后，J报的人员、精力主要集中在该客户端上。报纸仅保留了8人的编辑部、15人的出版部和不到10人的广告经营团队，其他人员全部转移到移动端的阵地上。该客户端当年注册用户量达200万，2018年底突破300万，日活力稳定在10万左右，成为所在城市最具影响力的新闻类客户端。虽然运营时间不算长，但其影响力基本得到了政府和社会的初步认可。自此，J报基本进入了以移动互联网媒体业务为核心的发展阶段[①]。

另一家同城的《现代快报》在实施"新媒体拓展"战略失败后采用了"媒介合作"策略，历经艰难探索后取得了初步成效。成立于1999年的《现代快报》经过几年发展很快成为南京地区发行量第二的都市报。从2006年开始，《现代快报》不断进行新媒体转型的尝试。第一阶段是报网互动阶段。在这一阶段，

---

① 江飞. 转型媒体人的生命体验及其迁徙式生存[D]. 南京：南京大学，2020.

报纸与网络互相借力，网络吸取报纸的内容和资源，报纸借助网络的渠道和平台，相互促进。2008年推出"都市圈圈网"，不以新闻为主打内容，而是旨在构建个人社区，通过电子商务实现网站营利。2010年又推出了基于个人能力展示、评估、交易的社交型服务搜索引擎——"我能网"。这两个网站在激烈的市场竞争中最终都以失败告终。第二阶段是"两微一端"阶段。2010年开始，《现代快报》开始研发"掌上快报"进军移动端，2015年重新推出"快报云媒"客户端，同时入驻新媒体平台，先后注册了微信公众号、微博账号。第三阶段则是"媒介合作"阶段。2016年《现代快报》与新媒体内容聚合平台 ZAKER 合作推出了地方门户"ZAKER 南京"，开始了"媒介合作"新阶段；2017年《现代快报》转亏为盈；2018年《现代快报》正式更名为"现代快报+"，媒介转型取得初步成效。

二、广播媒体转型的优势

广播、报纸和电视三大传统媒体中，最先遭遇危机的是广播媒体，只不过广播媒体所面临的不是新媒体的挑战而是报纸和电视的冲击。从20世纪90年代早期开始，电视凭借"声形并茂"的技术特质与"情景再现"的传播特点，以黑马之姿取代广播成为大众最喜闻乐见的大众传播方式。从此，电视步步逼近，从广播手中夺走越来越多的受众，广播行业经历了一段漫长的低迷期。

2003年对广播电台来说是一个转折点，私家车的发展为广播电台事业发展提供了新的契机，这一年被称为"中国广播发展年"[①]。国家改革开放成果红利逐步显现，人民生活水平大幅提高，私家车逐步走进普通百姓家庭，车载广播收听市场急剧增长，促进了以新闻、交通和音乐广播为主的电台收听市场的增长，广播电台的发展进入了高速成长期。

三十年河东，三十年河西。当年面对激烈的市场竞争，广播电台依据本身特点发展出来的竞争能力成为如今其应对新媒体挑战乃至自身转型的优势。

第一，"窄众定位"为广播电台奠定了生存发展基础。

---

① 李育全. 融媒体背景下广播电台转型发展探索 [J]. 传媒观察, 2021(1):95-100.

以前的广播电台是面向全体受众需求而进行节目设计的，与同样是综合型节目设计的彩色电视进行正面竞争，显然无法抗衡。一些广播电台开始调整自己的经营思路，打造类型化电台，以不同主题打造不同频道，比如音乐频道、交通频道、新闻频道、戏剧频道等等，这种"窄众定位"的集聚化策略取得了很大成功。

电视因投入成本巨大，只有中央台可以实行类型化策略，其他省市一级的电视台只能以综合型节目设计为主，所以难以迎合庞大的、形形色色的、分布在各年龄和阶层的各种观众的口味。类型化电台只为特定受众提供特定服务，满足不同阶层、不同类型听众的文化和生活需求，填补了综合性电视台的空白，其节目能够吸引观众，受到观众的喜爱，这一特点是电视无法替代的。由于它以特定的目标群体为中心，充分发挥了快速播放和陪伴的功能，赢得了生存和发展的市场份额。类型化广播的产生是广播媒体适应电视竞争和威胁的一种生存方式，也是广播受众率逐渐积累和恢复生命力的一种手段[①]。

第二，电台"直播"的"即时互动性"完全符合互联网时代听众信息消费的需求。

广播电台过去一直采取录播方式，经过记者写稿、编辑编稿、主任审稿、播音员读稿、再审核后最终才能播出，制作发布周期很长。和报纸、电视一样，录播时代的广播电台只能依靠信件来往沟通，没有任何"即时互动性"。

比方说，我们电台最早的时候都是录播。我是1993年入职的，从1993年到2000年这七年，我经历的都是录播时代，（通常的流程就是）我们的记者写好稿子，然后播音员播，然后我们的编辑去审批，审批通过之后才去正式播出，所以一个节目的制作周期是非常长的。——访谈12（女，60后，资深编辑）

2000年广播开启了"直播时代"。在直播情况下，主播与受众一同面对新闻现场，直击现场有很大的不确定性，要求主播能够担当多面手，既要报道新闻事实，还要分析背景、发表即时评论，还可能面对听众的提问。可见，

---

① 黄碧珊. 我国类型化电台发展研究[D]. 乌鲁木齐：新疆大学, 2010.

直播对于电台和电视台来说无疑是播出的高难度动作，现场直播是对综合实力的检阅，对主持人来说是一种严峻考验[①]。

那么从2000年开始，我们进入了广播电台直播时代，实际上有点类似现在的移动播出，可以实现实时的信息发布。所以说，2000年开始广播进入了一个直播时代，它是一个新纪元，它对于所有的采编播人员来说都是一个革命化的改变，因为它要求你特别快，而且你的生产流程也和以前不一样了。（比如）我们会有记者连线，审稿的过程不是说（像以前那样）把文字全告诉你，而是就告诉你一个口导，编辑审一下，具体的语言需要记者自己组织，然后就播出去了。唯一可以控制的就是主持人，他有一个延时开关，如果出现一些原则性的错误或者一些意外的东西，（这个延时开关）可以进行一个补救，保证播出安全。——访谈12（女，60后，资深编辑）

对听众来说，"直播"满足了他们对新闻信息的快速获取要求，更为重要的是满足了他们即时互动的要求。而即时互动正是新媒体区别于传统媒体的一个显著特点。

第三，电台的"移动性"与移动互联网时代信息消费特征相吻合。

广播媒体与其他媒体相比，最大的特点就是移动性和伴随性，广播的伴随性能够满足受众在不同场景下的陪伴、娱乐需求。广播在操作流程上的便易性与当前的移动传播具有天然的亲近性与适应感。广播电台的终端是收音机，发展到移动互联网时代，收音机的功能完全被手机集成。除终端不同以外，对广播电台的操作流程、媒体人的素质要求与之前传统广播完全一样。电台直播要求记者、编辑和主持人一直处于实时刷新状态，比如需要播出"整点新闻""半点新闻""实时路况"等等。

从2000年开始一直到现在，广播的直播培养了广播人的适应力。对我个人来说，就是一下就能够适应（媒体融合带来的改变）。实际上传统广播跟移动传播就只是平台不一样，现在的接收终端是手机，我们那个时候是收音机，除了终端不一样，整个操作流程是完全相同的，它对从业人员的要求（都是一样的）。所以说，其实广播电台对新媒体有一种天然的适应感，能够适应移

[①] 沙滨洋.直播时代呼唤新型新闻主播[J].新闻战线,2011(11):25-26.

动传播时代对速度的要求。

比方说我们 J 新闻广播,我们是 24 小时直播,而且整点、半点都要刷新(新闻),我们的主持人、我们的记者也适应了一个实时刷新的状态,我们对新闻的生产就和现在发微博、发朋友圈是一样的状态。——访谈 12(女,60 后,资深编辑)

电台的移动化还有一个特点就是收听方便,在一些不能用眼"看"信息的环境下,这一特点独具优势。比如驾驶员开车时只能用"听"的方式消费信息,还有一些中老年人眼睛不好或为了保护眼睛,也更多选择电台。

广播还有一个特别好的特点,就是它能够小空间传播和碎片化传播,还有伴随式传播。小空间传播,车载为什么起来?大家在车上的时候,因为那个时候没法看东西,所以就听广播,封闭空间里面它被动接受非常强,跟楼宇电视一样。另外什么是伴随式传播,老人眼睛不行,广播可以随身带着,随时可以收听。另外还有这种碎片化传播,包括像喜马拉雅这些东西,它可以随时做信息的传播。所以它这几个特点正好是暗合了现在互联网时代的传播特点,所以它一下子就能成为向死而生的媒体。——访谈 12(女,60 后,资深编辑)

广播电台终端的"小巧化"、伴随性恰好与传媒演变和传媒融合的必然趋势——移动化取向吻合[①],电台媒体人向新媒体转型可以做到"无缝对接",无需经历转型痛苦。

第四,电台主持人的"忠实听众"就是新媒体时代的"粉丝"。

电台的直播时代开启以来,一大批主持人脱颖而出。和以前正襟危坐的播音员完全不同,主持人往往具有出众的口才、鲜明的风格和独特的个性,周围围绕着一群"忠实听众",在长期的互动中双方形成了紧密的关系。这些"忠实听众"就是互联网时代社交媒体的"粉丝",主持人对这些粉丝具有很大的影响力和召唤力,他们就类似于社交媒体的"大 V"。

新媒体的繁荣还有一个要求,就是要有个性化的信息发布。一个人做自媒体,以他个人的魅力就能够形成自己的粉丝圈,形成自己的舆论场,形成

---

① 陆小华. 新媒体观:信息化生存时代的思维方式 [M]. 北京:清华大学出版社,2008:191.

自己的影响力。广播电台，它也有这样的一个特质。从2000年开始，电台培养了一大批主持人。主持人是一个新岗位，和以前的播音员是不一样的，对主持人的要求就是个性化的播出。虽然说主持人的思想还是要遵循我们作为党媒的职责，但是我们的内容可以有个性化的表达。这样就形成了一个主持人（中心制）的运作模式，我们的编辑也好，我们的记者也好，我们的策划也好，都会配合某一个主持人，这个也特别像现在"大V"的运行方式，所以说，广播就是有一种天然的融合感。——访谈12（女，60后，资深编辑）

广播是最早进行粉丝经济营销的一个媒体，讲起来广播实际上是窄播，每一个主持人都定点传播，这个主持人后面始终有些粉丝，粉丝力量可能数量并不大，但是他们黏度非常高，他们始终在进行互动，进行一种粉丝经济的营销，他们这个传播规律恰恰和现在互联网上的互动模式具有一致性……对电视来讲，比如说我是某某栏目的主持人，我是《焦点访谈》的、我是《新闻联播》的主持人，电视都是讲一个节目品牌，广播打主持人品牌，就是一种流量传播和精准推送。——访谈13（男，60后，中层）

"粉丝就是对于某种目标（人或物）拥有喜欢、关注、信仰等情绪，并愿意付出成本（时间、金钱等）的人"[1]。社交媒体特指基于用户关系的内容生产与交换的网络平台，粉丝是社交媒体最典型的用户。粉丝经济的定义为以情绪资本为核心，以粉丝社区为营销手段，通过大量粉丝为情感付费而实现粉丝价值增值的一种经济活动形态。由主持人中心制培养起来的粉丝正暗合当下火热的粉丝经济逻辑，所以电台与新媒体在运作机制上是完全一致的：媒体与用户的深度连接[2]。

最后，电台运作成本较低也是电台进行融合转型的一个优势。由于媒体实行企业化管理，能否在财务上实现止亏营利也是考核传统媒体转型成功与否的一个重要标志。电台船小好调头，转型成本低，资金投入小，只要获得一定的收益就能保证日常运转甚至有一定的利润。

广播的成本是非常低的，所以我们的利润率一直都挺高的，我们除了人

---

[1] 张嫱. 粉丝力量大[M]. 北京：中国人民大学出版社，2010.
[2] 郭全中. 媒体融合：现状、问题及策略[J]. 新闻记者，2015(3)：28-35.

员工资之外就没有别的什么（支出）了。现在包括手机也可以录东西了，我们也不一定非要买那么贵的设备。——访谈 12（女，60 后，资深编辑）

（广播）有一个特别好的优势，它的成本很低，把大量的成本放在了传播手段的创新上，放在了营销手段的创新上，放在了互动方式的创新上。——访谈 13（男，60 后，中层）

广播媒体自 20 世纪 20 年代诞生以来，不断面临着纸质媒体、电视媒体的多番冲击。较之于报纸和电视，广播电台一直有着自己的生存之道。与报纸、电视相比，广播电台在内容生产方式、流程、推广等方面与现在的新媒体较为接近。只要跨入广播电台的门，每一个编辑、记者、主持人受的训练其实都类似于现在的融媒体训练。只不过过去是在收音机上进行训练，现在要在手机上、电脑上进行。同时，广播媒体本身具有一定的独特性，诸如接收方式的便捷性、互动性，创办和经营成本的低廉性，等等。因而在新媒体时代，广播电台能够比较快速地适应新的新闻生产要求，电台媒体人也比较容易实现快速转型。

三、电视媒体转型面临的难点

相对于电台、报纸来说，电视媒体在融合和转型方面比较落后，这一方面是因为电视媒体面临新媒体冲击相对较晚而实施转型战略较晚，另一方面是和电视媒体本身的特点也有密切的关系。通过本次面向传统媒体人的深度访谈，我们发现，当前电视媒体在转型上主要面临如下一些难点。

第一是方向难点。

广播电台和报纸转型成功的关键是抓住了新经济时代的牛鼻子——用户。都市报和电台都根据各个栏目的不同特点，为其读者和听众提供更加深入的服务，全力满足他们的相关需求。比如旅游栏目发展成旅行服务公司，少儿栏目发展成亲子教育服务公司，健康栏目则发展成健康用品服务公司，汽车栏目也发展成相应的服务公司，等等，这些服务都超越了过去电台和报纸所提供的信息服务的范畴。媒体越来越多地进行跨界运营，将自身的品牌优势、资源优势、人才优势、宣传优势与文化、旅游、教育、养老等产业嫁接融合，探索全新的价值变现的路径①。

可见，电台和报纸融合转型的一个重要方向是以新闻信息服务为核心，以媒体的信誉为背书、围绕听众（读者）的需求开展多元化混业经营。这样做的好处是既可以将媒体积累的品牌价值转化为生产力，又可以分流多余的员工，顺利地实现传统媒体人在内部的职业转型，为吸纳新媒体人才腾出空间。

而电视的转型目前仍处于摸索阶段。接受访谈的一些中层以及一些普通媒体人都普遍感到目前方向不明，电视台下一步向何处走，转型的具体措施都还需要探索。因为没有先例可循，一些试探性的路可能很艰难、阻力太大甚至走不通，所以又会折回来重新出发。

现在可能属于一个高原期，那下面该怎么突破，该往哪里走，这个应该是整个中国社会发展的一个趋势所在，所以我觉得不好说。

然后接下来从2013年到现在这段时间是一个相对平缓，但是有点趋势向下的一个状态，每一年都在试图往上突破，但是这个突破，比如说往上走一点，唉，发现走不通或者走不到想要的那个位置，老是这样的一个波动，这个波动对于我们从业者来说其实是蛮痛苦的。——访谈7（男，70后，编导）

从理论上讲，媒体融合的根本趋势将会是传统媒体与新媒体的"你中有我、我中有你"，落实到本个案的J广电，最终的转型方向应该是一个相当于中央厨房的内容中心，然后通过不同的渠道（传统媒体和新媒体）去分发。如果按照这一思路，遇到一件新闻事件J广电应该是统一派一名记者去采访，采访后的信息由各媒体渠道共享。但这会遇到一个问题，因为电台、电视和新媒体各有不同的表达形式，受众关注的重点也各不一样，外出采访的记者受自己的经验和视角所限，并不能将一件事的新闻价值全部挖掘出来供不同的媒体剪裁。其结果很可能是采访回来的内容更适合某一类媒体播放而不适合另一类媒体。

现在的问题是：传统媒体在做新媒体，但是什么样的人在做？是原先的广播记者在做，还是重新组建的一套人马在做？如果传统媒体要实现媒体融合，就要把这个架构搞清楚，否则只是粗放的融合。像很多地方讲融合，为了节

---

① 江晨瑞，江飞. 传统媒体的转型情境与生态重构 [J]. 城市党报研究，2021(2)：75-77.

约成本,就说广播电台的人不要出去采访了,电视台的人出去(采访)就行了,回来把稿子共享一下,美其名曰"融合",其实是变相地把广播给弄没了。——访谈12(女,60后,资深编辑)

这两年短视频流行起来,(本来)电视是一点机会没有的,因为短视频起来之后,电视人才有些出路,但是问题是做短视频的门槛相对来讲非常低,所以我们电视市场遇到的最大的痛点就是,作为传统电视的新闻人我们转型的路径是什么?——访谈13(男,60后,中层)

目前短视频是新媒体的新风口,从技术角度看,电视媒体人重点突破短视频是一条顺理成章的道路,就如同很多报社记者转型创办个人微博、微信公众号等自媒体风生水起一样。但是做短视频重要的是素材,并不讲究什么拍摄水平,门槛非常低,这和写文章需要一定的写作水平不一样,快手、抖音上一个普通人都可以制作一个点击率高的短视频,电视台的媒体人在这方面的竞争中如何突出优势是一个难题。

第二是体制难点。

组织正式的制度、目标和标准性活动模式稳定了组织结构,同时提供了再生的优势,它们保持强大的压力反对变革,因为组织成员会寻求保护他们利益的地位。因此,组织的结构惯性既能给组织带来稳定,又会成为变革的阻力[1]。传统广电媒体特别是省级及以上电视台毫无疑问是具有很强惯性的组织。从结构上来说,电视媒体内部部门繁多,自2003年大规模机构改革之后就没有再进行过大幅度的、激进的结构调整。另外,电视传媒集团长久以来的政治和经济的双重属性更是难以变革。在访谈中,也有访谈对象阐述了这样的想法,还有许多访谈对象指出目前的变革中所遇到的困难有一部分是"体制"的特有机制造成的。

整个中国传媒发展的体系和逻辑……从属性来说,四合一。第一个属性是机关事业单位,是一个金字塔型管理模式,所以它要对上负责……所以它的逻辑是命令执行,按照意图办,……它既是一个传媒机构,又是一个机关单位,这是它的本质,所有的人想改变这个本质,结果都是枉然,会搞着搞

---

[1] 赵杨,刘延平,谭洁.组织变革中的组织惯性问题研究[J].管理现代化,2009(1):39-41.

着就回到原来。这就是我们的本质基因,改不了,它从这里出发,走再远,线一拉立马就回头。——访谈30(男,70后,中层)

电台和报业转型以来,经营管理体制变革一直走在电视媒体的前面。与J广电同处一个城市的J报是个社会报,"这些年用了不少年轻干部,有的业务骨干进步的速度很快,几乎两年就是一步,把原来差不多的同事远远甩在了后面。报社高层在这方面思路是一致的,要让愿意转型的人有平台,干出成效的要给予回报,非常出色的要给他提供更大的舞台。这种现象虽然会引发各种议论,包括一些嫉妒的、不平衡的反应,但总体还是积极的,也让更多人看到了机会"[1]。

报纸现在不就是不停地在关停。期刊关停,去年还是前年,南京报业集团裁掉了2/3的人,以前不管你是找关系进来的,还是分配进来的,或者过五关斩六将进来的,该裁就裁,裁了就裁了,自己想办法。——访谈9(男,70后,中层)

而与之形成对比的是,尽管经过多年改革,但电视媒体的宏观管理制度基本未变,行政行为仍然在发挥主导或决定作用。为避免意识形态改革所带来的巨大政治风险与责任,也无意或不愿对电视媒体的现有体制与运行模式进行全面的制度改革,电视媒体仍被保留在行政化的传统事业体制内。

因为我们那边是老的事业单位合并过来,那边就是官僚化、政治化,还有老龄化,事业单位存在的各种问题、历史遗留问题就很难去解决。其实即便想去改,也很难去调整。因为中层确实太多了,平均四个普通员工就有一个领导。——访谈4(男,90后,产品经理)

作为传统媒体组织中的新媒体部门,新媒体事业部虽然做着"新"的业务,骨子里却还流淌着"旧"的血液。在结构和考核上,新媒体事业部与传统部门并无二致。在结构上,新媒体事业部与其他事业部一致,仍然采用了纵向的结构,凭行政职级划分地位和权力,强调的是效率和控制。这也与新媒体事业部的业务内容直接相关,网络电视台是新媒体事业部的核心,旗下新产品"LZ新闻"和"我SU"网仍然是信息资讯类的产品,与原有电视平台的业

---

[1] 江飞. 转型媒体人的生命体验及其迁徙式生存[D]. 南京:南京大学, 2020.

务一脉相承，也是行政力量管制的重点区域。

（组织结构）差别目前不是太大，只是业务比较新。可能有一些项目组会有组织结构差别，主要是针对一些新业务按项目组成团队。新业务与传统的一些业务尤其是一些老的业务还是没有太大的区别的，毕竟都是从一个基础衍生出来的。——访谈17（女，80后，制片人）

面对稀缺的技术人才，J广电既不能拿出具有竞争力的薪资来引进人才，也不能凭借具有竞争力的薪资来留住人才。

新媒体就是我们网站那边，有一帮核心的技术团队……真的是很强的一个团队，因为这个都是靠他们撑起来的，这样的团队在外面市场价值都是很高的。但是我们现在还是没办法，国有企业还是要控制成本的。——访谈47（男，80后，技术人员）

与此同时，融合带来了部门的整合，组织架构的精简和重整会带来人员的分流和安置。过去部门众多、各自为战，合并以后必然会减少重复劳动，多余的人员如何处置是一个头疼的问题。

从大局来讲，我对此还是认可的，可能我们有时候会看到一些具体的现象，比如说人员怎么安置的问题。这里面还涉及各个部门的合并，对吧？中国传统的一个人怎么安排的问题，这是第一个。第二个可能是一些工作量的考核的问题。比如说我了解到一些摄像，那么他原来是在一个栏目里面，它相对来说是他的工作量，作为制片来讲，可能会哪怕坐不满，也会保证它实际上就是他一个月的收入。其实基本上是可以保证的，但一旦融入一个大的采编系统里面去，有时候他的工作量就会达不到，对收入就会有影响。这我觉得就像传统的一个结构，运营结构调整过以后会有一些影响，但是后面可能会解决，他们有解决的方法。——访谈11（男，60后，主编）

外部市场竞争充分的企业包括互联网公司在遇到转型问题时，通常都采取大规模裁员的办法甩掉包袱、轻装上阵，以保持强盛的竞争力。而对于传统大型电视媒体这样的"半事业半企业"的机构来说，这种做法需要有更稳妥的办法和步骤，也需要下更大的决心，毕竟还没有到最后关头。

你不能像传统电视人一样，慢慢地他们要老去，什么也干不动了，那新团队你要跟得上，一步步转、慢慢转，像民营企业那样重新招人我们不行，所以为什么都说,要转是最痛苦的。

老人出去以后招新人是最容易的,但是没有办法这么做,所以这是传统媒体的最大的困惑,在这个地方就是这种老的人多。我是知道一些的,比如说他很消极,他又不学,那这个问题怎么处理?用什么标准衡量他的工作?你能做一些力所能及的工作,那你做好多少工作拿多少钱。做得多能拿两万,做得少只能拿两千,其实两千和两万都很正常,我们能不能淘汰或者处理那些消极应对的人?这又是一个问题。他也不一定肯走,因为他没有地方去。你这里还有五险一金,还有基本的保障,还有另一点就是有的(人)你还不能讲他们不行,因为他们原来也为台里面做过贡献,当年的黄金时代里面有他的一份(功劳),这也是台里或者说任何一个企业都必须背负的成本。——访谈27(男,60后,中层)

第三是产能难点。

产能是传统媒体特别是电视台转型面临的另一个重大挑战。媒体融合的目的就是让先进产能替代落后产能,或者说把落后产能转化为先进产能[1]。相对于报业、电台来说,电视台普遍重装备、重资产,在运作成本和人员负担上相对较高。广电级制播体系、专业设备、精细化的生产流程及人才储备,从"先天优势"变成了融合发展中的"尾大不掉"[2]。

截至2019年底,全国经国家广播电视总局批准的各级广播电视台接近2500个。随着开机率的进一步下滑,投入产出比日趋拉大,部分地方广电媒体的频道、频率已由资源变成负担,"产能过剩"成为广电媒体面临的主要矛盾之一。国家广播电视总局在2020年11月印发了《关于加快推进广播电视媒体深度融合发展的意见》,指出要"加快推进频率频道和节目栏目的供给侧结构性改革,精办频率频道、优化节目栏目,对定位不准、影响力小、用户数少的坚决关停并转"。但是"关停并转"谈何容易?

但凡提到转型,背后两个字就是痛苦。我经常讲建开发区是容易的,你只要做好三通一平,马上就可以做新的规划,画最新最美的图画,出来的全

---

[1] 王炎龙,邱子昊. 供给侧结构性改革视阈下媒体融合的格局重构[J]. 湖南科技大学学报(社会科学版),2019,22(5):126-133.
[2] 孟立蓬. 媒体融合下半场,三对主要矛盾该如何破解[J]. 上海广播电视研究,2019(3):31-39.

是高楼大厦。最痛苦的是老城拆迁和老城改造，要保持原有风貌，内部还要适应现代生活，它的成本比起新建的房子要高多了。老房子你就要在原来的基础上加下水道、加淋浴设施，还要增加各种厨卫、采暖设施。这个成本比新造一栋房子都要贵。

　　我们传统媒体现在就是做这个工作。既要保持权威性，保持我们的导向，同时还要做好转型。事情都能做，但是最关键的是怎么变现，这是最难的（事情）。变现也容易，但是我们为什么难？我们迅速地变现，还要达到原来的经济规模和产出规模就非常难。因为原来电视是大体量的，像集团每年有一百多个亿的产出，电视有五六十个亿的产出，你通过什么样的转型才能获得五六十个亿的现金流量呢？不可能！所以就是两条腿走路特别难！——访谈13（男，60后，中层）

　　电视媒体淘汰传统产能，必然需要新媒体的产能来填补。但是在新媒体领域，电视媒体所面临的竞争与过去行业内的竞争不可同日而语。过去的竞争是同维度的，而现在面临的则是"降维打击"。以快手为例，每日上传的1400万个以上的微视频，不仅淹没了传统媒体在快手上的"身影"，而且其生产和收看的信息交互基本都是发生在公民个体之间[①]。平台媒体通过人工智能软件对公众自生产与自消费的组织释放了巨大的信息产能[②]。可见，电视媒体的新媒体"增量业务"的造血功能培育、变现能力提升还需要一定的时间。

　　第四是人才难点。

　　电视媒体人与广播、报纸媒体人的一个重大区别是电视媒体人更强调团队作战，长期运作的结果是其单兵作战能力相对较弱。再加上由于提前经历了冲击，广播媒体人和报业媒体人已经基本适应了新媒体的冲击，而电视媒体人转型相对困难。

　　电视不一样，它主打电视剧、综艺节目，所以它锁定在个人身上的时间和节目的黏度比广播要差。同样是娱乐节目，电台主持人靠自身的个性化生

[①] 胡翼青，李璟．"第四堵墙"：媒介化视角下的传统媒体媒介融合进程[J]．新闻界，2020(4):57-64.
[②] 胡翼青，谌知翼．媒体融合再出发：解读《关于加快推进媒体深度融合发展的意见》[J]．中国编辑，2021(1):67-71.

产内容，电视就是大制作、大投入、大产出。所以我觉得从生产新媒体的素养来说，广播比电视要强。电视主持人离开稿子就不会说话了，我们广播主持人招来的都是话痨，有的人说话水平高一点，有的人说话水平低一点，这跟个人的知识积累、修养、受教育程度相关。最早的广播主持人也没念过太多的书，只是比较会说，现在的电台主持人各方面水平都很高，从这一块来说，电视和广播还是有差距的。——访谈12（女，60后，资深编辑）

媒体人单兵作战能力强在转型时期显示出一定的优势，这些传统媒体人可以相对容易地进行内部创业并成功转型，甚至"转型逸出"，跨出体制实现在外部的转型。但在团队型人才集聚的电视媒体中，如果员工需要外出转型，必须拉起一个队伍，这显然相对报业和电台的媒体人来说面临较多的困难。

其实还是一个团队的问题。因为电视跟报纸不一样，像报纸，我写篇稿子我就能怎样，我做个调查就能怎样，而电视一定是一个群体的艺术，是一个团队的艺术。你在这个团队当中与大家合作得非常愉快，那就没有必要走。或者说你这个团队的核心老大想走，你跟他志同道合一起走，也没有问题。在纸媒那边或者在新闻那边，我自己能做调查、能做新闻、能写稿子，也许不到某一家公司去，也许做自媒体，可能会很辛苦，但是也会活得很滋润。但是在电视那边不行，你一个人出去啥也干不了。——访谈7（男，70后，编导）

我们做一个电视（节目）需要几十号人，甚至上百号人，而做新媒体，两三个人就能做，但是剩下的人怎么办？——访谈27（男，60后，中层）

到目前为止，地级及以上电台的转型都比较成功，报纸行业继前几年"完全触底"已开始反弹，取得了初步成果，出现了一些成功的样本，但电视媒体到目前为止还没有出现一个转型成功的样本。

因为现在没有哪个地方比较成熟，如果从中央到地方哪个台比较成熟，有一个改革的模板，然后各个地方如果去遵循就比较好。实际上可能要介入企业改革的一些套路，但是现在你要自我改变很难。

《人民日报》，它和我们还是不一样的，它还是一个报业媒体，对吧？但是如果广播、电视、报纸全部融合起来，关键是组织架构和人员配置，包括下面怎么去操作的这一套，如果有体系的话就好了。我们现在好像比较少，

可能最后《人民日报》呈现的是一个相对简单化的一个成果。——访谈11（男，60后，主编）

中共中央办公厅、国务院办公厅于2020年9月印发的《关于加快推进媒体深度融合发展的意见》（简称《意见》）为步入深水区的媒体融合指明了发展方向。根据《意见》，"媒体融合下一步的工作可将以下四方面作为支撑点：一是以先进技术为引领，二是扩大优质内容产能，三是深化体制机制改革，四是大力培养全媒体人才。这四大支撑点分别对应着媒体融合过程中的四种结构性要素，即技术、产能、体制与人才"，这也恰恰是电视媒体转型面临的困境。

第六章 研究结论与展望

本章首先对研究所获得的结论进行了一个回顾，然后对研究的贡献、理论创新点和实践启示进行总结，最后指出本研究存在的局限性以及未来需要进一步探讨的方向。

第一节　主要研究结论

2020年11月,《中共中央关于制定国民经济和社会发展第十四个五年规划和二〇三五年远景目标的建议》强调"推进媒体深度融合"。推动传统媒体人转型是实施"媒体深度融合"战略的基础,如何推动传统媒体人转型是摆在报业、广电媒体面前的一件大事。本研究在综合国内外现有研究文献的基础上,提出了传统媒体人转型的外在刺激因素作用于媒体人内在心理,进而形成转型意愿和行为的理论模型。通过问卷调查、收集数据、统计分析,证实了外在刺激因素对转型行为的影响及作用路径,阐释了传统媒体人内在因素对转型意愿和行为的影响,同时在深度访谈的基础上就一些问题进行了进一步讨论。

围绕本书的研究问题,主要有如下结论:

1. 授权赋能对转型意愿和行为具有直接的正面影响作用,也是对传统媒体人转型最重要的外部因素

定量分析显示,授权赋能无需经过中介变量就能够对转型意愿和行为产生直接作用,是传统媒体人转型最重要的外部刺激因素。

授权赋能的核心在于领导者通过将权力下放给员工,激发员工内在动机,提高员工工作能力,在推动员工自身成长的同时促进企业的发展[1]。领导授权赋能行为有助于提升员工的自主性和效能感,从而提升员工的创造力水平[2]。授权赋能本质上是一种软激励。和组织激励中的薪酬待遇、晋升提

---

[1] Lee J, Wei F. The mediating effect of psychological empowerment on the relationship between participative goal setting and team outcomes-a study in China [J]. The International Journal of Human Resource Management, 2011, 22: 279-295.

[2] Amundsen S, Martinsen ϕ L. Self-other agreement in empowering leadership: Relationships with leader effectiveness and subordinates' job satisfaction and turnover intention[J]. The Leadership Quarterly, 2014, 25(4):784-800.

职这种类型的激励相比，授权赋能并不能直接带来物质和精神方面的"可计算"获益，不过可以满足一定程度上的尊重与自我实现的需求。它能刺激一部分员工的主动性和创造性，增强激励对象与组织目标之间的匹配度，实现个人和组织的可持续发展。

研究表明，授权赋能这种软激励对知识型员工来说尤为重要。媒体人基本是知识型员工，整体素养较高，相对而言更加注重职业发展和技能的提升，注重被尊重、被认可的精神需求，更容易接受具有创造性、挑战性的任务，愿意不断更新自己，是柔性激励较为适宜的对象[1]。

对于传统媒体而言，新媒体的发展、媒体融合、媒体转型是没有现成先例可循的。领导者和普通媒体人一样，同样没有任何经验，更没有占据任何技术方面的优势。创新创业、试错迭代是互联网媒体和数字化转型成功的不二法门。所以需要充分发挥每位媒体人的自主性，激发媒体人自我成长的内在动机，让媒体人拥有更多的机会参与决策，让他们自主学习，提高他们的自我效能感和工作绩效[2]，发挥其创造性、能动性，如此才能更好地推动他们主动积极地转型。

2. 组织学习通过变革承诺与融合能力对转型行为发挥积极影响

定量分析结果显示，外部刺激中的组织学习通过传统媒体人的变革承诺与融合能力对转型行为产生显著而积极的影响。

在组织为了适应变化的环境、赢得竞争优势而开展变革的过程中，组织学习显得尤为重要。只有通过一系列的组织学习过程，让员工在组织学习中对变革的重要性和积极性有充分的认知，组织才能顺利完成这些变革。组织学习可以形成组织内部较为浓厚的变革氛围，浓厚的变革氛围反映出组织内部的一种一致支持变革的导向，为员工理解即将来临的变革创造了有利的情境，降低了变革给员工带来的压力感，提升了员工的变革承诺，也提升了员

---

[1] 江飞. 转型媒体人的生命体验及其迁徙式生存 [D]. 南京：南京大学, 2020.
[2] Maynard M T, Gilson L L, Mathieu J E. Empowerment: Fad or fab? A multilevel review of the past two decades of research [J]. Journal of Management, 2012,38(4):1231-1281.

工学习新知识、新技能的动力。

不过正如前文所述,我国新闻媒体单位的"组织学习"概念与普通企业的"组织学习"有着共同点也有一定的差别。其共同点是它们都是从外界不断获取知识、技术、价值,其区别在于通常的企业一般是从市场上包括政治经济社会环境、同行、消费者处获得,而我国的新闻单位除了从市场上获取学习资源外,还会从上级组织中获得学习资源,在很多情况下后者更为重要。所以新闻媒体单位的"组织学习"在很大程度上是对上级组织意志的宣传贯彻。因为在我国体制内,"学习"本来的含义就是对自上而下的宣传的一种主动"承接"。换句话说,学习是下级对上级宣传贯彻的一种反向行为,是宣传贯彻的重要组成部分。显然这种"学习"在内部形成了积极的转型氛围,推动媒体人产生积极主动的变革承诺,提升了其转型能力,进而对其转型行为产生了积极、正面的影响。

3. 社会支持对变革承诺和融合能力有正面影响并进而对转型行为有正面影响

定量分析表明,社会支持通过提升媒体人的变革承诺和融合能力对其转型行为有正面影响。

组织变革时的员工尤其需要社会支持。因为组织变革会带来种种不确定,短期会导致员工利益受损,员工自然而然会对变革产生抗拒心理。社会支持可以有效增强员工面对变革时的心理上的安定感,而且所获得的社会支持程度越高,员工因面对组织变革而产生的心理上的不确定性和抗拒心理等负面影响就会越低。个体所拥有的社会支持越多,他在面对压力事件的时候就会有更好的精神和生理状态。

融合转型是传统媒体人面临的一次重大变革,家人、朋友、同事的支持对媒体人的变革承诺、融合能力都有正面的影响,从而也从正面促进了传统媒体人的转型。社会支持可以促进传统媒体人的转型意识和转型技能提升。当前在遭遇媒体融合转型挑战时,传统媒体人必然要面对各种压力,产生焦虑和情绪耗竭,经由与自己关系密切的他人(包含家人、朋友、同事或者主管等)进行各种互动,可以获得不同形式的资源,帮助他们克服转型压力,提升融合适应能力和自身职业转型效果。

4. 组织激励对转型行为的正面影响作用在定量研究中没有得到证实

作为一种重要的环境刺激变量,组织激励对转型行为的影响没有得到证实,这与我们理论推导的结果完全不符。不过,这并不能推翻组织激励对转型行为发挥正面影响作用的结论,只能说明,在本个案中组织激励未能发挥正面作用。

通过进一步分析,传统电视媒体的员工对有关组织激励方面的评价得分总体偏低,在组织学习、组织激励、授权赋能、社会支持、组织认同、变革承诺、融合能力和转型行为8个构念中得分最低。员工对薪酬和晋升两方面的评价基本处于不满意状态(3~4分),这说明本个案中的传统媒体人总体对组织激励不太满意。从人口统计来看,30~39岁的媒体人相对于其他年龄段的媒体人而言对组织激励的评价得分最低,而这群人在转型意愿与行为方面的得分却排在前列。

通过深度访谈发现,媒体人普遍认为电视媒体的组织激励制度还有较大的提升空间。近几年来,传统媒体在组织激励方面尽管取得了一定的进步,但总体而言与外部互联网企业、新媒体公司的激励政策和效果相比,差距还很大。不仅薪酬水平无法与外界相比,与新媒体挂钩的绩效考核体系也没有建立,基本沿用过去的薪酬政策。另外,作为发挥激励核心作用的职位晋升完全是国企按部就班那一套,使一些事业心较重的媒体人感到失望。

传统电视媒体组织激励措施不尽如人意的根本原因在于电视媒体的行政机关化[①]。尽管电视媒体多年来一直不断改革探索薪酬激励机制,也试图在事企身份差异、同工不同酬、干部任用论资排辈、内部人员流通不畅、裙带关系[②]等一些历史问题上有所突破,但毕竟船大难掉头,渐进式改革的速度甚至落后于市场环境的变化速度,无法形成科学有效的激励政策去有效激发媒体人才的主动性和创造力。

一个组织能否取得成功,与员工能在多大程度上追求自我实现有着密切的关系。员工自我实现追求程度越高,就越有可能全身心为组织的目标而努力。组织激励应该创造出一个使每位员工都乐于投入高效率工作的环境,创造出一

---

① 史松明. 二元体制下电视媒体人力资源管理研究 [D]. 南京:南京师范大学, 2015:34.
② 王晔. 全媒体时代传统电视媒体人才建设的创新路径 [J]. 人才资源开发, 2020(13):22-23.

个让优秀员工留下、让不思进取员工无容身之处的环境。传统电视媒体面临的困境就在于此，它的组织激励手段与上述的要求没有能够形成共振，甚至有时背道而驰。传统媒体组织所采取的组织激励手段在很多情况下不仅不能激励优秀的媒体人，反而对他们形成了负向激励。这也正好解释了"组织激励对媒体人转型有正面影响作用"这一假设没有得到定量研究验证的原因。

5. 组织认同对转型行为的积极作用没有得到量化研究的证实

研究显示，组织认同对转型行为的正面影响关系没有得到验证。这意味着组织认同强的传统媒体人既有可能产生主动积极的转型行为，也有可能产生消极的转型行为；组织认同弱的传统媒体人同样既可能主动积极转型也可能消极被动转型。

其中的原因在于，组织认同概念比较宽泛，既包括生存性、归属性方面的认同，也包括成功性方面的认同。有分析表明，成功性组织认同更容易推动传统媒体人的主动积极转型，归属性组织认同更容易导致消极被动转型，生存性组织认同更容易导致消极被动转型。

组织认同与传统媒体人是在内部还是在外部实现转型有一定的关系。组织认同较强的那一部分媒体人，其转型行为既可能是积极转型，也可能是消极转型。组织认同较弱的传统媒体人，转型行为可能为转型逸出，也可能是转型倦息（或转型避离）。这一点没有在问卷中进行相关验证，在以后的研究中可将调查对象范围扩大到已离职的媒体人，进行相关分析，并对上述假设进行验证。

6. 变革承诺和融合能力对转型行为有正面影响

变革承诺和融合能力是推动媒体人转型的两大直接内在因素。变革承诺是媒体人对以融合转型为内核的媒体变革的内心认可、接受程度，包括情感因素、理智因素等。变革承诺可分为"想"（情感承诺）、"应该"（规范承诺）和"不得不"（持续承诺）三个层次，其中前两个层次与媒体人转型有着密切的正向关系，而"不得不"所代表的持续承诺与转型意愿和行为可能存在负向关系。

融合能力也是推动传统媒体人转型的内在因素。融合能力是媒体人的职业转换能力，是媒体人向新媒体转型所需要的个人能力，由适应能力、主动学习能力和创新能力构成。融合能力对转型意愿与行为有着正向影响作用。

7. 传统媒体人转型可以分为主动型的积极转型、被动型的积极转型、消极转型、转型逸出和转型倦怠（避离）五种类型

积极转型，意味着在组织认同—变革承诺的二维框架下，一部分媒体人在这两方面都很强，他们很早就介入到新媒体探索中，走在媒体融合的最前列，成为媒体内部转型的榜样和典型。积极转型又可分为主动型的积极转型（个人因素更大）和被动型的积极转型（外部环境因素更大）。相反，变革承诺较弱但对组织有较强的认同的那部分媒体人，往往被单位的改革慢慢地推着朝前走，很多甚至是"被迫"或"不得已"加入转型的队伍，他们的行为则属消极转型。另有一类媒体人具有较强的变革承诺，但组织认同感一般，他们不为组织在媒体融合的变革节奏和传统管理体制所困，走上离职去新媒体公司或自我创业的道路，他们的行为本研究称之为转型逸出。除此之外，还有极少部分媒体人，既没有较强的变革承诺，也没有一定的职业认同感和组织认同感，他们或主动或被动离职，选择离开媒体行业，或继续留在原单位从事一些传统业务，本研究称之为转型倦怠或转型避离，即对转型产生厌倦甚至逃避的态度。

8. 相对于电台、报业来说，电视媒体的转型相对滞后

不同类型的传统媒体在转型的道路上处于不同阶段。广播电台在内容生产方式、流程、营销推广等方面与现在的新媒体较为接近，转型已初见成效；报业经过前几年的"触底"已明确方向，开始反弹，正在转型的路上。

电视媒体转型相对滞后，主要原因在于这是最后一个面临新媒体冲击的传统媒体。相对于电台、报业来说，电视媒体的转型将更加困难。第一是方向尚未明确，在探索的过程中左右摇摆；第二是机制问题，电视媒体管理体制更有金字塔管理的集中控制特点，与市场化管理体制相距较远；第三是产能问题，电视媒体资产较重、成本较高、人员更多，新媒体版块产能很难填补关停传统冗余产能留下的空缺；第四是人才问题，电视媒体人团队合作能力强，单兵作战能力弱于报业和电台媒体人，这在某种程度上抬高了媒体人转型的门槛。

第二节　研究贡献与实践启示

本项针对媒体融合背景下传统媒体人转型机制的研究具有一定的贡献，对实践也有一定的指导意义。

一、研究贡献

第一，拓展了组织行为学方面的 SOR 模型研究。

SOR 理论模型[1][2]长期以来大量运用于消费行为学的研究之中。进入 21 世纪以来，我国企业组织因环境的急剧变化而开展了大规模的创新、变革运动，由于涉及刺激—机体—反应三个方面，大量国内学者将 SOR 模型引入这一主题的研究，取得了一系列研究成果。本书将 SOR 模型运用到媒体人转型的研究中，构建并检验外部环境刺激—传统媒体人内在状态—传统媒体人行为反应这一理论机制，这在国内相关研究中尚属首次。这一研究拓展了 SOR 模型的应用范围，同时也是对经典 SOR 模型理论框架的一次检验和有益补充。

第二，丰富了组织变革转型的应对研究。

为应对现代市场竞争的日益加剧、消费需求的持续变化和现代技术的飞速发展等巨大挑战，不同行业的不同企业都在不断进行内部管理、营销策略、发展战略等方面的变革。主动进行变革是企业长期生存发展、获得更强市场竞争力的法宝。如何更好地推动组织进行成功的变革是大部分企业所共同面

---

[1] Mehrabian A, Russell J A. An approach to environmental psychology[M]. Cambridge, MA: The MIT Press, 1974: 62-65.
[2] Vieira V A. Stimuli-organism-response framework: A meta-analytic review in the store environment[J]. Journal of Business Research, 2013,66(9):1420-1426.

临的一个难题。

媒体融合是传媒组织面临的一次重大变革，媒体转型是组织变革这个庞大课题中的一项子课题。有关媒介组织如何应对这一巨大变革挑战的研究，对其他行业组织如何应对遭遇的变革阻力在理论和实践上都有一定的启发意义。媒体转型中的组织激励、组织学习、授权赋能、社会支持等外部刺激，以及员工的变革承诺和变革能力等，同样适用于其他企业的变革活动。对媒体转型这个特殊组织的特有变革展开研究，有助于丰富组织变革的相关研究。

第三，构建了推动传统媒体人转型的外在刺激模型。

以往对传统媒体人转型的研究重视不够，对影响媒体人转型的环境因素研究较为分散。本研究通过文献梳理和深度访谈，提炼了推动传统媒体人转型的外部刺激因素：组织学习、授权赋能、社会支持和组织激励四个方面，总结了传统媒体人转型的三大内在因素：组织认同、变革承诺和融合能力（变革能力），并在此基础上构建了一个传统媒体人转型机制的 SOR 理论模型。

尽管"组织激励是传统媒体人转型的重要刺激变量"这一假设未得到定量研究的验证，但上一章结合深度访谈的具体讨论已经指出，本个案在组织激励方面存在一定的缺陷是主要原因。另外，定量分析表明，"组织认同"与"转型行为"缺乏相关关系，上一章的深入讨论中指出，组织认同可能是决定传统媒体人实行内部转型还是外部转型的重要变量。另外，成功性组织认同对主动积极转型有正向影响关系。

第四，深化了传统媒体人具体转型行为的研究。

本研究依据组织认同和融合能力两个维度，确定了传统媒体人转型的四种行为，分别为内部的主动转型和被动转型，外部的转型逸出与转型避离。这是本研究第一次提出。

对传统媒体人转型行为深入的理论剖解，对其进行学理上的分类，分析每一种转型行为背后的动机及外在刺激因素，可以为更进一步的深化研究打下基础。在当前媒体融合不断深化的大背景下，传统媒体人的转型工作困难重重、任重道远。一方面需要全体媒体人及各大媒体组织在实践中继续探索、努力前行，另一方面也需要将此课题引入学术领域进行深入研究。通过将实践中呈现的现象、累积的经验、发现的问题加以总结提炼，上升到理论层面，借助已有的相关理论工具的结合、加以升华，可以再返回到实践中去指导具体工作的运作。

二、实践启示

从实践看，通过系统性的对媒体融合背景下传统媒体人转型的外在因素、内在心理状态及转型意愿和行为的研究，能够有利于报业、广电等媒体单位在融合转型过程中有针对性地解决具体问题，如：如何选择更好的策略促进媒体人转型，如何掌握媒体人转型期的心理状态，如何推动媒体人更好地适应媒体融合形势、选择更适合自身特点的转型道路。具体有如下几点启示：

1. 充分发挥领导授权赋能的作用

管理者的领导风格对员工行为具有重要影响。在知识经济时代，授权赋能型领导风格被越来越多的企业管理者广泛采用，通过授予下属职权、自主决策、发展技能和鼓励创新来影响员工的行为，激发员工的内在工作动机，刺激其主动变革行为。

媒介域"是一个技术结构也是一个制度结构"[①]。传统媒体运作遵循的是一种工业化的逻辑，在管理上与工业化社会的"管控型"体制——科层制紧密相连。在互联网高速发展的今天，自上而下的"控制"型组织结构、管理机制和思维方式已不能适应市场环境，根本无法与新媒体组织进行竞争，必须用以"授权"为核心的管理思想、体制与架构对其加以取代。以具体的信息生产发布为例，传统媒体运作模式下独立的时政新闻传播管理体系已经无法适应媒体融合运作模式的实践需求，电视媒体需要采用与过去运作模式有较大区别的全新的媒体运作模式。例如，在融合时政新闻的制作过程之中，必须重视赋予时政新闻媒体人充分的自主权，推动媒体人自主完成新闻选题、策划、采写等各项工作，减少不必要的审查环节和其他重复性程序，充分发挥媒体人个体在融合时政新闻制作中的主体作用。

---

① 德布雷. 普通媒介学教程 [M]. 陈卫星，王杨，译. 北京：清华大学出版社，2014：271.

2. 通过组织学习形成浓厚的组织变革氛围

变革成功主要依靠员工，推动媒体人转型的组织学习主要有培训以及传播与动员两种方式，其中，自上而下的灌输性动员最为重要。员工对转型的认知、认可很大程度上受到组织动员的影响[①]。组织开展变革时，要形成内部声势浩大的传播动员活动，形成强烈的变革氛围，提高员工的变革承诺水平，进而对其主动参与变革行为产生积极和正面的影响。

3. 引入宽带薪酬设计，探索符合媒体单位特点的激励机制

当前，传统媒体普遍存在严重的人才和战略不匹配的问题，即现有人才理念和能力状况不符合媒体融合战略的需求。目前在员工中也存在对组织变革认同不足的问题，比如对融合积极性不高、对战略不理解不配合、对新技术怀疑抗拒等等。在积极引进新的战略性人才的同时，更为重要的是如何有效地激励存量人才，使他们积极主动地融汇到转型大军中，这就必须对媒体的激励战略和策略进行优化。

处于事业主体与市场主体之间的媒体组织，很难照搬外部完全市场化的薪酬政策，需要探索独特的短效、长效激励机制，为传统电视媒体吸引人才、激发人才创造条件。在诸如员工持股方面可以做一些突破，让员工能够共享组织发展的成果，和组织一起成长，这将能大幅度提高员工的认同感。在精神激励方面，则需要提高员工的参与度，可以采用代表制的方式，让员工也参与到管理和规划中去，利用员工参与来增强他们对组织成功的承诺[②]，促进共识达成。还可以引入宽带薪酬设计，拉开薪酬档次，基层员工的薪酬水平甚至可以超过某些领导的薪酬水平。这样可以更好地激发员工潜力，推动他们创造出更大的价值。

4. 突破传统用人制度

用人制度是体现授权和薪酬激励更为综合的激励机制。问卷调查和深度

---

① 江飞. 转型媒体人的生命体验及其迁徙式生存 [D]. 南京：南京大学, 2020: 73.
② 罗宾斯, 贾奇. 组织行为学 [M]. 14 版. 孙健敏, 李原, 黄小勇, 译. 北京：中国人民大学出版社, 2012.

访谈均显示，电视媒体的员工晋升普遍还是采用论资排辈、按部就班的传统制度，这种晋升制度不利于刺激员工的职业转型，也不利于提升电视媒体在新媒体领域的竞争能力。

传统媒体的组织架构、人才配置等方面也要根据媒体融合大环境的要求做相应的调整。组织机构应该扁平化，缩短工作流程、降低信息损耗、提升管理效率。破除传统电视媒体人才的体制壁垒和身份障碍，实现同工同酬，让适应媒体融合、实现成功转型的媒体人更快地脱颖而出，刺激更多的传统媒体人积极转型。

第三节　研究不足与展望

尽管本研究在文献梳理、理论结构、数据搜集和假设检验上做了力所能及的努力，但由于本人个人能力的不足和时间方面的限制，再加上所研究课题本身的复杂性、研究方法的局限性等，本研究在深度和广度上都存在一定的局限，未来的研究可在此基础上做进一步拓展。

一、实证主义研究方法的不足

本书主要采用实证主义研究方法，即提炼构念、提出假设、构建模型、进行验证。这一研究方法有其"可证伪性（falsifiability）"的科学优势和"可对话性"的知识沟通优势，但也存在过于抽象化的不足。一方面，这种研究方法必然需要将研究内容置入一个"理想"情境中，删繁就简，去除枝叶、保留主干，这会导致复杂、鲜活的社会文化背景因素被排除在外。另一方面，为了能更好地和全球知识体系对话，需要采用研究者熟悉、普遍认可的概念和语言，这导致从概念表面上看，缺乏鲜明中国特色和行业特色。

具体到本研究而言，媒体人转型涉及很多媒体组织外部的环境变化的因素，这在某种程度上可能也更为重要。但在本研究中，从媒体组织出发，这些外在环境因素对各类组织来说都是一致的,作为既定事实难以纳入研究变量加以考察,也无法通过数据加以验证。另外,由于文中的构念尽可能采用国内外众多研究者普遍认可的概念,尽管题项的选择都有典型的本土特色和行业特色,但在某种程度上研究还是会受到这些构念的制约。其后果就是,缺少了对有关媒体人转型外部社会环境、媒体环境方面更为深入的分析探讨,缺少了现实实践的鲜活生动的细节,等等。这些都需要今后通过诸如田野调查之类的研究方法加以补充。

二、共同方法偏差问题

本书采用自陈式量表方式来收集媒体融合环境下传统媒体人对组织学习、授权赋能、组织激励、社会支持、组织认同、变革承诺和转型行为的研究数据,获取的信息是被访者的主观认知,所以可能存在共同方法偏差或者同源方差(common variance)的问题。共同方法偏差是因为同样的数据来源或评分者、同样的测量环境、项目语境以及项目本身特征所造成的预测变量与效标变量之间人为的共变,这是一种系统误差。

为了尽可能降低同源方差带来的干扰,本研究采用了 Harman 单因素检验,不过同源方差还是在一定程度上会影响实证研究的结果。在未来的相关研究中,可以采取更加积极的、多元化的手段获得更广泛的数据对理论假设进行验证,尽可能减少共同方法偏差带来的影响。

三、研究样本及数据的限制及展望

本研究选择了 J 广电这一个案开展研究,在提升研究透彻性的同时,也带来了样本单一性的缺陷。将来的研究可以拓展到其他电视媒体单位,也可以在报业媒体中选择几家对研究假设进行验证和补充,通过比较研究可以发现不同单位、不同行业传统媒体人转型的不同特点,进一步提升研究质量。

由于时间与研究经费的限制,本研究对 J 广电的两大新媒体比较集中的部门的媒体人进行了整群抽样,没有对传统媒体人更为集中的其他部门进行抽样调查，也没有对离职的媒体人进行问卷调查，在某种程度上失去了对主动积极转型媒体人、被动转型媒体人以及外部转型媒体人的比较研究的机会。未来的研究可以同时对各类媒体人采取随机抽样的方法获取样本，通过比较研究对本研究提出的假设进行检验。

同样由于时间和研究经费的限制，本书采用了横截面数据来探讨构念间的因果关系。但作为一种对组织情境—机体心理—个体行为机制的研究，比较科学的研究方法应该是首先测量外部环境（组织学习、授权赋能、组织激励和社会支持）的构念，隔一段时间再测量机体心理（变革承诺、组织认同、融合能力）方面的构念，再隔一段时间之后测量反应行为的构念，等等。这种使用时间序列数据的纵向研究方法，更符合 SOR 理论模型本身的内在机理，其研究结论具有更强的可靠性。未来，在后续研究中希望可以采用这种纵向研究方法获得更为可靠的实证结果。

四、研究工具的限制及展望

本研究通过深度访谈和问卷调查收集了不少第一手资料，提出了传统媒体人转型的理论模型，并予以证实。但由于时间的限制，本研究的开放性访谈的广度和深度还有提升空间，尤其缺乏在 J 广电比较长时间的实地观察，没有较多时间融入 J 广电的融合和转型的氛围中。今后进一步的研究应花更多的时间作为媒体单位的普通一员参加工作会议、通过不同时间段的观察和访谈搜集更有效、更客观、更详细的资料。

五、研究构念等方面的不足及下一步展望

本研究提出的"组织激励"对转型行为的正面影响方面的假设未获得证实，这个结果令人意外。虽然笔者对此做了后续的分析和讨论，指出电视媒体存在激励缺陷，但仍然有遗憾。未来的研究可以通过专门的问卷调查针对此发现进行更为深入的研究。

本研究在进一步讨论中指出，组织认同的不同类型可能对传统媒体人选

择主动转型还是被动转型有不同的影响。其中生存性组织认同更容易导致消极转型甚至抵制转型的行为，归属性组织认同更容易导致被动转型的行为，而成功性组织认同更容易导致传统媒体人主动积极转型。这些可以通过今后的定量研究进行检验、证实。

同时，讨论中还提出"组织认同"是影响传统媒体人选择内部转型还是外部转型的一个变量，并以"组织认同""变革承诺"作为横轴和纵轴将转型行为划分为五种类型：积极转型（分主动型和被动型两种）、消极转型、转型逸出、转型倦怠（避离），未来的研究可以选择多家媒体单位通过抽样调查对此假设进行数据验证。

另外，本研究所涉及的主题属于新兴研究领域，一些构念如"融合能力""转型行为"的提出和测量方法研究还不尽成熟，未来的研究可以对这些构念的测量题项做进一步完善和丰富；某些未能在实证中得到支持的假设，还需要进行范围更大、样本更广的研究，以分析假设未能成立的原因。

主要参考文献

一、中文类

连续出版物：

[1] 鲍高齐. 2010—2014 年国内媒介融合研究综述 [J]. 新闻世界，2015(5): 167-169.

[2] 蔡凯如，张卓. 中国媒介整合展望 [J]. 经济前沿，2001(12): 54-56.

[3] 蔡尚伟. 当前推进广播电视集团化改革的现实路径 [J]. 声屏世界，2000(12): 12-13.

[4] 蔡雯."专家型"记者和"融合型"编辑：浅谈美国新闻人才培养模式的变化 [J]. 今传媒，2005(10): 10-11.

[5] 蔡雯. 媒介融合前景下的新闻传播变革与新闻教育改革 [J]. 今传媒，2009(1): 21-24.

[6] 蔡雯. 培养具有媒体融合技能的新闻人才：与美国密苏里新闻学院教授的对话 [J]. 采写编，2005(5): 13-14.

[7] 蔡雯. 数字化时代新闻编辑的角色转换 [J]. 中国记者，2007(4): 92-93.

[8] 曹艳辉."双重推力"与"单维拉力"：中国调查记者的职业流动研究 [J]. 新闻大学，2019(7): 53-67.

[9] 常江，杨奇光. 断、舍、离：聚焦传统媒体人的"离职潮" [J]. 新闻界，2015(20): 13-20.

[10] 陈安娜，陈巍. 杜威反射弧概念中的具身认知思想 [J]. 心理科学，2013, 36(1): 251-255.

[11] 陈国权. 报纸网站不要融合：我的"反媒介融合"观 [J]. 中国报业，2010(5): 37-39.

[12] 陈国权. 分化是传媒发展的趋势："融合论"质疑 [J]. 新闻记者，2010(3): 22-25.

[13] 陈力丹, 江凌. 改革开放 30 年来记者角色认知的变迁 [J]. 当代传播, 2008(6): 4–6.

[14] 陈力丹, 闫伊默. 新闻真实与当前新闻失实的原因 [J]. 新闻传播, 2007(7): 9–12.

[15] 陈力峰, 左实, 王晓娟. 女性媒体从业者的优势与困境 [J]. 今传媒, 2007(12): 61–62.

[16] 陈敏, 张晓纯. 告别"黄金时代": 对 52 位传统媒体人离职告白的内容分析 [J]. 新闻记者, 2016(2): 16–28.

[17] 陈信凌. "西方新闻专业主义"的层累构造及其依据 [J]. 国际新闻界, 2018, 40(8): 46–58.

[18] 陈阳. 当下中国记者职业角色的变迁轨迹: 宣传者、参与者、营利者和观察者 [J]. 国际新闻界, 2006(12): 58–62.

[19] 陈玉玲, 陈维政, 胡冬梅. 组织依恋的中介效应实证研究: 人际关系对工作满意感和组织公民行为的影响机制 [J]. 技术经济与管理研究, 2020(10): 60–63.

[20] 陈卓. 试论媒介融合进程中媒体组织重构的路径 [J]. 国际新闻界, 2010(4): 95–98.

[21] 邓建国. 媒介融合: 受众注意力分化的解决之道: 兼与"反媒介融合论"商榷 [J]. 新闻记者, 2010(9): 56–60.

[22] 丁柏铨. 媒介融合: 概念、动因及利弊 [J]. 南京社会科学, 2011(11): 92–99.

[23] 丁方舟, 韦路. 社会化媒体时代中国新闻从业者的认知转变与职业转型 [J]. 国际新闻界, 2015, 37(10): 92–106.

[24] 丁方舟. "理想"与"新媒体": 中国新闻社群的话语建构与权力关系 [J]. 新闻与传播研究, 2015, 22(3): 6–22.

[25] 丁方舟. 创新、仪式、退却与反抗: 中国新闻从业者的职业流动类型研究 [J]. 新闻记者, 2016(4): 27–33.

[26] 丁汉青, 苗勃. 网络时代新闻从业者职业认同危机研究 [J]. 当代传播, 2018(4): 19–23.

[27] 丁汉青，王军，刘影. 传媒业转型员工转型前后工作满意度对比研究[J]. 现代传播, 2016(2): 36-43.

[28] 董广安. 媒介融合背景下新闻传播人才培养的思考[J]. 新闻战线, 2009(4): 62-63.

[29] 方师师. 应时而变：面对媒介融合的新闻传播教育改革：全球知名新闻传播学院院长论坛综述[J]. 新闻战线, 2009(12): 71-72.

[30] 费爱华. 企业变革阻力的应对策略研究[J]. 技术经济与管理研究, 2019(3): 67-70.

[31] 冯竞谊. 浅析改革开放以来传媒组织结构变革：以《财新周刊》为例[J]. 新闻知识, 2017(10): 48-50.

[32] 甘泉，骆郁廷. 社会动员的本质探析[J]. 学术探索, 2011(6): 24-28.

[33] 高艳，乔志宏，宋慧婷. 职业认同研究现状与展望[J]. 北京师范大学学报(社会科学版), 2011(4): 47-53.

[34] 谷虹，黄升民. 三网融合背景下的"全战略"反思与平台化趋势[J]. 现代传播, 2010(9): 6-10.

[35] 郭全中. 中国传统媒体深度融合转型的新进展及其思考[J]. 新闻与写作, 2020(11): 69-75.

[36] 郭小安，张伟伟. 新闻从业者的工作自主性感知与政治效能感：一项针对西北地区的调查研究[J]. 新闻记者, 2018(3): 37-44.

[37] 郭晓敏. 人民日报融合新闻生产的特色[J]. 传媒, 2021(10): 31-32.

[38] 国秋华. 传媒内部管理变革的关键是转变[J]. 新闻界, 2010(1): 18-19.

[39] 何瑛，胡翼青. 从"编辑部生产"到"中央厨房"：当代新闻生产的再思考[J]. 新闻记者, 2017(8): 28-35.

[40] 胡翼青，谌知翼. 媒体融合再出发：解读《关于加快推进媒体深度融合发展的意见》[J]. 中国编辑, 2021(1): 67-71.

[41] 胡翼青，李璟."第四堵墙"：媒介化视角下的传统媒体媒介融合进程[J]. 新闻界, 2020(4): 57-64.

[42] 黄金. 融媒变革中新闻从业者的角色调适：基于某报集团组织变革的扎根研究[J]. 新闻记者, 2020(12): 20-29.

[43] 黄丽媛，沈阳，姚鹏. 微信从业者职业满意度评估及影响机制探究 [J]. 编辑之友，2016(9): 60-64.

[44] 黄升民，谷虹. 数字媒体时代的平台建构与竞争 [J]. 现代传播，2009(5): 20-27.

[45] 黄玉波. 行政性市场垄断：媒介规制融合的中国困境 [J]. 云梦学刊，2015(3):153-156.

[46] 纪殿禄. 职业紧张度一览 [J]. 新闻记者，2000(6): 12.

[47] 季建南. 守正创新 做大做强主流舆论：以江苏广电总台融合实践为例 [J]. 传媒，2020(2): 28-31.

[48] 贾亦凡."无冕之王"安危无恙乎？上海市新闻从业人员健康状况抽样调查报告 [J]. 新闻记者，2000(6): 6-9.

[49] 江辉."互联网+"战略下传媒组织结构变革路径探析 [J]. 南方电视学刊，2017(4): 82-84.

[50] 李斌，周亚波. 如何应对企业变革中的员工个体阻力 [J]. 企业管理，2015(5): 94-97.

[51] 李广志，刘继升. 新经济与广播电视集团化管理 [J]. 中国广播电视学刊，2000(11): 16-17.

[52] 李晋，刘洪，王成城. 转型背景中员工的组织认知及其对行为有效性的影响路径研究 [J]. 经济管理，2011, 33(1): 63-73.

[53] 李理. 传媒人转行的身份认同：基于社会化媒体的框架建构 [J]. 学术交流，2016(1): 212-217.

[54] 李良荣，林晖. 垄断·自由竞争·垄断竞争：当代中国新闻媒介集团化趋向透析 [J]. 新闻大学，1999(2): 5-10.

[55] 李良荣. 新闻专业主义的历史使命和当代命运 [J]. 新闻与写作，2017(9): 36-37.

[56] 李美云. 国外产业融合研究新进展 [J]. 外国经济与管理，2005, 27(12): 12-20.

[57] 李琪，李欣，魏修建. 整合 SOR 和承诺信任理论的消费者社区团购研究 [J]. 西安交通大学学报（社会科学版），2020, 40(2): 25-35.

[58] 李燕萍，骆元静，穆慧娜. 变革中多渠道信息传递对员工绩效的影响机制 [J]. 经济管理，2020, 42(4): 91–105.

[59] 李育全. 融媒体背景下广播电台转型发展探索 [J]. 传媒观察，2021(1): 95–100.

[60] 廖化化，颜爱民. 情绪劳动的效应、影响因素及作用机制 [J]. 心理科学进展，2014, 22(9): 1504–1512.

[61] 林如鹏. 跨媒体、跨地区、跨行业：中国媒介集团做大做强的必由之路 [J]. 新闻大学，2002(4): 45–50.

[62] 刘冰，李钰菡，齐蕾. 员工变革态度的研究述评与展望 [J]. 中国人力资源开发，2020, 37(8): 66–83.

[63] 刘昶，张富鼎. 中国广播电视记者现状研究：基于社会学的某种观照 [J]. 现代传播，2016, 38(3): 21–31.

[64] 刘耿. 媒体人转型原因谈 [J]. 中国记者，2011(12): 57–58.

[65] 刘颂杰. 新闻室观察的"入场"与"抽离"：对财新团队参与式观察的回顾及思考 [J]. 新闻记者，2017(5): 45–53.

[66] 刘旸. 无边界职业生涯：技术驱动下传媒人职业转换的多重路径 [J]. 编辑之友，2020(9): 89–93.

[67] 柳倩月. 论新闻传播的分流与整合：20世纪末中国新闻传播中的一对突出现象 [J]. 湖北民族学院学报（社会科学版），1998(1): 90–93.

[68] 陆晔，俞卫东. 传媒人的职业理想：2002上海新闻从业者调查报告之二 [J]. 新闻记者，2003(2): 8–11.

[69] 陆晔. 社会控制与自主性：新闻从业者工作满意度与角色冲突分析 [J]. 现代传播，2004(6): 7–11.

[70] 吕晴春，彭琳. 论媒介融合中的电视组织结构变革 [J]. 南方电视学刊，2015(3): 41–43.

[71] 吕尚彬，贾军. 从迁移到重构：2005—2015年报业组织结构转型研究综述 [J]. 中国出版，2016(13): 29–32.

[72] 马昌博. 进化：短视频大潮中媒体人转型痛点研究 [J]. 传媒，2020(9): 47–49.

[73] 马璐, 陈婷婷, 谢鹏, 等. 不合规任务对员工创新行为的影响: 心理脱离与时间领导的作用 [J]. 科技进步与对策, 2021, 38(13): 135-142.

[74] 马伟, 苏杭. 差序氛围感知对员工创新行为的影响 [J]. 科技进步与对策, 2020, 37(21): 136-143.

[75] 马喜芳, 颜世富. 企业集团母子公司监控博弈分析及机制设计研究 [J]. 中国人力资源开发, 2014(21): 66-71.

[76] 孟笛, 柳静, 王雅婧. 颠覆与重塑: 人工智能时代的新闻生产 [J]. 中国编辑, 2021(4): 21-25.

[77] 南长森, 石义彬. 媒介融合的中国释义及其本土化致思与评骘 [J]. 陕西师范大学学报(哲学社会科学版), 2012, 41(3): 159-166.

[78] 南长森. 媒介融合本土化反思与评骘 [J]. 编辑之友, 2012(8): 13-16.

[79] 牛静, 赵一菲. 相同的选择, 各异的心路历程: 生命历程理论下的离职媒体人职业认同研究 [J]. 新闻记者, 2020(1): 59-71.

[80] 彭聃龄. 行为主义的兴起、演变和没落 [J]. 北京师范大学学报, 1984(1): 15-23.

[81] 彭兰. 从新一代电子报刊看媒介融合走向 [J]. 国际新闻界, 2006(7): 12-17.

[82] 彭兰. 媒介融合方向下的四个关键变革 [J]. 青年记者, 2009(6): 22-24.

[83] 彭兰. 社会化媒体与媒介融合: 双重旋律下的关键变革 [J]. 新闻战线, 2012(2): 83-85.

[84] 彭兰. 文化隔阂: 新老媒体融合中的关键障碍 [J]. 国际新闻界, 2015, 37(12): 125-139.

[85] 彭兰. 移动化、社交化、智能化: 传统媒体转型的三大路径 [J]. 新闻界, 2018(1): 35-41.

[86] 秦瑜明, 舒权斌. 媒介融合视野中的广播电视学科体系建设: 中国广播电视学研究分会 2009 年会暨媒介融合与广播电视学学科体系建设学术研讨会综述 [J]. 现代传播, 2009(4): 129-131.

[87] 裘正义. 网络经济中的媒介组织: 探索一种新的媒介结构形态 [J]. 新闻记者, 1998(5): 41-43.

[88] 阮璋琼, 尹良润. 媒介融合背景下报业集团的组织结构与流程创新 [J]. 东南传播, 2011(10): 9-11.

[89] 萨其尔, 陆地. 传媒人转型的社会意义 [J]. 新闻与写作, 2013(6): 36-38.

[90] 佘世红. 试论全媒体转型背景下报业集团组织再造 [J]. 中国出版, 2013(6): 25-27.

[91] 沈和. 新时期电视媒体行业组织变革：基于工作室等制度的灵活组织分析 [J]. 电视研究, 2019(6): 41-42.

[92] 沈正赋. 新媒体时代新闻工作者新闻志向的建构与坚守 [J]. 当代传播, 2017(2): 22-26.

[93] 慎海雄. 遵循新闻传播规律 抢占媒体融合制高点：新华社媒体融合发展的实践与思考 [J]. 新闻与写作, 2014(11): 50-53.

[94] 石宗源. 认真抓好出版集团报业集团和发行集团的试点工作：在全国新闻出版局长会议上的讲话 (摘要)[J]. 传媒, 2001(3): 4-6.

[95] 宋建武. 报业经济、集团化与媒介产业政策 [J]. 新闻与传播研究, 1997(4): 19-23.

[96] 苏林森. 新闻从业者职业流动状况及其影响因素 [J]. 新闻界, 2012(2): 53-58.

[97] 苏林森. 宣传者、营利者和传播者：中国新闻从业者的角色认知 [J]. 国际新闻界, 2012, 34(8): 33-38.

[98] 谭天. 传媒经济的本质是意义经济 [J]. 国际新闻界, 2010, 32(7): 72-76.

[99] 谭云明, 王俊. 其实不想走, 其实我想留？关于传统媒体人才流动的思考 [J]. 青年记者, 2015(33): 16-17.

[100] 唐杰. 基于精细加工可能性模型的员工应对组织变革研究 [J]. 经济管理, 2010(8): 178-185.

[101] 唐杰. 组织变革情境下的员工应对策略研究：内涵、维度、前因与结果 [J]. 华东经济管理, 2010, 24(7): 111-114.

[102] 唐绪军. 迎接挑战 缔造辉煌："面向 21 世纪中国报业经济发展研讨

会"综述 [J]. 新闻与传播研究, 1997(2): 90-92.

[103] 陶建杰, 张志安. 网络新闻从业者的媒介角色认知及影响因素：上海地区调查报告之三 [J]. 新闻记者, 2014(2): 63-68.

[104] 田虹, 姜春源. 社会责任型人力资源管理对员工创新行为影响的研究：基于劳动关系视角下的链式中介作用 [J]. 广东财经大学学报, 2020, 35(6): 42-50.

[105] 王辰瑶, 喻贤璐. 编辑部创新机制研究：以三份日报的"微新闻生产"为考察对象 [J]. 新闻记者, 2016(3): 10-20.

[106] 王军, 韩晓宁, 郝红菊. 实际获得与公平感知：新闻从业者的工资报酬与满意度研究 [J]. 新闻记者, 2020(2): 53-63.

[107] 王军, 韩晓宁. 坚定与动摇：新闻从业者的职业承诺及其影响因素研究 [J]. 国际新闻界, 2020, 42(8): 66-87.

[108] 王伟浩, 陶爱萍, 马兰燕. 高技术企业组织变革的阻力及化解 [J]. 商业时代, 2013(15): 110-111.

[109] 王新雨. 融合新闻生产流程再造 [J]. 新闻知识, 2017(7): 36-39.

[110] 王玉博, 薛继东, 宋瑞卿. 授权赋能、组织学习与战略转型：基于山西振东集团的案例分析 [J]. 中国人力资源开发, 2019, 36(5): 116-128.

[111] 王玉峰, 蒋枫, 刘爱军. 企业组织变革压力下员工的应对策略研究 [J]. 工业技术经济, 2014(6): 102-110.

[112] 王玉峰, 金叶欣. 组织变革情境下的应对研究：一个新的议题 [J]. 贵州社会科学, 2013(11): 50-55.

[113] 王月. 媒介情境论视域下媒体内部创业与媒体人辞职创业行为比较 [J]. 编辑之友, 2020(8): 47-52.

[114] 韦路, 方振武. 媒体融合与基层媒体从业人员的职业满意度：基于浙江省的探索性研究 [J]. 新闻与传播研究, 2020, 27(12): 62-77.

[115] 魏永征. 组建报业集团要深化新闻改革 [J]. 新闻大学, 1995(4): 3-6.

[116] 文远竹. 传统媒体人才转型的困境及出路：基于广州日报报业集团的案例分析 [J]. 传媒, 2017(23): 27-29.

[117] 吴飞. 新闻从业人员的职业满意度 [J]. 新闻与传播研究, 2005, 12(3):

49-56.

[118] 吴松营. 拓展产业领域 迎接入世挑战[J]. 中国报业, 2001(Z1): 14-17.

[119] 吴湘韩, 张红光. 当前我国传统媒体人才流失观察[J]. 青年记者, 2020(15): 9-12.

[120] 吴雁, 曾励. "WTO背景下中国新闻传播的趋势"学术研讨会综述[J]. 国际新闻界, 2002(2): 14-16.

[121] 夏宁. 打造适应新型主流媒体融合发展的组织基因: 以湖北广电借鉴互联网思维推动组织变革为例[J]. 新闻战线, 2016(7): 87-88.

[122] 肖娜. 媒介融合时代新闻教育的变与不变[J]. 新闻界, 2012(2): 71-73.

[123] 肖叶飞, 刘祥平. 传媒产业融合的动因、路径与效应[J]. 现代传播, 2014, 36(1): 68-71.

[124] 肖叶飞. 媒介融合的多维内涵与新闻生产[J]. 新闻世界, 2016(2): 9-14.

[125] 肖赞军, 李玉婷, 陈子燕. 媒介融合、规制融合的国际经验与中国策略[J]. 重庆社会科学, 2012(6): 121-127.

[126] 肖赞军. 媒介融合引致的四类规制问题[J]. 当代传播, 2014(1): 60-62.

[127] 肖赞军. 媒介融合中规制政策的基本取向分析[J]. 新闻大学, 2014(1): 110-116.

[128] 谢俊贵. 职业转换过程的职业社会学论析: 基于失地农民职业转换的观察与思考[J]. 广州大学学报(社会科学版), 2013, 12(5): 26-33.

[129] 熊敏, 肖燕雄. "网络社会"环境下中国报业组织结构变革分析[J]. 中国编辑, 2020(9): 60-63.

[130] 闫娜. 融媒体时代广电传媒人力资源配置优化研究: 基于组织双元理论的视角[J]. 新闻爱好者, 2020(2): 88-91.

[131] 颜爱民, 郭好, 谢菊兰, 等. 伦理型领导何以促进员工主动变革行为: 建设性责任知觉与职业召唤的作用[J]. 中国人力资源开发, 2020, 37(11): 50-61.

[132] 姚君喜, 刘春娟. "全媒体" 概念辨析 [J]. 当代传播, 2010(6): 13-16.

[133] 尹连根, 刘晓燕. "姿态性融合": 中国报业转型的实证研究 [J]. 新闻与传播研究, 2013, 20(2): 99-112.

[134] 禹建强. 论传媒组织文化的构建 [J]. 新闻记者, 2005(3): 46-48.

[135] 郁明华, 陈抗. 国外产业融合理论研究的新进展 [J]. 现代管理科学, 2006(2): 36-38.

[136] 喻国明, 苏林森. 中国媒介规制的发展、问题与未来方向 [J]. 现代传播 (中国传媒大学学报), 2010(1): 10-17.

[137] 喻国明, 赵睿. 从 "下半场" 到 "集成经济模式": 中国传媒产业的新趋势: 2017 我国媒体融合最新发展之年终盘点 [J]. 新闻与写作, 2017(12): 9-13.

[138] 喻国明. 产品为王: 传媒产业竞争的新主旋律 [J]. 当代传播, 2008(2): 1.

[139] 喻国明. 角色认知与职业意识: 中国新闻工作者职业意识与职业道德抽样调查报告 (之一)[J]. 青年记者, 1998(2): 4-7.

[140] 曾丽红. 新闻从业者的工作自主性及影响因素研究: 基于新媒体环境下的考察 [J]. 新闻与传播研究, 2014, 21(11): 26-47.

[141] 曾娅洁. 从 "单位人" 到 "创业者": 离职媒体人的数字化转型与现实隐忧 [J]. 编辑之友, 2019(12): 57-61.

[142] 昝廷全, 金雪涛. 传媒产业融合: 基于系统经济学的分析 [J]. 中国传媒大学学报 (自然科学版), 2007, 14(3): 17-22.

[143] 张才刚, 赵亿. 内容生产与关系建构: 移动互联时代传统媒体转型的双重挑战 [J]. 中国编辑, 2020(6): 92-96.

[144] 张钢, 张灿泉. 基于组织认知的组织变革模型 [J]. 情报杂志, 2010, 29(5): 6-11.

[145] 张军果, 杨维霞. 企业变革的阻力及对策分析 [J]. 商业研究, 2006(9): 78-81.

[146] 张兰霞, 付竞瑶, 张靓婷. 工作家庭冲突对女性知识型员工创新行为的影响研究 [J]. 科研管理, 2020, 41(11): 257-267.

[147] 张伟伟. 传统媒体新闻工作者互联网工作性使用与职业角色认知研

究：一项基于报纸和电视媒体的实证考察 [J]. 现代传播, 2018, 40(3): 63-69.

[148] 张晓东, 朱占峰, 朱敏. 规则管理与组织变革综述 [J]. 工业技术经济, 2012, 31(9): 152-160.

[149] 张正堂, 赵李晶, 丁明智. 授权型领导对员工主动变革行为的影响机制 [J]. 科研管理, 2020, 41(10): 218-226.

[150] 张志安, 曹艳辉. 新媒体环境下中国调查记者行业生态变化报告 [J]. 现代传播, 2017, 39(11): 27-33.

[151] 张志安, 曹艳辉. 新闻从业者的社会控制感知及影响因素研究 [J]. 当代传播, 2017(3): 4-9.

[152] 张志安, 沈菲. 媒介环境与组织控制：调查记者的媒介角色认知及影响因素（下）[J]. 现代传播, 2012(10): 35-40.

[153] 张志安, 沈菲. 调查记者的职业满意度及影响因素研究 [J]. 新闻与传播研究, 2012, 19(4): 64-75.

[154] 张志安, 陶建杰. 网络新闻从业者的工作自主性及影响因素：上海地区调查报告之四 [J]. 新闻记者, 2014(3): 70-75.

[155] 张志安, 陶建杰. 网络新闻从业者工作满意度及影响因素：上海地区调查报告之二 [J]. 新闻记者, 2014(1): 49-54.

[156] 张志安. 从新闻传播到公共传播：关于新闻传播教育范式转型的思考 [J]. 暨南学报 (哲学社会科学版), 2016, 38(3): 77-84.

[157] 赵斌斌, 蔡弘, 连瑞瑞. 领导授权赋能行为与远程员工工作嵌入的关系研究：一个有中介的调节效应 [J]. 企业经济, 2020(12): 106-113.

[158] 赵新宁. 用互联网思维留住传统媒体人才 [J]. 青年记者, 2014(19): 60.

[159] 赵娅. 工作重塑、心理资本对知识员工创新行为的影响 [J]. 企业经济, 2020, 39(10): 58-66.

[160] 赵燕梅, 张正堂. 服务型领导在组织创新氛围影响员工创新行为动力机制中的调节效应 [J]. 华南师范大学学报 (社会科学版), 2020(6): 127-141.

[161] 赵杨, 刘延平, 谭洁. 组织变革中的组织惯性问题研究 [J]. 管理现代化, 2009(1): 39-41.

[162] 赵云泽,滕沐颖,杨启鹏,等.记者职业地位的殒落:"自我认同"的贬斥与"社会认同"的错位 [J]. 国际新闻界, 2014, 36(12): 84-97.

[163] 赵智敏. 社会转型期记者的角色冲突与调适 [J]. 新闻爱好者, 2007(8): 8-9.

[164] 郑保卫. 理想·理念·理性:兼论新闻工作者的荣辱观 [J]. 当代传播, 2007(1): 27-30.

[165] 钟长革. 传媒内部管理的几个关键转变 [J]. 新闻窗, 2010(5): 116.

[166] 周葆华,查建琨. 网络新闻从业者生存状况调查报告 [J]. 新闻与写作, 2017(3): 17-23.

[167] 周葆华,谢欣阳,寇志红. 网络新闻从业者的基本构成与工作状况:"中国网络新闻从业者生存状况调查报告"之一 [J]. 新闻记者, 2014(1): 42-48.

[168] 周人杰. 新闻从业者的职业流动类型及影响因素研究 [J]. 电视研究, 2018(6): 50-52.

[169] 周裕琼. 互联网使用对中国记者媒介角色认知的影响 [J]. 新闻大学, 2008(1): 90-97.

[170] 朱剑飞. 电视媒体产业集团化进程的若干思考 [J]. 中国广播电视学刊, 2000(8): 7-11.

[171] 朱晓妹,陈俊荣,周欢情. 复杂适应性领导会激发员工创新行为吗?:基于自我决定理论的视角 [J]. 兰州学刊, 2020(11): 128-138.

专著:

[1] 崔保国,徐立军,丁迈,传媒蓝皮书:中国传媒产业发展报告(2019)[M]. 北京:社会科学文献出版社, 2019.

[2] 崔保国,徐立军,丁迈,传媒蓝皮书:中国传媒产业发展报告(2020)[M]. 北京:社会科学文献出版社, 2020.

[3] 崔保国,徐立军,丁迈,传媒蓝皮书:中国传媒产业发展报告(2021)[M]. 北京:社会科学文献出版社, 2021.

[4] 罗杰斯. 创新的扩散 [M]. 唐兴通,郑常青,张延臣,译. 北京:电子工

业出版社, 2016.

[5] 圣吉. 第五项修炼:学习型组织的艺术与实务 [M]. 郭进隆, 译. 上海: 上海三联书店, 1994.

[6] 曹茹. 新闻从业者职业倦怠研究 [M]. 北京: 中国传媒大学出版社, 2008.

[7] 樊亚平. 中国新闻从业者职业认同研究（1815—1927）[M]. 北京: 人民出版社, 2011.

[8] 卡斯特, 罗森茨韦克. 组织与管理:系统方法与权变方法 [M]. 北京: 中国社会科学出版社, 1985.

[9] 埃杰顿. 美国电视史 [M]. 李银波, 译. 北京: 中国人民大学出版社, 2012.

[10] 黄淼. 2014 年国内外媒体融合理论研究综述 [M]// 北京市新闻工作者协会, 梅宁华, 宋建武. 中国媒体融合发展报告（2015）. 北京: 社会科学文献出版社, 2015.

[11] 佩特曼. 参与和民主理论 [M]. 上海: 上海人民出版社, 2012.

[12] 德布雷. 普通媒介学教程 [M]. 陈卫星, 王杨, 译. 北京: 清华大学出版社, 2014.

[13] 李光丽. 工作压力、工作动机对 R&D 人员创造力的影响研究 [M]. 西安: 西安交通大学出版社, 2013.

[14] 李秀娟. 组织行为学:先知而后行·行必有所为 [M]. 2 版. 北京: 清华大学出版社, 2008.

[15] 达夫特. 领导学:原理与实践 [M]. 杨斌, 译. 北京: 机械工业出版社, 2005.

[16] 拉扎勒斯, 福尔克曼. 压力:评价与应对 [M]. 曲晓艳, 译. 北京: 中国人民大学出版社, 2020.

[17] 刘易斯·艾肯. 态度与行为:理论、测量与研究 [M]. 何清华, 雷霖, 陈浪, 译. 北京: 中国轻工业出版社, 2008.

[18] 陆小华. 新媒体观:信息化生存时代的思维方式 [M]. 北京: 清华大学出版社, 2008.

[19] 罗文辉，陈韬文 . 变迁中的大陆、香港、台湾新闻人员 [M]. 台北：巨流图书公司 ,2004.

[20] 麦尚文 . 全媒体融合模式研究：中国报业转型的理论逻辑与现实选择 [M]. 北京：中国人民大学出版社 , 2012.

[21] 彭菊华 . 新闻学原理 [M]. 北京：中国传媒大学出版社 ,2006.

[22] 罗宾斯，贾奇 . 组织行为学 [M]. 14 版 . 孙健敏，李原，黄小勇，译 . 北京：中国人民大学出版社 , 2012.

[23] 巴兰，戴维斯 . 大众传播理论：基础、争鸣与未来 [M].5 版 . 曹书乐，译 . 北京：清华大学出版社 , 2014.

[24] 杨学儒，董保宝，叶文平 . 管理学研究方法与论文写作 [M]. 北京：机械工业出版社 , 2019.

[25] 杜威 . 杜威全集·早期著作 [M]. 吴新文，邵强进，译 . 上海：华东师范大学出版社 ,2010.

[26] 张嫱 . 粉丝力量大 [M]. 北京：中国人民大学出版社 , 2010.

[27] 郑保卫 . 新闻理论新编 [M]. 北京：中国人民大学出版社 , 2007.

论文、报告、电子文献等：

[1] 2020 年报纸印刷总量下降近 13%，已经连续 9 年下降 [EB/OL].（2021-04-09）[2023-10-10].[http://www.paper.com.cn/news/daynews/2021/210409094858616888.htm].

[2] 陈初昇 . 职涯资本、角色—身份重塑与知识型员工职业迁移双重效应 [D]. 泉州：华侨大学 , 2018.

[3] 陈笃升 . 变革型人力资源策略及其产生式机制研究 [D]. 杭州：浙江大学 , 2015.

[4] 邓曼婷 . 企业社交媒体使用与员工绩效的中介机制研究 [D]. 合肥：中国科学技术大学 , 2021.

[5] 甘丽华 . 中国记者职业身份认同的建构与消解：以中国青年报记者群体为例 [D]. 武汉：武汉大学 , 2013.

[6] 耿昕. 领导授权赋能行为对员工创新行为的影响研究：基于创新自我效能感、情绪及团队创新气氛的视角 [D]. 上海：上海交通大学，2011.

[7] 郭佩仪. 高科技产业员工社会支持与幸福感关系之研究 [D]. 屏东：台湾屏东教育大学，2008.

[8] 国秋华. 我国传媒学习型组织建设研究 [D]. 武汉：武汉大学，2010.

[9] 胡蕾. 试论女性新闻从业者的职场崛起及现实困境 [D]. 武汉：华中师范大学，2006.

[10] 胡翔. 新生代员工自我效能、组织认同与责任心的产生机制 [D]. 武汉：武汉大学，2015.

[11] 黄碧珊. 我国类型化电台发展研究 [D]. 乌鲁木齐：新疆大学，2010.

[12] 黄炯. 权力距离、组织承诺对员工创新行为的影响研究 [D]. 杭州：浙江大学，2019.

[13] 黄馨. 媒体融合背景下的电视媒体组织变革：基于江苏广播电视（总台）的个案研究 [D]. 南京：南京大学，2018.

[14] 黄勇. 组织内信任对员工积极性行为的影响机制研究 [D]. 南京：南京大学，2013.

[15] 季田牛. 传统媒体企业转型中的组织文化变革：以传媒企业 C 公司为例 [D]. 北京：北京邮电大学，2009.

[16] 江飞. 转型媒体人的生命体验及其迁徙式生存 [D]. 南京：南京大学，2020.

[17] 鞠蕾. 组织变革对员工工作压力影响机制实证研究 [D]. 大连：东北财经大学，2012.

[18] 李建军. 创新导向、组织氛围对知识型员工创新行为的影响机制研究 [D]. 长春：吉林大学，2016.

[19] 李新珠. 高承诺人力资源管理对员工主动行为影响研究 [D]. 武汉：武汉大学，2015.

[20] 李仲秋. 动机视角下悖论式领导行为对员工创造力的影响研究 [D]. 哈尔滨：哈尔滨工业大学，2020.

[21] 梁潋之. 媒介融合背景下我国传统媒体新闻编辑转型研究 [D]. 南宁：

广西大学,2013.

[22] 林颖. 媒介融合背景下报业人力资源管理变革[D]. 上海：复旦大学,2014.

[23] 刘睿. 女性新闻工作者的心理困境与消解：长沙市女性新闻工作者为例[D]. 长沙：湖南师范大学,2010.

[24] 刘熠. 微博舆情信息受众的参与行为拟合与靶向引导研究[D]. 长春：吉林大学,2020.

[25] 卢铮. 媒介融合背景下的报业组织变革：以两家证券报为例[D]. 上海：复旦大学,2012.

[26] 罗春丽. 工作特征对员工工作投入影响的实证研究[D]. 大连：东北财经大学,2015.

[27] 毛艳. 自组织理论视野下的媒介融合与新闻生产：看看新闻网个案研究[D]. 上海：复旦大学,2013.

[28] 宁静. 员工对组织变革的结果预期、变革承诺与压力反应研究[D]. 成都：电子科技大学,2013.

[29] 牛童. CEO变革型领导对员工创意行为的影响研究：以服贸企业为例[D]. 上海：东华大学,2021.

[30] 欧阳叶根. 一线员工服务沉默行为影响因素研究：基于服务接触情景视角[D]. 南昌：江西财经大学,2014.

[31] 裴彩霞. 工作不安全感、领导变革管理行为对员工创新行为的影响研究[D]. 厦门：厦门大学,2017.

[32] 史松明. 二元体制下电视媒体人力资源管理研究[D]. 南京：南京师范大学,2015.

[33] 孙雪梅. 员工帮助计划(EAP)对知识型员工心理契约的影响研究[D]. 沈阳：辽宁大学,2016.

[34] 涂辉文. 基于变革动力特征的组织学习与心理授权关系研究[D]. 杭州：浙江大学,2010.

[35] 王惊. 双视角下积极追随原型对领导授权赋能行为和员工创新行为影响机制的研究[D]. 长春：吉林大学,2019.

[36] 王立红. 媒介技术视域下传媒组织文化的变迁 [D]. 长沙：湖南师范大学, 2015.

[37] 王桃林. 员工组织关系对员工行为和态度的作用研究 [D]. 武汉：华中科技大学, 2018.

[38] 王艳. 电信产业和传媒产业的融合研究：基于手机电视的实证分析 [D]. 北京：北京邮电大学, 2009.

[39] 魏钊. 管理者认知风格、创新导向、知识创造过程与创新绩效关系研究 [D]. 长春：吉林大学, 2021.

[40] 吴昊天. 中国传媒产业发展研究：基于产业融合的视角 [D]. 成都：西南财经大学, 2014.

[41] 吴婕. 媒介融合时代的传媒规制研究 [D]. 长沙：湖南师范大学, 2011.

[42] 吴挺. 互联网创业转型下的变革领导力及其效能机制研究 [D]. 杭州：浙江大学, 2016.

[43] 许騄洪. 台湾地区在职员工参与职业训练之自我效能、社会支持对学习成效之研究 [D]. 苏州：苏州大学, 2018.

[44] 薛宪方. 组织变革背景下团队主动性特征与效能机制研究 [D]. 杭州：浙江大学, 2009.

[45] 阳毅. 中国企业知识领导与员工知识行为间关系的理论与实证研究 [D]. 长沙：中南大学, 2013.

[46] 杨睿. 员工—组织关系建设的组织策略及其对工作投入和留任意愿的影响机制 [D]. 杭州：浙江大学, 2018.

[47] 尹晓峰. 领导风格对组织人力资源效能作用机制研究 [D]. 北京：北京理工大学, 2015.

[48] 张军伟. 高绩效工作系统对员工工作绩效与情绪衰竭的影响机制研究 [D]. 武汉：华中科技大学, 2015.

[49] 张兰. 媒体转型期新闻从业者职业认同研究 [D]. 南昌：南昌大学, 2019.

[50] 张艳红. 女性主义视野下的媒介批评 [D]. 武汉：武汉大学, 2009.

[51] 张韵婷. 中国女性传媒工作者话语权变迁探讨 [D]. 广州：暨南大学,

2005.

[52] 章莉南子. 基于 SOR 理论的短时情绪诱发对个体购买行为影响的神经及预测机制研究 [D]. 杭州：浙江大学, 2019.

[53] 周起岐. 全媒体时代中国报业集团的组织变革研究 [D]. 长沙：湖南大学, 2011.

二、英文类
连续出版物：

[1]Ahearne M, Mathieu J, Rapp A. To empower or not to empower your sales force? An empirical examination of the influence of leadership empowerment behavior on customer satisfaction and performance[J]. Journal of Applied Psychology, 2005, 90(5): 945-955.

[2]Allen N J, Meyer J P. The measurement and antecedents of affective, continuance and normative commitment to the organization[J]. Journal of Occupational Psychology, 1990, 63(1): 1-18.

[3]AmundsenS,Martinsenϕ L. Self-other agreement in empowering leadership: Relationships with leader effectiveness and subordinates' job satisfaction and turnover intention[J]. The Leadership Quarterly, 2014, 25(4): 784-800.

[4]Ashforth B E, Mael F. Social identity theory and the organization[J]. The Academy of Management Review, 1989, 14(1): 20-39.

[5]Ashforth B E, Saks A M. Work-role transitions: A longitudinal examination of the Nicholson model[J]. Journal of Occupational and Organizational Psychology,1995,68 (2):157-175.

[6]Bergami M, Bagozzi R P. Self-categorization, affective commitment and group self-esteem as distinct aspects of social identity in the organization[J]. The British Journal of Social Psychology, 2000, 39(4): 555-577.

[7]Billings A G, Moos R H. The role of coping responses and social resources in attenuating the stress of life events[J]. Journal of Behavioral Medicine, 1981,

4(2): 139-157.

[8]Bushardt S, Glascoff D W, Doty D H. Organizational culture, formal reward structure, and effective strategy implementation: A conceptual model[J]. Journal of Organizational Culture, Communications and Conflict, 2011,15(2): 57-70.

[9]Cheney G, Tompkins P K. Coming to terms with organizational identification and commitment[J]. Central States Speech Journal, 1987, 38(1): 1-15.

[10]Colvin M, Cullen F T, Vander Ven T M. Coercion, social support, and crime: An emerging theoretical consensus[J]. Criminology, 2002, 40(1): 19-42.

[11]Dailey L, Demo L, Spillman M. The convergence continuum: A model for studying collaboration between media newsrooms[J]. Atlantic Journal of Communication, 2005, 13(3): 150-168.

[12]Dick R, Wagner U, Stellmacher J, et al. The utility of a broader conceptualization of organizational identification: Which aspects really matter?[J]. Journal of Occupational and Organizational Psychology, 2004,77(2):171-191.

[13]Dupagne M, Garrison B. The meaning and influence of convergence[J]. Journalism Studies, 2006, 7(2): 237-255.

[14]Etzion D. Moderating effect of social support on the stress-burnout relationship[J]. Journal of Applied Psychology, 1984, 69(4):615-622.

[15]Garcia-Murillo M A, MacInnes I. FCC organizational structure and regulatory convergence[J]. Telecommunications Policy, 2001, 25(6): 431-452.

[16]Garvin D A, Edmondson A C, Gino F. Is yours a learning organization?[J]. Harvard Business Review, 2008, 86(3): 109-116.

[17]Goodstein L D, Burke W W. Creating successful organization change[J]. Organizational Dynamics, 1991, 19（4）: 5-17.

[18]Huang J S, Heider D. Media convergence: A case study of a cable news station[J]. International Journal on Media Management, 2007, 9(3): 105-115.

[19]Kanter R M. When a thousand flowers bloom: Structural, collective, and social conditions for innovation in organizations[J].Research in Organizational Behavior,1988（10）:169-211.

[20]Kerr J, Slocum J. Managing corporate culture through reward systems[J]. The Academy of Management Executive, 2005, 19(4): 130–138.

[21]Latack J C. Coping with job stress: Measures and future directions for scale development[J]. The Journal of Applied Psychology, 1986, 71(3): 377–385.

[22]Lee J, Wei F. The mediating effect of psychological empowerment on the relationship between participative goal setting and team outcomes – a study in China[J]. The International Journal of Human Resource Management, 2011, 22: 279–295.

[23]Louis M R. Career transitions: Varieties and commonalities[J]. The Academy of Management Review, 1980,5(3):329.

[24]March J G, Olsen J P. The uncertainty of the past: Organizational learning under ambiguity[J]. European Journal of Political Research, 1975, 3(2): 147–171.

[25]March J G. Exploration and exploitation in organizational learning[J]. Organization Science, 1991, 2(1): 71–87.

[26]Maynard M T, Gilson L L, Mathieu J E. Empowerment—Fad or fab? A multilevel review of the past two decades of research[J]. Journal of Management, 2012, 38(4): 1231–1281.

[27]Medenhall M E, Oddou G. Acculturation profiles of expatriates managers: Implication for cross-cultural training programs[J].The Columbia Journal of World Business,1986,21(4): 73–79.

[28]Meyer J P, Allen N J. Testing the "side-bet theory" of organizational commitment: Some methodological considerations[J]. Journal of Applied Psychology, 1984, 69(3):372–378.

[29]Mumford M D, Scott G M, Gaddis B, et al. Leading creative people: Orchestrating expertise and relationships[J].The Leadership Quarterly,2002,13(6): 705–750.

[30]Nahum-Shani I, Bamberger P A, Bacharach S B. Social support and employee well-being: The conditioning effect of perceived patterns of supportive exchange[J]. Journal of Health and Social Behavior, 2011, 52(1): 123–139.

[31]Pearlin L I, Schooler C. The structure of coping[J]. Journal of Health and Social Behavior, 1978, 19(1): 2–21.

[32]Quinn S. Convergence's fundamental question[J]. Journalism Studies, 2005, 6(1): 29–38.

[33]Salami S O. Job stress and burnout among lecturers: Personality and social support as moderators[J]. Asian Social Science, 2011, 7 (5):110–121.

[34]Seibert S E, Kraimer M L, Holtom B C, et al. Even the best laid plans sometimes go askew: Career self-management processes, career shocks, and the decision to pursue graduate education[J]. The Journal of Applied Psychology, 2013, 98(1): 169–182.

[35]Shin D H. Technology convergence and regulatory challenge: A case from Korean digital media broadcasting[J]. Info, 2005, 7: 47–58.

[36]Siedlecki K L, Salthouse T A, Oishi S, et al. The relationship between social support and subjective well-being across age[J]. Social Indicators Research, 2014, 117(2): 561–576.

[37]Spreitzer G M. Psychological, empowerment in the workplace: Dimensions, measurement and validation[J]. The Academy of Management Journal, 1995, 38(5): 1442–1465.

[38]Tushman M L, O' Reilly C A. Ambidextrous organizations: Managing evolutionary and revolutionary change[J]. California Management Review, 1996, 38(4):8–29.

[39]Vieira V A. Stimuli-organism-response framework: A meta-analytic review in the store environment[J]. Journal of Business Research, 2013, 66(9): 1420–1426.

[40]Winseek D. The quest for information highways and media reconvergence in Canada[J]. Info, 1999, 1(6): 539–561.

[41]Zimet G D, Dahlem N W, Zimet S G, et al. The multidimensional scale of perceived social support[J]. Journal of Personality Assessment, 1988, 52(1): 30–41.

专著：

[1]Argyris C, Schön D A. Organizational learning: A theory of action perspective[M]. Reading, Mass.: Addison-Wesley Pub. Co., 1978.

[2]Brislin R W. Translation and content analysis of oral and written material[M]//Handbook of cross-cultural psychology: Methodology. Boston: Allyn and Bacon, 1981.

[3]Hoppock R. Job Satisfaction[M]. New York: Harper and Brother Publishers,1935.

[4]House J S. Work stress and social support[M]. Reading, Mass.: Addison-Wesley Pub. Co., 1981.

[5]Johnstone J W C, Slawski E J, Bowman W W. The news people:A sociological portrait of American journalists and their work[M]. Urbana: University of Illinois Press, 1976.

[6]Kahn R L, Quinn R P.Mental health,social support and metropolitan problems[M].Michigan: University of Michigan，1976.

[7]Kanter R M, Stein B A, Jick T D. The challenge of organizational change: How companies experience it and leaders guide it[M]. New York: Free Press, 1992.

[8]Lazarus R S. Patterns of adjustment[M]. 3rd ed. New York: McGraw-Hill, 1976.

[9]McQuail D. Media performance: Mass communication and the public interest[M]. London: Sage Publications, 1992.

[10]Mehrabian A, Russell J A. An approach to environmental psychology[M]. Cambridge, MA:The MIT Press，1974.

[11]Robbins S P. Organizational behavior: Concepts, controversies, and applications [M]. Englewood Cliffs, NJ: Prentice Hall, 1998.

[12]Robbins S P.Organizational behavior[M].9th ed.New Jersey : Prentice Hall,2001.

[13]Szilagvi A D, Wallace M J. Organizational behavior and performance[M].

3rd ed. USA:Scott ,Forman and Company, 1983.

[14]Trice H M, Mowday R T, Porter L W, et al. Employee-organization linkages: The psychology of commitment, absenteeism, and turnover[M]. New York:Academic Press，1993.

电子文献及其他资料：

[1]Bradshaw P.A model for the 21st century newsroom: pt1 – the news diamond[EB/OL].（2007-09-17）[2020-10-07].http://onlinejournalismblog.com/2007/09/17/a-model-for-the-21st-century-newsroom-pt1-the-news-diamond/.

[2]Melby J N, Conger R D, Book R, et al. The Lowa Family Interaction Rating Scales(5th ed) [EB/OL].[2020-12-11].https://www.researchgate.nte/Publication/232572775.

附 录

附录1：近10年来运用SOR理论模型对组织行为学、管理学进行研究的部分C刊论文

附表1.1 近10年来运用SOR理论模型对组织行为学、管理学进行研究的部分C刊论文

学者	刺激（S）	有机体（O）	反应（R）	文献来源
唐杰[①]	组织稳定因素 变革情境因素	组织认知评价 变革认知评价	积极应对 消极应对	《经济管理》
唐杰[②]	变革情境 组织特征 应对资源	变革承诺 组织认同 工作满意	心理健康 情绪和态度 工作绩效	《华东经济管理》
李晋等[③]	员工配置、工作执行、团队合作、工作意义	组织认同感	创新行为	《经济管理》
王玉峰等[④]	组织变革特点 组织因素	人口变量、认知评价、人格、自我效能感、情绪	员工积极应对 消极应对	《工业技术经济》
王玉峰等[⑤]	变革	工作投入	员工绩效	《科学学与科学技术管理》
梁阜等[⑥]	组织学习	组织承诺	组织创新绩效	《管理科学》

---

① 唐杰.基于精细加工可能性模型的员工应对组织变革研究[J].经济管理,2010(8):178-185.
② 唐杰.组织变革情境下的员工应对策略研究：内涵、维度、前因与结果[J].华东经济管理,2010,24(7):111-114.
③ 李晋,刘洪,王成城.转型背景中员工的组织认知及其对行为有效性的影响路径研究[J].经济管理,2011,33(1):63-73.
④ 王玉峰,蒋枫,刘爱军.企业组织变革压力下员工的应对策略研究[J].工业技术经济,2014(6):102-110.
⑤ 王玉峰,金叶欣.变革的积极应对、工作投入对员工绩效的影响：技能的调节作用[J].科学学与科学技术管理,2016,37(4):158-171.
⑥ 梁阜,李树文,孙锐.SOR视角下组织学习对组织创新绩效的影响[J].管理科学,2017,30(3):63-74.

（续表）

学者	刺激（S）	有机体（O）	反应（R）	文献来源
邢楠楠等[①]	外部互动 参与决策		员工创新行为	《经济管理研究》
谢玉华等[②]	环境因素 管理因素 工会因素	不公平感知 工作不满意 压力	员工抱怨	《管理学报》
崔智淞等[③]	安全基地型领导	心理安全感 创新自我效能感	员工创新行为	《外国经济与管理》
张正堂等[④]	授权型领导	员工内在动机	员工主动变革	《科研管理》
赵娅等[⑤]	工作重塑	心理资本	员工创新行为	《企业经济》
陈玉玲等[⑥]	人际关系	组织安全感 组织留恋感	工作满意感 组织公民行动	《技术经济与管理研究》
赵燕梅等[⑦]	组织创新氛围 服务型领导	自我效能感	员工创新行为	《华南师范大学学报（社会科学版）》
张兰霞等[⑧]	工作—家庭冲突	情感平衡	员工创新行为	《科研管理》
马伟等[⑨]	差序氛围	自我效能感 情感承诺	员工创新行为	《科技进步与对策》
颜爱民等[⑩]	伦理型领导	建设性责任知觉	员工主动变革	《中国人力资源开发》

---

① 邢楠楠，田梦.高校科研人员组织学习能力对创新行为的影响研究：基于 COR 视角 [J].经济管理研究,2018(6)：86-94.

② 谢玉华，李路遥，覃亚洲，等.基于 SOR 理论框架的员工抱怨研究述评与展望 [J].管理学报,2019,16(5):783-790.

③ 崔智淞，王弘钰，李孟燃.安全基地型领导与员工创新行为 [J].外国经济与管理,2021,43(1):108-120.

④ 张正堂，赵李晶，丁明智.授权型领导对员工主动变革行为的影响机制 [J].科研管理,2020,41(10):218-226.

⑤ 赵娅.工作重塑、心理资本对知识员工创新行为的影响 [J].企业经济,2020,39(10):58-66.

⑥ 陈玉玲，陈维政，胡冬梅.组织依恋的中介效应实证研究：人际关系对工作满意感和组织公民行为的影响机制 [J].技术经济与管理研究,2020(10):60-63.

⑦ 赵燕梅，张正堂.服务型领导在组织创新氛围影响员工创新行为动力机制中的调节效应 [J].华南师范大学学报(社会科学版),2020(6):127-141.

⑧ 张兰霞，付竞瑶，张靓婷.工作家庭冲突对女性知识型员工创新行为的影响研究 [J].科研管理,2020,41(11):257-267.

⑨ 马伟，苏杭.差序氛围感知对员工创新行为的影响 [J].科技进步与对策,2020,37(21):136-143.

⑩ 颜爱民，郭好，谢菊兰，等.伦理型领导何以促进员工主动变革行为：建设性责任知觉与职业召唤的作用 [J].中国人力资源开发,2020,37(11):50-61.

(续表)

学者	刺激（S）	有机体（O）	反应（R）	文献来源
朱晓妹等[①]	复杂适应性领导	创新自我效能感 积极情绪	员工创新行为	《兰州学刊》
马璐等[②]	不合规任务	心理脱离	员工创新行为	《科技进步与对策》
赵斌斌等[③]	领导授权赋能行为	心理授权	远程员工工作嵌入	《企业经济》
田虹等[④]	社会责任型人力资源管理	个人—环境匹配 工作满意度	员工创新行为	《广东财经大学学报》

附录2：近10年来运用SOR理论模型对组织行为学、管理学进行研究的知名高校博士论文

附表2.1 近10年来运用SOR理论模型对组织行为学、管理学进行研究的知名高校博士论文

学者	刺激（S）	有机体（O）	反应（R）	文献来源
薛宪方[⑤]	变革任务 团队结构	团队效能感 团队心理安全感 团队主动性	团队变革效能	浙江大学博士论文
涂辉文[⑥]	变革动力：愿景驱动、文化塑造、创造突破、架构创新	组织学习 心理授权	创业效能	浙江大学博士论文
鞠蕾[⑦]	组织变革	工作需求 工作控制	工作压力	东北财经大学博士论文
阳毅[⑧]	知识领导	组织认同	员工知识行动	中南大学博士论文

---

① 朱晓妹,陈俊荣,周欢情.复杂适应性领导会激发员工创新行为吗?：基于自我决定理论的视角[J].兰州学刊,2020(11):128-138.

② 马璐,陈婷婷,谢鹏,等.不合规任务对员工创新行为的影响:心理脱离与时间领导的作用[J].科技进步与对策,2021,38(13):135-142.

③ 赵斌斌,蔡弘,连瑞瑞.领导授权赋能行为与远程员工工作嵌入的关系研究:一个有中介的调节效应[J].企业经济,2020(12):106-113.

④ 田虹,姜春源.社会责任型人力资源管理对员工创新行为影响的研究:基于劳动关系视角下的链式中介作用[J].广东财经大学学报,2020,35(6):42-50.

⑤ 薛宪方.组织变革背景下团队主动性特征的与效能机制研究[D].杭州：浙江大学,2009.

⑥ 涂辉文.基于变革动力特征的组织学习与心理授权关系研究[D].杭州：浙江大学,2010.

⑦ 鞠蕾.组织变革对员工工作压力影响机制实证研究[D].大连：东北财经大学,2012.

⑧ 阳毅.中国企业知识领导与员工知识行为间关系的理论与实证研究[D].长沙：中南大学,2013.

（续表）

学者	刺激（S）	有机体（O）	反应（R）	文献来源
黄勇[①]	组织内信任	角色宽度自我效能感	员工积极性行为	南京大学博士论文
宁静[②]	组织变革的结果预期	变革承诺	压力反应（情绪衰竭与躯体化）	电子科技大学博士论文
欧阳叶根[③]	服务情景 组织情景	情感体验 心理安全感	员工服务沉默行为	江西财经大学博士论文
胡翔[④]	工作价值	自我效能 组织认同	员工责任心	武汉大学博士论文
陈笃升[⑤]	变革型人力资源策略	交互记忆系统	员工效能	浙江大学博士论文
尹晓峰[⑥]	领导风格	组织气氛 组织变革	人力资源管理效能	北京理工大学博士论文
张军伟[⑦]	高绩效工作系统	基于组织的自尊	员工工作绩效 情绪衰竭	华中科技大学博士论文
罗春丽[⑧]	工作特征	工作疏离感	员工工作投入	东北财经大学博士论文
李新珠[⑨]	高承诺人力资源管理	角色宽度效能感 内在激励 关心组织氛围	员工主动行为	武汉大学博士论文
吴挺[⑩]	变革领导力（任务激励、个性关怀）	个体主动性	员工任务绩效 创新绩效	浙江大学博士论文
孙雪梅[⑪]	员工帮助计划	组织支持感	知识型员工心理契约	辽宁大学博士论文
李建军[⑫]	创业导向 组织氛围	价值观契合 心理授权	员工创新行为	吉林大学博士论文

① 黄勇.组织内信任对员工积极性行为的影响机制研究[D].南京：南京大学，2013.
② 宁静.员工对组织变革的结果预期、变革承诺与压力反应研究[D].成都：电子科技大学，2013.
③ 欧阳叶根.一线员工服务沉默行为影响因素研究：基于服务接触情景视角[D].南昌：江西财经大学，2014.
④ 胡翔.新生代员工自我效能、组织认同与责任心的产生机制[D].武汉：武汉大学，2015.
⑤ 陈笃升.变革型人力资源策略及其产生式机制研究[D].杭州：浙江大学，2015.
⑥ 尹晓峰.领导风格对组织人力资源效能作用机制研究[D].北京：北京理工大学，2015.
⑦ 张军伟.高绩效工作系统对员工工作绩效与情绪衰竭的影响机制研究[D].武汉：华中科技大学，2015.
⑧ 罗春丽.工作特征对员工工作投入影响的实证研究[D].大连：东北财经大学，2015.
⑨ 李新珠.高承诺人力资源管理对员工主动行为影响研究[D].武汉：武汉大学，2015.
⑩ 吴挺.互联网创业转型下的变革领导力及其效能机制研究[D].杭州：浙江大学，2016.
⑪ 孙雪梅.员工帮助计划（EAP）对知识型员工心理契约的影响研究[D].沈阳：辽宁大学，2016.
⑫ 李建军.创新导向、组织氛围对知识型员工创新行为的影响机制研究[D].长春：吉林大学，2016.

（续表）

学者	刺激（S）	有机体（O）	反应（R）	文献来源
裴彩霞[1]	工作不安全感 变革管理行为	变革情感承诺	员工创新行为	厦门大学博士论文
郑博阳[2]	组织变革情境	职业转换力	员工职业效能 工作态度	浙江大学博士论文
杨睿[3]	组织投资	组织认同 组织承诺	员工工作投入 留任意愿	浙江大学博士论文
黄炯[4]	权力距离	组织承诺	员工创新行为	浙江大学博士论文
王桃林[5]	员工组织关系	类亲情交换感知	员工情感承诺	华中科技大学博士论文
陈初昇[6]	无边界职业生涯时代	职涯资本 角色—身份重塑	职业迁移（职业成功、创新绩效）	华侨大学博士论文
王惊[7]	员工积极追随原型	创新角色认同	员工创新行为	吉林大学博士论文
李仲秋[8]	悖论式领导行为	创造力自我效能 内在动机 工作投入	员工创造力	哈尔滨工业大学博士论文
魏钊[9]	管理者风格	创新导向	创新绩效	吉林大学博士论文
邓曼婷[10]	社交媒体使用	感知任务互依性 自主性	任务绩效	中国科技大学博士论文
牛童[11]	CEO变革型领导	个人组织契合 个人领导契合	绩效	东华大学博士论文

---

[1] 裴彩霞．工作不安全感、领导变革管理行为对员工创新行为的影响研究[D]．厦门：厦门大学，2017．
[2] 郑博阳．组织变革情境下的职业转换力及其效应机制[D]．杭州：浙江大学，2018．
[3] 杨睿．员工—组织关系建设的组织策略及其对工作投入和留任意愿的影响机制[D]．杭州：浙江大学，2018．
[4] 黄炯．权力距离、组织承诺对员工创新行为的影响研究[D]．杭州：浙江大学，2018．
[5] 王桃林．员工组织关系对员工行为和态度的作用研究[D]．武汉：华中科技大学，2018．
[6] 陈初昇．职涯资本、角色—身份重塑与知识型员工职业迁移双重效应[D]．泉州：华侨大学，2018．
[7] 王惊．双视角下积极追随原型对领导授权赋能行为和员工创新行为影响机制的研究[D]．长春：吉林大学，2019．
[8] 李仲秋．动机视角下悖论式领导行为对员工创造力的影响研究[D]．哈尔滨：哈尔滨工业大学，2020．
[9] 魏钊．管理者认知风格、创新导向、知识创造过程与创新绩效关系研究[D]．长春：吉林大学，2021．
[10] 邓曼婷．企业社交媒体使用与员工绩效的中介机制研究[D]．合肥：中国科学技术大学，2021
[11] 牛童．CEO变革型领导对员工创意行为的影响研究：以服贸企业为例[D]．上海：东华大学，2021．

附录 3：媒体人调查问卷

媒体转型期的传统媒体人
——基于 J 广电集团员工的问卷调查

亲爱的同事：

您好！非常感谢您在百忙之中抽空填答这份问卷。

本问卷是南京大学新闻传播学院和南京艺术学院文化产业学院联合进行的一项传媒集团调研，旨在分析和探讨：媒体转型期传统媒体人的工作状态与心理转变。本调查纯属学术研究，填答内容将得到严格保密，所有信息绝不会用于任何商业目的，请放心填答！

您的回答对我们的课题研究非常重要，期待您能认真、客观地填写问卷，并请勿遗漏任何一题。衷心感谢您的支持与合作！

南京大学新闻传播学院

南京艺术学院文化产业学院

2019 年 5 月

填写说明：

以下问题皆采用 7 级数字打分法。从 1 到 7 表示从低到高的程度，请根据您的感受，**在适当的数字上画圈**。具体来说，1-7 分别代表的含义是：

1 表示完全不符合事实，即绝无此事，强烈反对；
2 表示比较不符合事实，即大多数情况下不符合，比较反对；
3 表示有点不符合事实，即仅少数情况下不符合，有点不同意；
4 表示不确定，不了解，或者差不多，即中立态度；
5 表示有点符合事实，即仅少数情况下符合，有点赞同；
6 表示比较符合事实，即大部分都是符合的，比较赞同；
7 表示完全符合事实，即 100%的肯定，强烈赞同。

示例：

A. 根据您的工作体验，与以前相比，您对以下几方面的满意度评价是：	完全不符	比较不符	有点不符	不确定	有点符合	比较符合	完全符合
1. 我对集团提供的**工作环境**非常满意	1	2	3	4	5	6	⑦
2. 我对集团提供的**学习和培训机会**非常满意	1	2	3	4	⑤	6	7
3. 我对工作中**主动创新的机会**非常满意	1	2	3	4	5	⑥	7

您的选择仅代表个人的感受和态度，并无正误之分，请按照直觉进行填答。

第一部分　基本信息

1. 您的性别：
   A. 男　　　　B . 女

2. 您的年龄：
   A.20~29 岁　　B.30~39 岁　　C.40~49 岁　　D .50~59 岁　　E.60~69 岁

3. 您的婚姻状况：
   A. 未婚　　B. 已婚

4. 您（或您的配偶）目前的生育状况：
   A. 未育　　　　　　B. 怀孕中　　　　　　C. 已生育一个孩子
   D. 已生育二孩　　　E. 已生育三孩及以上

5. 您的入职年限大约是：
   A. 不足 1 年　　　　B.1~3 年（不含）　　C.3~5 年（不含）
   D.5~10 年（不含）　 E.10~15 年（不含）　 F.15 年及以上

6. 您的学历是：
   A. 专科　　　B. 本科　　　C. 硕士　　　D. 博士

7. 您的年收入大概是以下哪个范围：

A. 不足 6 万元	B.6 万 ~12 万元（不含）	C.12 万 ~18 万元（不含）	D.18 万 ~24 万元（不含）
E.24 万 ~30 万元（不含）	F.30 万 ~50 万元（不含）	G.50 万元及以上	

8. 您的职务是：
   A. 普通员工　　　B. 基层管理者　　　C. 中层管理者　　　D. 高层管理者

9. 您近期是否有工作岗位变动，或经历了部门调整？
   A.2017 年调整　　　B.2019 年大融合　　　C. 其他情况

10. 您的岗位是：
    A. 内容制作相关的业务岗　　B. 产业相关的业务岗　　C. 行政岗
    D. 技术支持岗　　　　　　　E. 后勤保障岗

11. 您所在的部门是_____

第二部分 对外部刺激的认知与行动

A. 您对所在单位组织变革的感受是:

	完全不符	比较不符	有点不符	不确定	有点符合	比较符合	完全符合
1. 与之前相比，我强烈地感受到组织变革	1	2	3	4	5	6	7
2. 与之前相比，我感到自身的职业压力增大了	1	2	3	4	5	6	7
3. 与之前相比，我感到自身的职业不确定性增强了	1	2	3	4	5	6	7
4. 与之前相比，我的绩效收入增加了	1	2	3	4	5	6	7
5. 与之前相比，我感觉晋升机会更加多了	1	2	3	4	5	6	7
6. 与之前相比，我感觉考评制度更加完善了	1	2	3	4	5	6	7
7. 与之前相比，工作中的沟通协调提高了	1	2	3	4	5	6	7
8. 与之前相比，我的工作效率提高了	1	2	3	4	5	6	7
9. 与之前相比，工作新媒体化程度增强了	1	2	3	4	5	6	7

B. 您对媒体融合信息的了解程度是:

	完全不符	比较不符	有点不符	不确定	有点符合	比较符合	完全符合
1. 我清楚地知道党中央媒体融合战略的部署及动向	1	2	3	4	5	6	7
2. 我清楚地知道J广电集团媒体融合战略的要求和规划	1	2	3	4	5	6	7
3. 我清楚地知道行业媒体融合的动态	1	2	3	4	5	6	7
4. 我清楚地知道学界关于媒体融合的动态	1	2	3	4	5	6	7

C. 根据您的个人情况，您的家庭情况是:

	完全不符	比较不符	有点不符	不确定	有点符合	比较符合	完全符合
1. 我的家庭尊重并支持我的职业选择	1	2	3	4	5	6	7
2. 我的工作收入是家庭经济的主要来源	1	2	3	4	5	6	7
3. 当工作需我投入更多时间时，家庭会帮我承担家庭责任	1	2	3	4	5	6	7
4. 当工作侵占了我的家庭时间时，我的家人会谅解我	1	2	3	4	5	6	7

D. 根据您的个人情况，您的朋友情况是：

	完全不符	比较不符	有点不符	不确定	有点符合	比较符合	完全符合
1. 我的**交友范围**非常广，与大家经常保持联络	1	2	3	4	5	6	7
2. 通过我的个人关系，我经常会**帮助朋友**办到更多事情	1	2	3	4	5	6	7
3. 我经常**得到朋友们的帮助**，解决工作中的问题，改善处境	1	2	3	4	5	6	7
4. 我的朋友在很大程度上**影响着我的行为和价值观**	1	2	3	4	5	6	7

E. 结合近两年情况，您是否同意以下观点：

	完全不符	比较不符	有点不符	不确定	有点符合	比较符合	完全符合
1. 近两年我国**推进市场化体制改革**方向越走越好	1	2	3	4	5	6	7
2. 近两年社会文化会朝着**自由而多元**的方向发展	1	2	3	4	5	6	7
3. 近两年**信息技术**正改变生活的方方面面，引起**革命性剧变**	1	2	3	4	5	6	7
4. 近两年主流媒体能越来越好地**引领舆论导向与社会文化**	1	2	3	4	5	6	7
5. 近两年主流媒体的**市场经营状况**越来越好	1	2	3	4	5	6	7
6. 近两年主流媒体正在面临着前所未有的**重大改革**	1	2	3	4	5	6	7
7. 主流媒体的改革会进一步**市场化和产业化**，释放活力	1	2	3	4	5	6	7
8. 主流媒体的改革会**重回财政拨款**，坚持事业单位性质	1	2	3	4	5	6	7

F. 根据您的工作经验，您对自己的职业适应能力评价是：

	完全不符	比较不符	有点不符	不确定	有点符合	比较符合	完全符合
1. 我的**适应能力很强**，能很快适应调整后的工作	1	2	3	4	5	6	7
2. 与以前相比，我的**技能与能力**与工作岗位更加匹配	1	2	3	4	5	6	7
3. 与以前相比，我的**性格与兴趣**与工作岗位更加匹配	1	2	3	4	5	6	7
4. 与以前相比，我与**同事关系**更加融洽，能得到工作协助	1	2	3	4	5	6	7
5. 面对工作上的挫折和压力，我能够很好地**调节自己的情绪**	1	2	3	4	5	6	7
6. 我大多时候还是依据**过去的经验**做事，而不是新方法	1	2	3	4	5	6	7

G. 根据您的工作经验，您对自己的学习能力评价是：							
	完全不符	比较不符	有点不符	不确定	有点符合	比较符合	完全符合
1. 我是从集团**内部**获得新媒体的知识与技术	1	2	3	4	5	6	7
2. 我是从**外面专家或同行**处获得新媒体的知识与技术	1	2	3	4	5	6	7
3. 我完全**依靠自学**学习了解新媒体知识与技术	1	2	3	4	5	6	7
4. **正式工作中**，同事们经常交换新媒体相关知识的意见	1	2	3	4	5	6	7
5. **平时交流中**，同事们经常谈论新媒体相关知识	1	2	3	4	5	6	7
6. 我主动对**新经验、新技术**保持高度关注与**热情**	1	2	3	4	5	6	7
7. 我**主动制定了自己的学习计划**与长期规划	1	2	3	4	5	6	7

H. 根据您的工作经验，您对自己的创新能力评价是：							
	完全不符	比较不符	有点不符	不确定	有点符合	比较符合	完全符合
1. 我在工作中经常提出很多**新点子**	1	2	3	4	5	6	7
2. 我的新点子经常**转化为有用的实践**，为组织做出了**贡献**	1	2	3	4	5	6	7
3. 与以前相比，工作能够有更大的个人发挥与**创新空间**	1	2	3	4	5	6	7
4. 我日常工作绝大部分是涉及新媒体方面的	1	2	3	4	5	6	7
5. 我经常**主动搜索新的工作方法、技术或工具**	1	2	3	4	5	6	7
6. 我经常**动员他人，支持创新**	1	2	3	4	5	6	7

第三部分 媒体人的职业能动性

A. 您近期的工作感受是:

	完全不符	比较不符	有点不符	不确定	有点符合	比较符合	完全符合
1. 我承担着一些**重要的工作**，而不是辅助性的工作	1	2	3	4	5	6	7
2. 我所做的工作对我来说**非常重要**	1	2	3	4	5	6	7
3. 在如何完成工作上，我**有很大的自主权**	1	2	3	4	5	6	7
4. 我的意见会受到**上级的充分重视**	1	2	3	4	5	6	7
5. 我的个人发展与感受能够受到**组织的关心**	1	2	3	4	5	6	7

B. 您近期的工作状态是:

	完全不符	比较不符	有点不符	不确定	有点符合	比较符合	完全符合
1. 工作让我觉得**身心疲惫**	1	2	3	4	5	6	7
2. 我对工作**不像**以前那样感兴趣和热心了	1	2	3	4	5	6	7
3. 我**怀疑**自己所做**工作的意义**	1	2	3	4	5	6	7
4. 我对自己所做工作是否有贡献**越来越不关心**	1	2	3	4	5	6	7

C. 根据您的工作体验，与以前相比，您对以下几方面的满意度评价是:

	完全不符	比较不符	有点不符	不确定	有点符合	比较符合	完全符合
1. 我对集团提供的**工作环境**非常满意	1	2	3	4	5	6	7
2. 我对集团提供的**学习和培训机会**非常满意	1	2	3	4	5	6	7
3. 我对工作中**的主动创新机会**非常满意	1	2	3	4	5	6	7
4. 我对当前**工作的自主性**非常满意	1	2	3	4	5	6	7
5. 我对工作中获得的**成就感**非常满意	1	2	3	4	5	6	7
6. 我对所从事**工作的发展前景**非常满意	1	2	3	4	5	6	7
7. 我对我的**同事**非常满意	1	2	3	4	5	6	7
8. 我对我的**主管领导**非常满意	1	2	3	4	5	6	7
9. 我对目前的**薪酬待遇**非常满意	1	2	3	4	5	6	7
10. 我对我在单位的**晋升机会**非常满意	1	2	3	4	5	6	7
11. **总的来说**，我对目前的工作非常满意	1	2	3	4	5	6	7

D. 根据您近期的工作体验，您对组织承诺的看法是：	完全不符	比较不符	有点不符	不确定	有点符合	比较符合	完全符合
1. 在单位里，我有**像家庭成员一样的感觉**	1	2	3	4	5	6	7
2. 我对单位有**很强的依赖性**	1	2	3	4	5	6	7
3. 即使现在我想离开本单位，对我来说也**非常困难**	1	2	3	4	5	6	7
4. 现在留在单位是我的**一种需要**	1	2	3	4	5	6	7
5. 我认为从一个单位跳槽到另一个单位是**不道德**的	1	2	3	4	5	6	7
6. 我感觉有**强烈的道德责任感**留下，离开我会内疚	1	2	3	4	5	6	7

E. 根据您近期的工作体验，您对自己未来的职业规划是：	完全不符	比较不符	有点不符	不确定	有点符合	比较符合	完全符合
1. 我希望在集团内部**进行部门/岗位调动**	1	2	3	4	5	6	7
2. 我考虑**辞去**现在在集团的工作	1	2	3	4	5	6	7
3. 我考虑**去新媒体公司**工作	1	2	3	4	5	6	7
4. 我打算**离开媒体行业**	1	2	3	4	5	6	7

第四部分 媒体人的价值观契合度

A. 根据您近期的工作体验，您所在部门的团队取向是：

	完全不符	比较不符	有点不符	不确定	有点符合	比较符合	完全符合
1. 集团鼓励员工**参与管理和决策**	1	2	3	4	5	6	7
2. 善于听取和采纳**各级员工**的意见	1	2	3	4	5	6	7
3. 鼓励**团队合作**，倡导**协作精神**	1	2	3	4	5	6	7
4. 重视员工的**个人发展**	1	2	3	4	5	6	7
5. 领导与员工**关系和谐**	1	2	3	4	5	6	7
6. 竞争激烈，**结果导向**	1	2	3	4	5	6	7
7. **团队共享信息**	1	2	3	4	5	6	7
8. 严谨刻板，强调**制度规则**	1	2	3	4	5	6	7

B. 根据您近期的工作体验，您所在部门的绩效取向是：

	完全不符	比较不符	有点不符	不确定	有点符合	比较符合	完全符合
1. 工作**考核结果和报酬**直接挂钩	1	2	3	4	5	6	7
2. 各岗位有明确的绩效考核标准	1	2	3	4	5	6	7
3. 考核制度**严格完善**，具有可操作性	1	2	3	4	5	6	7
4. 工作考核公平	1	2	3	4	5	6	7
5. 定期开展绩效评估	1	2	3	4	5	6	7

C. 根据您近期的工作体验，您所在部门的敬业取向是：

	完全不符	比较不符	有点不符	不确定	有点符合	比较符合	完全符合
1. 倡导**积极负责**的工作态度	1	2	3	4	5	6	7
2. 强调**敬业奉献**精神	1	2	3	4	5	6	7
3. 注重激发**工作热情**	1	2	3	4	5	6	7
4. 各凭**个人意愿**与自觉性	1	2	3	4	5	6	7

D. 根据您近期的工作体验，您所在部门的创新发展取向是：

	完全不符	比较不符	有点不符	不确定	有点符合	比较符合	完全符合
1. 集团持续投入较大资金用于**员工培训和学习**	1	2	3	4	5	6	7
2. 鼓励并支持**员工创新**	1	2	3	4	5	6	7
3. 经常大胆**引进新概念新技术**	1	2	3	4	5	6	7
4. 组织学习内容主要是**上级文件或常规业务培训**	1	2	3	4	5	6	7

E. 根据您近期的工作体验，您所服务的媒体要求新闻从业者应具备的品质特征是：

	完全不符	比较不符	有点不符	不确定	有点符合	比较符合	完全符合
1. 新闻从业者应扮演好**把关人角色**	1	2	3	4	5	6	7
2. 新闻从业者应坚持**个人发展促进集团发展**	1	2	3	4	5	6	7
3. 新闻从业者应坚持**新闻理想**	1	2	3	4	5	6	7
4. 新闻从业者应坚守**新闻公平**，捍卫公众利益	1	2	3	4	5	6	7
5. 新闻从业者应追求**新闻自由**	1	2	3	4	5	6	7
6. 新闻从业者应**探求真理**	1	2	3	4	5	6	7
7. 新闻从业者应**秉承社会良知**	1	2	3	4	5	6	7
8. 新闻从业者应保持为公众服务的**社会责任感**	1	2	3	4	5	6	7
9. 新闻从业者应进行**自主学习**	1	2	3	4	5	6	7
10. 新闻从业者应向社会**传递温暖正能量**	1	2	3	4	5	6	7

F. 根据您近期的工作体验，您对集团价值观念的总体认同是：

	完全不符	比较不符	有点不符	不确定	有点符合	比较符合	完全符合
1. 我对本集团的**核心价值观**非常认同	1	2	3	4	5	6	7
2. 我对本集团的**业绩考核制**非常认同	1	2	3	4	5	6	7
3. 我对本集团的**薪酬福利体系**非常认同	1	2	3	4	5	6	7
4. 我对本集团的**职称评定及晋升体系**非常认同	1	2	3	4	5	6	7
5. 我对本集团的**奖惩机制**非常认同	1	2	3	4	5	6	7
6. 我对本**集团的文化**非常认同	1	2	3	4	5	6	7

G. 根据您近期的工作体验，您认为现实中新闻从业者的角色定位是：

	完全不符	比较不符	有点不符	不确定	有点符合	比较符合	完全符合
1. 参与者（设置政治议程、推动人们参与政治活动）	1	2	3	4	5	6	7
2. 服务者（为人们日常生活提供建议和指引、提供娱乐休闲）	1	2	3	4	5	6	7
3. 宣传者（宣传解读党的政策、传达政治领袖的正面形象）	1	2	3	4	5	6	7
4. 观察者（客观报道事件）	1	2	3	4	5	6	7
5. 监督者（监察和检视商界、政府及政党领导人）	1	2	3	4	5	6	7

H. 根据您近期的工作体验，您所服务的媒体实际发挥的功能是：

	完全不符	比较不符	有点不符	不确定	有点符合	比较符合	完全符合
1. 设置政治议程	1	2	3	4	5	6	7
2. 监督政府	1	2	3	4	5	6	7
3. 监察和检视商界	1	2	3	4	5	6	7
4. 监察和检视党政领导人的行为	1	2	3	4	5	6	7
5. 推动人们参与政治活动	1	2	3	4	5	6	7
6. 提倡社会变革	1	2	3	4	5	6	7
7. 提供人们做政治决定需要的信息	1	2	3	4	5	6	7
8. 让人们表达意见	1	2	3	4	5	6	7
9. 引导大众舆论	1	2	3	4	5	6	7
10. 为人们日常生活提供建议和指引	1	2	3	4	5	6	7
11. 娱乐休闲	1	2	3	4	5	6	7
12. 提高群众的知识与文化水平	1	2	3	4	5	6	7
13. 传达政治领袖的正面形象	1	2	3	4	5	6	7
14. 支持政府政策、国家发展	1	2	3	4	5	6	7
15. 成为人民的喉舌	1	2	3	4	5	6	7
16. 迅速为大众提供感兴趣的信息	1	2	3	4	5	6	7
17. 依据事实报道新近发生的事件	1	2	3	4	5	6	7
18. 对新闻时事做出评论分析	1	2	3	4	5	6	7
19. 帮助人民了解党和政府的政策	1	2	3	4	5	6	7
20. 揭露真实，阻止谣言传播	1	2	3	4	5	6	7

第五部分 员工对媒体融合的评价

A. 根据您的工作体验，您对媒体融合动力的认识是：

	完全不符	比较不符	有点不符	不确定	有点符合	比较符合	完全符合
1. 集团媒体融合是上级部门的要求，**被动**进行	1	2	3	4	5	6	7
2. 集团媒体融合是集团高层的决策，**主动**进行	1	2	3	4	5	6	7
3. 集团媒体融合的动力来自于**与新媒体的市场竞争**	1	2	3	4	5	6	7
4. 集团媒体融合的动力来自于**与其他传媒集团的竞争**	1	2	3	4	5	6	7
5. 集团媒体融合的动力是因为**集团受众流失，不得不变**	1	2	3	4	5	6	7

B. 根据您的工作体验，您对媒体融合共识的感受是：

	完全不符	比较不符	有点不符	不确定	有点符合	比较符合	完全符合
1. 我非常**关注并了解**中央关于媒体融合的文件精神	1	2	3	4	5	6	7
2. 我非常**赞同**媒体融合是传统媒体的出路	1	2	3	4	5	6	7
3. 我非常**关注并了解集团**关于媒体融合的战略目标	1	2	3	4	5	6	7
4. 我参加过集团所组织的关于媒体融合的**相关学习**	1	2	3	4	5	6	7
5. 我非常**赞同**集团的媒体融合战略	1	2	3	4	5	6	7
6. 我认为集团积极推动媒体融合战略十分**必要**	1	2	3	4	5	6	7
7. 集团中层管理者都对媒体融合给予了**支持**	1	2	3	4	5	6	7
8. 大家对媒体融合**进展与成效的判断**是一致的	1	2	3	4	5	6	7
9. 大家对媒体融合的**认同度不断提高**	1	2	3	4	5	6	7

C. 根据您的工作体验，您对媒体融合投入的认识是：

	完全不符	比较不符	有点不符	不确定	有点符合	比较符合	完全符合
1. 集团高层对媒体融合投入了**大量的精力并特别关注**	1	2	3	4	5	6	7
2. 集团为媒体融合投入了**大量的资源**(人力和财力)	1	2	3	4	5	6	7
3. 在实施过程中，我觉得**集团高层从未动摇过**	1	2	3	4	5	6	7
4. 集团高层对媒体融合的**投入有增无减**	1	2	3	4	5	6	7
5. 您所在部门**越来越多地**加入到媒体融合战略之中	1	2	3	4	5	6	7

附 录

D. 根据您的工作体验，您对媒体融合战略匹配度的认识是：

	完全不符	比较不符	有点不符	不确定	有点符合	比较符合	完全符合
1. 媒体融合战略**符合**集团所处的行业环境	1	2	3	4	5	6	7
2. 媒体融合战略推动集团的**管理制度调整**，更加合理而明晰	1	2	3	4	5	6	7
3. 媒体融合战略推动集团的**组织结构调整**，更加协调而高效	1	2	3	4	5	6	7
4. 媒体融合战略切实推动了**集团技术与设备更新**	1	2	3	4	5	6	7

E. 根据您的工作体验，您对媒体融合文化的认识是：

	完全不符	比较不符	有点不符	不确定	有点符合	比较符合	完全符合
1. 媒体融合逐步**改变了组织文化**	1	2	3	4	5	6	7
2. 媒体融合让大家的目标更加**清晰、一致**	1	2	3	4	5	6	7
3. 媒体融合让大家更加有**压力与不确定感**	1	2	3	4	5	6	7
4. 媒体融合让大家**更有凝聚力**	1	2	3	4	5	6	7
5. 大家对现阶段媒体融合发展**表达出很多不同声音**	1	2	3	4	5	6	7
6. 大家对现阶段媒体融合发展的想法**从不公开交流**	1	2	3	4	5	6	7

F. 根据您的工作体验，您对媒体融合成效确认的感受是：

	完全不符	比较不符	有点不符	不确定	有点符合	比较符合	完全符合
1. 集团上下都清楚媒体融合的**成效判断标准**	1	2	3	4	5	6	7
2. 当媒体融合取得成绩，集团**内部会进行庆祝**	1	2	3	4	5	6	7
3. 当媒体融合取得成绩，集团**会大力对外宣传**	1	2	3	4	5	6	7
4. 集团会**充分肯定并奖励**为媒体融合做出贡献的员工	1	2	3	4	5	6	7

G. 根据您的工作体验，您认为集团媒体融合的重点内容应该是：

	完全不符	比较不符	有点不符	不确定	有点符合	比较符合	完全符合
1. 集团原有的**组织结构**不适应发展趋势，必须改革	1	2	3	4	5	6	7
2. 集团原有的**组织文化**不适应发展趋势，必须改革	1	2	3	4	5	6	7
3. 集团原有的**发展战略**不适应发展趋势，必须改革	1	2	3	4	5	6	7
4. 集团原有的**人员结构**不适应发展趋势，必须改革	1	2	3	4	5	6	7
5. 集团原有的**技术与设备**不适应发展趋势，必须改革	1	2	3	4	5	6	7

H. 根据您的工作体验，您认为集团媒体融合的效果是：

	完全不符	比较不符	有点不符	不确定	有点符合	比较符合	完全符合
1. 媒体融合有力促进了集团发展，使集团在全国名列**前茅**	1	2	3	4	5	6	7
2. 媒体融合发展极大地改变了**组织文化，新媒体思维深化**	1	2	3	4	5	6	7
3. 媒体融合发展极大地改变了**组织架构，更加精简高效**	1	2	3	4	5	6	7
4. 媒体融合发展极大地推动了集团**技术飞跃与创新**	1	2	3	4	5	6	7
5. 媒体融合后集团**各部门的沟通与协作**大大提高了	1	2	3	4	5	6	7
6. 媒体融合发展极大地提高了**员工士气**，让大家充满信心	1	2	3	4	5	6	7
7. 媒体融合发展极大地提高了集团**经营绩效**	1	2	3	4	5	6	7
8. 集团媒体融合增加了**社会影响力**，我们的关注度提高	1	2	3	4	5	6	7
9. 集团媒体融合增加了**受众数量**，我们的竞争力提升	1	2	3	4	5	6	7
10. 集团媒体融合发展**没有影响**到我的工作	1	2	3	4	5	6	7

I. 根据您的工作体验，您对县级媒体融合的认识是：

	完全不符	比较不符	有点不符	不确定	有点符合	比较符合	完全符合
1. 我非常同意县级媒体融合是**媒体融合的下一步**	1	2	3	4	5	6	7
2. 我非常同意县级媒体融合是**媒体融合的出路**	1	2	3	4	5	6	7
3. 台里有就县级融媒体工作做**相关宣传**	1	2	3	4	5	6	7
4. 台里有明确的县级媒体融合**执行纲领**	1	2	3	4	5	6	7

J. 您是否支持媒体融合：

	完全不符	比较不符	有点不符	不确定	有点符合	比较符合	完全符合
1. 我非常**支持媒体融合**	1	2	3	4	5	6	7
2. 我非常支持媒体融合更加**走向市场化**	1	2	3	4	5	6	7
3. 我非常支持媒体融合更加**走向行政化**	1	2	3	4	5	6	7

再次感谢您的支持与参与！衷心祝福您健康、幸福、快乐！

附录 4：深度访谈提纲

1. 请谈一谈您的从业经历。
2. 谈一下您了解的媒体融合相关工作。
3. 根据工作实践谈一下您对于融合的感受。
4. 媒体融合的过程中您感觉身边的小伙伴或者下属他们的状态如何？
5. 他们是如何应对这样的变化的？他们的态度和行为方面有什么表现？
6. 从原来的管理团队到现在调整后的媒体团队建构，您觉得自己（个体）或者团队（集体）有没有工作上的差别？印象最深的是哪一个部分？
7. 您如何看待领导授权？您认为重要吗？
8. 业务团队是否有学习的机会？对此大家态度如何？
9. 集团层面的培训和部门培训频率和质量人家是如何看待的？培训有何效果？
10. 您怎么看待目前自己的薪酬？身边的伙伴大致态度如何？
11. 谈一下您所了解的考核和绩效。
12. 据您了解，目前组织有哪些激励政策？哪方面是您最在意的？团队成员对此态度如何？
13. 您感觉当下如何实施激励比较有效？
14. 对于评优评奖，您如何看待？身边的工作伙伴大致态度如何？
15. 关于职业转型，您有何想法？若要实现积极转型，您有何建议与措施？

说明：由于被访者表达能力及思维方式各不相同，访谈时问题次序亦不相同。

附录 5：访谈名单

附表 5.1　访谈名单

编号	性别	年龄段	从业时间/年	职务
1 号	女	70 后	21	副主任
2 号	女	80 后	4	栏目编辑
3 号	女	70 后	14	副主任
4 号	男	90 后	5	产品经理
5 号	女	90 后	4	编辑
6 号	女	80 后	9	制片人
7 号	男	70 后	11	编导
8 号	男	70 后	17	总监助理
9 号	男	70 后	8	副主任
10 号	女	80 后	13	总监助理
11 号	男	60 后	16	主编
12 号	女	60 后	28	资深编辑
13 号	男	60 后	27	副主任
14 号	男	80 后	8	技术人员
15 号	女	70 后	19	副主任
16 号	女	80 后	8	记者
17 号	女	80 后	8	制片人
18 号	女	80 后	12	记者
19 号	男	90 后	6	编辑
20 号	男	90 后	5	编辑
21 号	女	80 后	10	记者
22 号	女	90 后	4	编导

（续表）

编号	性别	年龄段	从业时间／年	职务
23号	男	70后	16	制片人
24号	女	80后	13	后期
25号	女	90后	3	编辑
26号	女	80后	10	记者
27号	男	60后	25	副主任
28号	男	80后	10	副主任
29号	女	60后	21	副主任
30号	男	70后	13	副主任
31号	女	90后	6	主持人
32号	女	80后	8	编导
33号	女	70后	14	高级编辑
34号	女	80后	10	编辑
35号	女	90后	4	产品经理
36号	女	90后	4	编导
37号	男	70后	17	副主任
38号	男	80后	11	编导
39号	女	70后	23	制片人
40号	男	80后	8	编导
41号	女	70后	18	编导
42号	女	60后	22	编辑
43号	女	60后	25	编辑
44号	男	80后	10	人力资源专员
45号	女	70后	13	副主任

（续表）

编号	性别	年龄段	从业时间/年	职务
46号	女	80后	12	编导
47号	男	80后	8	技术人员
48号	女	80后	12	编辑
49号	男	80后	11	技术人员
50号	女	80后	11	编辑
51号	女	80后	9	编辑
52号	男	80后	12	副主任
53号	男	90后	5	编导
54号	女	70后	21	主任
55号	男	70后	14	副主任
56号	女	80后	10	主任助理
57号	男	70后	20	主任

附录6：构念详细统计表

附表6.1 不同类型媒体人的"组织学习"统计表

		二B3.我清楚地知道行业媒体融合的动态	二B1.我清楚地知道党中央媒体融合战略的部署及动向	二B2.我清楚地知道J广电集团媒体融合战略的要求和规划	二B4.我清楚地知道学界关于媒体融合的动态
男	均值	5.52	5.55	5.49	5.01
	标准差	1.134	1.390	1.351	1.331
女	均值	5.44	5.44	5.41	4.92
	标准差	1.135	1.238	1.180	1.288
20~29岁	均值	5.34	5.10	5.13	4.81
	标准差	1.144	1.334	1.321	1.245
30~39岁	均值	5.55	5.59	5.56	4.95
	标准差	1.129	1.301	1.225	1.374
40~49岁	均值	5.55	5.87	5.60	5.25
	标准差	1.068	1.072	1.164	1.174
50岁及以上	均值	5.18	5.53	5.59	5.00
	标准差	1.286	1.231	1.004	1.225
专科	均值	5.00	5.54	5.08	4.77
	标准差	1.683	1.330	1.706	1.739
本科	均值	5.43	5.50	5.46	4.91
	标准差	1.120	1.316	1.225	1.273
硕士	均值	5.65	5.42	5.42	5.08
	标准差	1.072	1.262	1.254	1.315
普通员工	均值	5.40	5.37	5.34	4.88
	标准差	1.153	1.295	1.255	1.317
基层管理者	均值	5.77	5.97	5.75	5.25
	标准差	1.095	1.301	1.244	1.297
中层管理者	均值	5.73	5.87	6.13	5.20
	标准差	0.594	0.834	0.640	0.862
总计	均值	5.47	5.48	5.44	4.95
	标准差	1.134	1.300	1.249	1.304

附表6.2 不同类型媒体人的"组织激励"统计表

		三 C9.我对目前的薪酬待遇非常满意	三 C10.我对我在单位的晋升机会非常满意	三 C6.我对所从事工作的发展前景非常满意	三 C5.我对工作中获得的成就感非常满意
男	均值	3.77	3.80	4.21	4.70
	标准差	1.838	1.833	1.757	1.595
女	均值	3.92	3.93	4.52	4.92
	标准差	1.717	1.667	1.565	1.464
20~29岁	均值	3.96	4.04	4.53	4.84
	标准差	1.713	1.740	1.641	1.512
30~39岁	均值	3.71	3.73	4.27	4.77
	标准差	1.798	1.716	1.645	1.530
40~49岁	均值	4.02	4.13	4.62	5.15
	标准差	1.810	1.816	1.769	1.545
50岁及以上	均值	4.35	3.71	4.24	4.53
	标准差	1.539	1.572	1.300	1.328
专科	均值	3.85	4.23	4.31	4.38
	标准差	1.725	1.691	1.316	1.502
本科	均值	3.91	3.87	4.47	4.84
	标准差	1.767	1.714	1.594	1.514
硕士	均值	3.76	3.87	4.25	4.90
	标准差	1.779	1.799	1.815	1.535
普通员工	均值	3.75	3.75	4.32	4.74
	标准差	1.751	1.703	1.635	1.492
基层管理者	均值	4.28	4.42	4.65	5.15
	标准差	1.738	1.690	1.745	1.665
中层管理者	均值	4.40	4.33	4.80	5.40
	标准差	1.920	2.093	1.474	1.183
总计	均值	3.86	3.88	4.40	4.83
	标准差	1.765	1.733	1.649	1.519

附表6.3 不同性别媒体人的"授权赋能"统计表

		三A1.我承担着一些重要的工作,而不是辅助性的工作	三A2.我所做的工作对我来说非常重要	三A3.在如何完成工作上,我有很大的自主权	三A4.我的意见会受到上级的充分重视	三A5.我的个人发展与感受能够受到组织的关心
男	均值	5.04	5.43	4.90	4.83	4.72
	标准差	1.544	1.237	1.542	1.542	1.717
女	均值	4.84	5.28	4.86	4.75	4.66
	标准差	1.432	1.238	1.453	1.423	1.575
总计	均值	4.92	5.34	4.88	4.78	4.68
	标准差	1.479	1.238	1.487	1.470	1.631

附表6.4 不同年龄媒体人的"授权赋能"统计表

		三A1.我承担着一些重要的工作,而不是辅助性的工作	三A2.我所做的工作对我来说非常重要	三A3.在如何完成工作上,我有很大的自主权	三A4.我的意见会受到上级的充分重视	三A5.我的个人发展与感受能够受到组织的关心
20~29岁	均值	4.61	5.08	4.89	4.80	4.83
	标准差	1.434	1.220	1.442	1.419	1.477
30~39岁	均值	5.03	5.34	4.81	4.73	4.59
	标准差	1.373	1.264	1.458	1.446	1.678
40~49岁	均值	5.18	5.71	5.02	4.98	4.78
	标准差	1.806	1.181	1.748	1.672	1.833
50岁及以上	均值	4.94	5.82	5.12	4.65	4.41
	标准差	1.519	0.809	1.219	1.412	1.372
总计	均值	4.92	5.34	4.88	4.78	4.68
	标准差	1.479	1.238	1.487	1.470	1.631

附表 6.5 不同学历媒体人的"授权赋能"统计表

		三 A1.我承担着一些重要的工作，而不是辅助性的工作	三 A2.我所做的工作对我来说非常重要	三 A3.在如何完成工作上，我有很大的自主权	三 A4.我的意见会受到上级的充分重视	三 A5.我的个人发展与感受能够受到组织的关心
专科	均值	4.54	5.62	4.92	4.31	4.00
	标准差	1.330	0.961	1.188	1.251	1.528
本科	均值	4.88	5.28	4.86	4.75	4.67
	标准差	1.520	1.258	1.497	1.505	1.597
硕士	均值	5.06	5.44	4.90	4.91	4.78
	标准差	1.391	1.222	1.502	1.400	1.724
总计	均值	4.92	5.34	4.88	4.78	4.68
	标准差	1.479	1.238	1.487	1.470	1.631

附表 6.6 不同职务媒体人的"授权赋能"统计表

		三 A1.我承担着一些重要的工作，而不是辅助性的工作	三 A2.我所做的工作对我来说非常重要	三 A3.在如何完成工作上，我有很大的自主权	三 A4.我的意见会受到上级的充分重视	三 A5.我的个人发展与感受能够受到组织的关心
普通员工	均值	4.74	5.19	4.77	4.63	4.54
	标准差	1.469	1.247	1.493	1.471	1.620
基层管理者	均值	5.52	5.90	5.18	5.27	5.15
	标准差	1.308	1.037	1.432	1.388	1.645
中层管理者	均值	6.00	5.93	5.67	5.73	5.53
	标准差	1.309	1.033	1.234	0.961	1.187
总计	均值	4.92	5.34	4.88	4.78	4.68
	标准差	1.479	1.238	1.487	1.470	1.631

附表6.7 不同类型媒体人的"社会支持"统计表

		二 G4.正式工作中,同事们经常交换新媒体相关知识的意见	二 G5.平时交流中,同事们经常谈论新媒体相关知识	二 G1.我是从集团内部获得新媒体的知识与技术	二 C1.我的家庭尊重并支持我的职业选择	二 H3.与以前相比,工作能够有更大的个人发挥与创新空间	二 C3.当工作需要我投入更多时间时,家庭会帮我承担家庭责任
男	均值	5.27	5.23	4.59	6.01	4.89	5.42
	标准差	1.506	1.452	1.721	1.240	1.477	1.471
女	均值	5.13	5.07	4.65	6.20	4.89	5.33
	标准差	1.277	1.292	1.422	1.042	1.378	1.404
20~29岁	均值	5.09	4.95	4.48	6.08	4.62	5.12
	标准差	1.437	1.455	1.549	1.142	1.478	1.495
30~39岁	均值	5.17	5.16	4.68	6.09	5.10	5.35
	标准差	1.341	1.334	1.581	1.128	1.378	1.419
40~49岁	均值	5.40	5.44	4.69	6.29	4.82	5.69
	标准差	1.409	1.183	1.399	1.133	1.292	1.289
50岁及以上	均值	5.24	5.00	4.71	6.24	4.59	6.18
	标准差	1.200	1.414	1.649	1.033	1.543	1.131
专科	均值	5.77	5.69	5.23	6.38	4.62	5.92
	标准差	1.092	1.182	1.166	0.961	1.387	1.038
本科	均值	5.23	5.13	4.67	6.22	4.91	5.42
	标准差	1.345	1.373	1.551	1.060	1.443	1.409
硕士	均值	4.99	5.06	4.42	5.85	4.87	5.14
	标准差	1.460	1.339	1.559	1.273	1.360	1.498
普通员工	均值	5.12	5.04	4.57	6.09	4.81	5.32
	标准差	1.394	1.377	1.568	1.139	1.424	1.452
基层管理者	均值	5.32	5.45	4.73	6.18	5.20	5.50
	标准差	1.334	1.294	1.494	1.172	1.350	1.334
中层管理者	均值	5.87	5.67	5.20	6.53	5.33	5.87
	标准差	0.834	0.900	1.207	0.516	1.345	1.302
总计	均值	5.18	5.13	4.62	6.13	4.89	5.37
	标准差	1.373	1.358	1.545	1.127	1.416	1.429

附表6.8 不同类型媒体人的"组织认同"统计表

		三D2.我对单位有很强的依赖性	三D1.在单位里,我有像家庭成员一样的感觉	三C11.总的来说,我对目前的工作非常满意	三C1.我对集团提供的工作环境非常满意	三D4.现在留在单位是我的一种需要	三D3.即使现在我想离开本单位,对我来说也非常困难
男	均值	4.10	4.55	4.60	5.16	4.66	4.33
	标准差	1.535	1.545	1.688	1.513	1.501	1.661
女	均值	4.21	4.65	4.75	5.36	4.76	4.40
	标准差	1.429	1.376	1.476	1.469	1.349	1.515
20~29岁	均值	3.95	4.44	4.70	5.13	4.51	4.20
	标准差	1.455	1.405	1.506	1.466	1.425	1.501
30~39岁	均值	4.28	4.65	4.65	5.39	4.76	4.39
	标准差	1.425	1.471	1.584	1.529	1.306	1.546
40~49岁	均值	4.18	4.89	4.80	5.13	4.98	4.64
	标准差	1.645	1.474	1.747	1.516	1.661	1.768
50岁及以上	均值	4.29	4.47	4.71	5.59	4.76	4.41
	标准差	1.448	1.231	1.105	0.939	1.480	1.661
专科	均值	4.54	4.46	4.85	5.08	4.77	4.15
	标准差	1.266	1.198	1.345	1.115	1.423	1.519
本科	均值	4.22	4.65	4.72	5.29	4.76	4.50
	标准差	1.441	1.423	1.518	1.491	1.381	1.513
硕士	均值	4.01	4.53	4.62	5.27	4.64	4.10
	标准差	1.555	1.534	1.707	1.537	1.474	1.675
普通员工	均值	4.13	4.53	4.60	5.23	4.66	4.30
	标准差	1.441	1.437	1.553	1.485	1.410	1.546
基层管理者	均值	4.32	4.87	5.02	5.53	5.10	4.70
	标准差	1.578	1.512	1.589	1.490	1.203	1.576
中层管理者	均值	4.40	5.13	5.07	5.27	4.47	4.47
	标准差	1.639	1.125	1.534	1.534	1.959	1.995
总计	均值	4.17	4.61	4.69	5.28	4.72	4.37
	标准差	1.470	1.444	1.563	1.488	1.411	1.573

附表6.9 不同类型媒体人的"变革承诺"统计表

		五B5.我非常赞同集团的媒体融合战略	五B6.我认为集团积极推动媒体融合战略十分必要	五B2.我非常赞同媒体融合是传统媒体的出路	五B3.我非常关注并了解集团关于媒体融合的战略目标	五B1.我非常关注并了解中央关于媒体融合的文件精神	平均值
男	均值	5.56	5.86	5.58	5.29	5.29	5.52
	标准差	1.292	1.136	1.388	1.334	1.364	—
女	均值	5.28	5.68	5.62	5.07	4.99	5.32
	标准差	1.224	1.159	1.241	1.297	1.333	—
20~29岁	均值	5.32	5.67	5.63	4.84	4.55	5.20
	标准差	1.248	1.142	1.180	1.372	1.457	—
30~39岁	均值	5.42	5.73	5.66	5.26	5.24	5.46
	标准差	1.215	1.196	1.234	1.261	1.265	—
40~49岁	均值	5.55	6.05	5.45	5.40	5.65	5.62
	标准差	1.331	1.008	1.608	1.285	1.092	—
50岁及以上	均值	5.12	5.47	5.29	5.24	5.47	5.32
	标准差	1.536	1.068	1.649	1.348	1.179	—
专科	均值	5.31	5.38	4.85	4.92	5.08	5.11
	标准差	1.653	1.557	1.573	1.441	.862	—
本科	均值	5.35	5.73	5.59	5.14	5.08	5.38
	标准差	1.248	1.148	1.292	1.295	1.341	—
硕士	均值	5.52	5.86	5.74	5.22	5.17	5.50
	标准差	1.224	1.107	1.266	1.359	1.443	—
普通员工	均值	5.34	5.68	5.56	5.05	4.95	5.32
	标准差	1.266	1.204	1.306	1.322	1.367	—
基层管理者	均值	5.47	5.95	5.67	5.45	5.62	5.63
	标准差	1.241	0.910	1.349	1.268	1.195	—
中层管理者	均值	6.07	6.27	6.20	6.00	6.07	6.12
	标准差	0.961	0.704	0.775	0.845	0.594	—
总计	均值	5.39	5.75	5.60	5.15	5.11	5.4
	标准差	1.257	1.152	1.300	1.315	1.352	—

附表6.10 不同类型媒体人的"融合能力"统计表

		二G7.我主动制定了自己的学习计划与长期规划	二6.我主动对新经验、新技术保持高度关注与热情	二1.我的适应能力很强，能很快适应调整后的工作	二H5.我经常主动搜索新的工作方法、技术或工具	二F5.面对工作上的挫折和压力，我能够很好地调节自己的情绪	二G2.我是从外面专家或同行处获得新媒体的知识与技术	二3.我完全依靠自学了解新媒体知识与技术	平均值
男	均值	5.03	5.79	5.96	5.61	5.76	4.90	5.12	5.45
	标准差	1.275	0.977	0.909	1.116	1.128	1.440	1.268	—
女	均值	5.00	5.60	5.76	5.47	5.55	4.76	4.76	5.27
	标准差	1.266	0.973	0.952	1.108	1.131	1.308	1.266	—
20~29岁	均值	4.95	4.89	5.66	5.73	5.44	5.31	4.85	4.95	5.22
	标准差	1.225	1.061	0.827	0.877	1.080	1.240	1.286	1.184	—
30~39岁	均值	5.06	5.13	5.65	5.86	5.59	5.74	4.84	4.92	5.35
	标准差	1.278	1.294	0.993	0.943	1.146	1.045	1.380	1.271	—
40~49岁	均值	5.13	5.45	5.85	6.04	5.56	5.96	4.87	4.80	5.46
	标准差	1.320	0.899	1.096	0.838	1.085	0.922	1.362	1.432	—
50岁及以上	均值	4.53	5.59	5.47	5.71	5.29	5.59	4.18	4.65	5.13
	标准差	1.231	1.326	1.281	1.448	1.047	1.502	1.590	1.455	—
专科	均值	5.31	4.46	5.92	5.92	5.38	6.08	4.23	4.00	5.16
	标准差	1.032	1.506	0.954	1.038	0.961	0.954	1.878	1.732	—
本科	均值	4.98	5.16	5.65	5.88	5.52	5.68	4.78	4.95	5.32
	标准差	1.286	1.170	0.992	0.932	1.143	1.125	1.381	1.236	—
硕士	均值	5.03	5.13	5.70	5.71	5.55	5.45	5.03	4.93	5.32
	标准差	1.257	1.175	0.942	0.940	1.052	1.154	1.182	1.256	—
普通员工	均值	4.97	4.98	5.62	5.81	5.45	5.59	4.75	4.89	5.26
	标准差	1.253	1.195	0.957	0.934	1.111	1.168	1.378	1.249	—
基层管理者	均值	5.13	5.68	5.90	5.93	5.82	5.77	5.07	5.02	5.54
	标准差	1.371	0.948	1.069	1.006	1.142	1.031	1.339	1.372	—
中层管理者	均值	5.33	5.93	5.93	6.00	5.87	5.93	5.07	4.73	5.6
	标准差	1.113	1.033	0.884	0.756	0.743	0.704	1.033	1.486	—
总计	均值	5.01	5.13	5.68	5.84	5.52	5.64	4.82	4.90	5.32
	标准差	1.268	1.190	0.977	0.939	1.112	1.133	1.362	1.277	—

附表6.11 不同类型媒体人的"转型行为"统计表

		二 H6. 我经常动员他人，支持创新	二 H4. 我日常工作绝大部分是涉及新媒体方面的	二 H2. 我的新点子经常转化为有用的实践，为组织做出贡献	平均值
男	均值	5.26	5.51	5.04	5.27
	标准差	1.329	1.199	1.349	—
女	均值	4.95	5.51	4.86	5.10
	标准差	1.327	1.108	1.208	—
20~29岁	均值	4.66	5.24	4.61	4.83
	标准差	1.322	1.263	1.227	—
30~39岁	均值	5.13	5.67	5.02	5.27
	标准差	1.333	1.054	1.309	—
40~49岁	均值	5.65	5.67	5.24	5.52
	标准差	1.126	1.072	1.036	—
50岁及以上	均值	5.18	5.06	5.12	5.12
	标准差	1.334	1.144	1.409	—
专科	均值	4.77	5.62	4.46	4.95
	标准差	1.536	1.044	1.391	—
本科	均值	5.05	5.53	4.93	5.17
	标准差	1.361	1.139	1.285	—
硕士	均值	5.15	5.43	5.00	5.19
	标准差	1.248	1.179	1.204	—
普通员工	均值	4.87	5.42	4.76	5.02
	标准差	1.320	1.146	1.267	—
基层管理者	均值	5.82	5.87	5.53	5.74
	标准差	1.081	1.049	0.982	—
中层管理者	均值	6.00	5.80	5.80	5.87
	标准差	1.134	1.207	1.265	—
总计	均值	5.07	5.51	4.93	5.17
	标准差	1.335	1.144	1.267	—

附表6.12 不同类型媒体人的"转型倦怠"统计表

		三B1.工作让我觉得身心疲惫	三B2.我对工作不像以前那样感兴趣和热心了	三B3.我怀疑自己所做工作的意义	三B4.我对自己所做工作是否有贡献越来越不关心
男	均值	4.34	4.02	3.49	2.97
	标准差	1.679	1.740	1.924	1.758
女	均值	4.16	3.86	3.60	3.21
	标准差	1.572	1.692	1.682	1.700
20~29岁	均值	4.21	3.91	3.72	3.23
	标准差	1.557	1.634	1.703	1.695
30~39岁	均值	4.26	3.95	3.52	3.11
	标准差	1.702	1.754	1.819	1.661
40~49岁	均值	4.25	4.05	3.40	3.05
	标准差	1.590	1.830	1.892	2.050
50岁及以上	均值	3.94	3.35	3.47	2.59
	标准差	1.088	1.272	1.505	1.460
专科	均值	4.46	4.31	3.15	3.23
	标准差	0.967	0.947	1.281	1.301
本科	均值	4.24	3.98	3.60	3.15
	标准差	1.636	1.697	1.796	1.727
硕士	均值	4.17	3.72	3.47	3.04
	标准差	1.635	1.807	1.792	1.772
普通员工	均值	4.26	3.95	3.59	3.17
	标准差	1.649	1.721	1.764	1.702
基层管理者	均值	4.17	3.78	3.47	2.88
	标准差	1.486	1.718	1.855	1.814
中层管理者	均值	4.00	3.93	3.27	2.93
	标准差	1.512	1.534	1.870	1.831
总计	均值	4.23	3.92	3.56	3.11
	标准差	1.615	1.711	1.780	1.724

后 记

1999年，我从南京艺术学院音乐系毕业进入南京大学新闻传播学院工作。担任辅导员期间，我经常跟着学生一起上课，一起参加各种活动，渐渐地喜欢上了这个专业。2003年，我报考传播学专业研究生，开始了系统的专业学习，于2006年顺利获得学位。

2016年，我加入了蒋旭峰老师的江苏省传媒整合与媒介融合战略研究课题组，初步接触媒体融合相关研究。随着课题研究的不断深入，我逐步有了一些个人的思考，也有了进一步学习的打算。2017年，我顺利通过考核，开始了博士阶段的学习。

2017年至2022年，读博的5年也是认真学习做研究的5年。毕业论文是重头戏，从2019年第一次在广电总台做问卷调研，到2021年最后一次补充访谈，研究过程的辛酸随着本书的呈现而烟消云散。这段学习经历于我而言珍贵而难忘，亦赋予我不断前行的力量。

我的导师卜宇教授，身处行业管理一线，既有丰富的理论经验，又有相当的实践经验。他充分尊重学生的研究兴趣及意愿，无论是论文的选题还是结构、行文还是细节，都予以悉心指导。值得一提的是，问卷调研和深度访谈是研究中工作量最大，也是最难推进的部分，因为有老师莫大的支持和鼓励，我才顺利完成了这些工作，在此衷心感谢我的导师！

深深感恩博士期间授课的各位老师，风笑天老师、郑欣老师、胡翼青老师、巢乃鹏老师……他们有着严谨的治学态度、宽广的学术视野，是我学习的榜样。

感谢蒋旭峰老师及课题组的各位同学，从2016年到2019年每周的课题例会让我受益匪浅，夯实基本功的同时也让我明确了博士论文的研究方向。

感谢朱江丽老师及其课题组的各位同学，谢谢你们在问卷调研阶段和访谈阶段给予的诸多帮助，我铭记在心。

感谢各位同事兼好友张红军老师、郑欣老师、胡翼青老师、李明老师……在我论文写作过程中给予的指导和帮助，有你们真好。

最后我要感谢家人。谢谢我的妈妈，从小到大，不管我学得怎样，她都鼓励我"人一定要往高处走"。谢谢我的姐姐，学习方面她一直是"模范"。谢谢我的"队友"，在我忙碌的时候承担管理孩子的任务。同时也谢谢我的两位小朋友，无论在学习方面还是生活方面，他们都让我这个妈妈感到颇为轻松。

博士阶段学习的过程拓宽了我的学术视野，同时也使我获得知识结构的提升。通过撰写本书，我系统梳理了传媒行业发展的历史与现状，探讨与个人职业生涯相关的前沿课题，这是心灵成长的历程，每次收获都倍感欣喜。学无止境，未来，我必将更加努力。

张　静

2023 年 10 月